2022—2023 年中国工业和信息化发展系列蓝皮书

2022—2023 年
中国装备工业发展蓝皮书

中国电子信息产业发展研究院 **编 著**

乔 标 **主 编**

董 峰 董 凯 马泽洋 **副主编**

電子工業出版社

Publishing House of Electronics Industry

北京·BEIJING

内 容 简 介

"中国工业和信息化发展系列蓝皮书"是由工业和信息化部指导、中国电子信息产业发展研究院主编的系列蓝皮书，是目前我国工业和信息化领域最全面的一套资料丛书。基于对装备工业经济和社会发展中的一些重大问题思考，特编撰了《2022—2023年中国装备工业发展蓝皮书》。本书系统剖析了我国装备工业发展的成就与问题，总结归纳了全球装备工业发展趋势，并结合当前国内外经济形势，深入探讨了我国装备工业发展的趋势。全书共分为综合篇、行业篇、区域篇、企业篇、热点篇、展望篇六个篇章。

图书在版编目（CIP）数据

2022—2023 年中国装备工业发展蓝皮书 / 中国电子信息产业发展研究院编著；乔标主编. —北京：电子工业出版社，2023.12
（2022—2023 年中国工业和信息化发展系列蓝皮书）
ISBN 978-7-121-46974-9

Ⅰ. ①2⋯   Ⅱ. ①中⋯ ②乔⋯   Ⅲ. ①装备制造业－工业发展－研究报告－中国－2022-2023   Ⅳ. ①F426.4

中国国家版本馆 CIP 数据核字（2024）第 004076 号

责任编辑：雷洪勤
印　　刷：北京虎彩文化传播有限公司
装　　订：北京虎彩文化传播有限公司
出版发行：电子工业出版社
　　　　　北京市海淀区万寿路 173 信箱　　邮编：100036
开　　本：720×1 000　1/16　印张：16.25　字数：338 千字　彩插：1
版　　次：2023 年 12 月第 1 版
印　　次：2023 年 12 月第 1 次印刷
定　　价：218.00 元

凡所购买电子工业出版社图书有缺损问题，请向购买书店调换。若书店售缺，请与本社发行部联系，联系及邮购电话：（010）88254888，88258888。
质量投诉请发邮件至 zlts@phei.com.cn，盗版侵权举报请发邮件至 dbqq@phei.com.cn。
本书咨询联系方式：leihq@phei.com.cn。

 **前 言**

习近平总书记指出，高质量发展是"十四五"时期我国经济发展的必由之路，装备制造业高质量发展更是重中之重。装备工业是一个国家制造业的脊梁，是构成一个国家综合国力的坚实基础。全球任何一个国家的经济崛起无不依靠装备工业，美国、日本、德国等世界经济强国无一不是世界装备制造业强国。

装备工业是为国民经济发展和国防建设提供技术装备的基础性产业，具有技术密集、附加值高、成长空间大、带动作用强等突出特点，处于价值链高端和产业链核心环节，是推动工业化和经济发展的主要力量，也是国民经济现代化和信息化的主要支撑。

党的十八大以来，党中央、国务院高度重视装备工业发展，加快推进新能源汽车、工业母机、医疗装备、农机装备、船舶与海洋工程装备、电力装备等产业高质量发展。在党中央、国务院的领导下，工业和信息化部补短板、谋创新、促转型，确保装备工业稳健发展，不断筑牢中国制造根基，围绕规划政策引导、保障行业运行和产业链畅通、推进基础和关键领域创新突破、促进行业转型升级、深化行业管理和开放合作等方面大力推进装备制造业发展。

2022 年，全球装备工业蓬勃发展。多国陆续出台相关政策，持续加码装备工业的投资和研究力度，推动智能制造、电力装备、船舶与海洋工程装备等一系列装备工业快速发展，推动装备工业不断提升生产效率、降低生产成本、实现技术突破。我国作为装备工业大国，2022 年装备工业强链补链有序开展，高端化、智能化发展提速；深化创新驱动，重大装备制造取得突破；践行绿色发展，推动传统产业转型升级。

目录

区　域　篇

企　业　篇

热　点　篇

展　望　篇

综合篇

第一章

2022 年全球装备工业发展概况

第一节　发展现状

　　2022 年，全球装备工业发展机遇与挑战并存。多国陆续出台相关政策，持续加码装备工业的投资和研究力度，推动智能制造、电力装备、船舶装备等一系列装备工业快速发展，推动装备工业不断提升生产效率、降低生产成本、实现技术突破。我国作为装备工业大国，2022 年装备工业也取得了优异的成绩。国家统计局数据显示，2022 年，我国装备工业共实现利润 2.88 万亿元，同比增长 1.7%，占全国规模以上工业企业利润的比重为 34.3%。尽管如此，随着国际形势、疫情、技术发展等多重因素的影响，全球装备工业正面临巨大的挑战，催生一系列的深刻变化。一方面，随着俄乌冲突和新冠疫情的影响，各国更加关注产业安全问题，各国将构建独立、安全可控的产业体系作为装备工业发展的方向之一，推动装备工业的产业链和供应链体系朝着本土化、多元化方向发展。2022 年，美国、欧盟、日本等发达国家和地区纷纷采取措施鼓励国内装备工业企业回流，通过法律规定、财税补贴和政治打压等手段，加大对本国家（地区）的投资力度。另一方面，大数据、物联网、人工智能等新兴技术正在深度融入装备工业产业链供应链的各个环节，对传统的研发、生产、贸易方式等均产生深远影响。在此背景下，对于装备工业企业和政府而言，深入理解并把握当前技术发展所带来的机遇与挑战，积极构建适应新兴技术发展的环境，同时推动企业实现技术突破，变得至关重要。

第二节 发展趋势

一、从政策维度来看，各国持续加码对先进装备工业的支持力度

美国国家科学与技术委员会发布了新的《先进制造业国家战略》（*National Strategy for Advanced Manufacturing*）报告，规划了未来 4 年美国高端制造业发展的开发和实施先进制造技术、发展先进制造业劳动力和加强制造业供应链韧性三大战略目标及 11 项具体措施，并宣布开始执行《推进增材制造计划》，以增强供应链的韧性和安全性。英国国家科研与创新署计划在三年内通过"基础设施基金"投资 4.81 亿英镑于多个科研项目，包括高端制造业，并购买尖端设备。韩国的产业通商资源部通过《2022 年智能机器人实行计划》，继续对工业和服务业机器人提供投资和支援。我国工业和信息化部发布了《"十四五"智能制造发展规划》，描绘了推动智能制造发展的总体路径。

二、从技术维度来看，先进技术（智能化、绿色化）赋能装备工业高速发展

先进技术正在有效赋能装备工业，推动其快速发展。一方面，全球工业智能化正呈现出快速发展的态势。根据研究，2022—2028 年，全球工业智能化预计以 6.4%的年均复合增长率发展，智能工厂有望为全球经济增加至少 1.5 万亿美元产值。在欧盟、中国等地，政策也积极推动云计算、大数据、人工智能等数字技术的应用，并鼓励企业达到基本的数字化水平。另一方面，绿色化发展已逐渐成为全球装备工业发展的主导方向。美国 Gartner 公司的《2023 年十大战略技术趋势》报告提出，环保和可持续性成为未来所有战略决策的重要元素。在应对挑战的过程中，装备工业正迎头赶上，积极引进绿色技术和生产模式，减少能源消耗，降低环境影响。美国作为全球制造业的领导者，已经对此做出了具体行动，通过《通胀削减法案》（*Inflation Reduction Act of 2022*）、《两党基础设施法》及《先进制造业国家战略》等法规为清洁和可持续制造

提供资源和激励，指引制造业向环保转型。

三、从产业控制维度来看，各国推动供应链向本地化和多元化方向发展

2022 年，受新冠疫情的反复波动、地缘政治冲突的不断升级以及持续上升的通胀压力等多重因素影响，全球产业链供应链进行了深刻的结构性调整。一方面，新冠疫情的影响使得供应链安全成为全球范围内的关键议题，促使包括美国、欧盟、日本在内的发达国家和地区加大对本国制造业的投资和支持。在应对能源危机和其他外部冲击方面，欧洲的主要企业开始向那些能源供应相对稳定且成本较低的国家转移其产业链。例如，荷兰化肥公司 OCI 计划扩大其在美国得克萨斯州的合成氨厂规模，而德国大众汽车和丹麦珠宝商潘多拉也在美国市场上寻求扩张。另一方面，政治经济的考量也推动了部分国家产业布局从传统的"效率至上"向保障安全和防范风险的转变。如美国《通胀削减法案》提出，推动电动汽车和其他绿色技术在本土的应用，旨在减少对外部供应链的依赖。据德国工商大会的调查结果显示，39%的会员企业计划在未来几个月内增加对美国的投资。

但从长远角度来看，尽管全球产业链供应链面临着重大挑战，但各国之间的利益高度融合，经济全球化仍然是不可逆转的历史趋势。美国和西方一些政客推动的与中国"脱钩"的论调不仅违背了经济规律和客观现实，也给全球经贸关系带来了负面影响。相比之下，中美、中欧贸易额的稳定增长，以及在新能源、人工智能、数字化等领域的持续合作，都清晰地表明了各国间互利共赢的长期趋势。

第三节　主要国家和地区概况

一、美国

（一）以技术、人才和供应链为着力点，加快发展装备及先进制造业，维护美国在装备工业的全球领导地位

强调发展先进制造技术，刺激国内制造业复苏。将以绿色、智能等

为重点方向，加强增材制造的应用探索，以及推进对智能制造的研究，将增材制造作为美国先进制造技术未来发展的核心要素，并强调清洁能源与制造工艺脱碳技术、生物制造与生物质加工技术。同时，通过直接拨款、贷款（包括贷款担保）、税收减免等高额产业补贴，鼓励企业进行技术创新，刺激制造业复苏，吸引制造业回流，重塑制造业全球领先地位。

突出构建人才体系的急迫性，吸引人才流入先进制造行业。美国高度重视先进制造业就业和教育培训工作，提出通过加强公众对先进制造业的认知，来推动雇主与教育组织共同开设相关课程和完善教育和培训体系。此外，美国鼓励人机交互技术的研发和应用，通过虚拟现实、人工智能、机器人等技术的相互融合，实现安全和高效的人机协作，提升人均生产效率。

将确保供应链韧性、提升关键环节抗压能力作为重要工作。加强和保护先进制造业供应链的稳定，对美国的经济发展至关重要。政府部门采取了一系列措施：通过供应链审查制度，增加了供应链的透明性；加强了对供应链的监管和干预，并重视对供应链信息的跟踪和分析；通过人工智能预测和经济运行分析等方式对供应链进行压力预测、趋势分析和决策管理。这些措施的目的是为确保美国制造业供应链的韧性并提升关键环节的抗压能力。

（二）通过出台各类补贴和战略，吸引汽车、半导体、光伏等产业回流，刺激国内制造业复苏，同时加强对华遏制打压

近年来，美国政府将推动国内经济转型、加快制造业复苏作为主要任务，先后颁布了多项战略文件和法案。2022 年更是出台了《先进制造业国家战略》《芯片和科学法案》（*CHIPS and Science Act of 2022*），以及《通胀削减法案》等，提高对关键产业发展的支持力度。同时，谋划组建"半导体联盟"（CHIP4）、"印太经济框架"（IPEF），以构建以美国为主导的全球重点产业供应链体系。2022 年 5 月，美国启动"印太经济框架"，首批成员国共 13 个，分别是美国、韩国、日本、印度、澳大利亚、新西兰、印度尼西亚、泰国、马来西亚、菲律宾、新加坡、越南、文莱。该框架以保障供应链的韧性和安全性为由，实则是怂恿日本、韩国等亚太地区盟友对中国实施技术封锁和出口限制。2022 年 8

月 9 日，美国总统拜登签署《芯片和科学法案》，主要包括《2022 年芯片法案》和《研发与创新法案》。其中，《2022 年芯片法案》通过直接补贴、25%税收抵扣和研发资助的方式对美国本土半导体制造业进行补贴。《研发与创新法案》致力于发展量子计算、人工智能、6G 通信、新能源和材料科学等国家经济安全重要技术；致力于培养关键领域的人才，加强 STEM（科学、技术、工程、数学）人才队伍建设。2022 年 8 月 16 日，美国总统拜登签署《通胀削减法案》，法案涉及包括光伏、电动汽车、储能等清洁能源制造业，通过税收抵免、生产补贴和社会激励等方式，支持清洁能源技术的开发和推广，吸引各国企业在美国建厂，拉拢日本、韩国和欧洲的一线企业到美国投资，形成以美国为中心的全球供应链。2022 年 10 月 7 日，美国政府出台《先进制造业国家战略》，强调发展先进制造技术，将增材制造作为美国先进制造技术未来发展的核心要素；高度重视先进制造业就业和教育培训工作，提出重塑先进制造业人才根基的策略；强调加强供应链监管，提升美国制造业供应链的韧性和关键环节的抗压能力。

（三）美国将中国定位为竞争对手，企图通过推动在华美国企业回流等手段，加速"去中国化"

中国与美国在装备工业领域长期保持着较高的货物贸易、产业合作和投资。中国随着经济的高速发展，已成为全球第二大经济体和制造业第一大国，美国为了促进本国制造业发展，维护自身全球霸权地位，将中国定位为"美国最严峻的竞争对手"，出台一系列政策法案和出口限制措施，持续加码对华打压，构建"去中国化"的产业链供应链。

打着维护"国家安全"的幌子，对中国进行出口管制和政治制裁，试图限制中国科技和产业发展。2022 年，美国商务部和财政部出台了一系列执法规则和措施，加强对在美投资的中国企业的安全审查，大幅度加强在高新技术、关键产业供应链等领域对华出口的管制与经济制裁。截至 2022 年年底，中国已有超过 520 家企业和机构被列入实体清单，110 家企业被列入未经验证清单，阻止其获取美国先进技术和先进制造芯片，并限制实体清单企业和机构的产品进入美国市场。

拉拢盟友，组建"小圈子"，试图在汽车、半导体等制造业供应链上与中国"脱钩"。2022 年，美国先后启动了"半导体联盟"（CHIP4）

和"印太经济框架"（IPEF），并颁布了《通胀削减法案》，企图掌握全球半导体、光伏、新能源汽车、动力电池等产业的核心环节，重获新能源汽车、芯片等重点产业全球产业链和供应链中的核心地位。此外，美国以保障供应链的韧性和安全性为由，怂恿所谓"盟友"对中国实施技术封锁和出口管制，试图将中国从全球制造业产业链和价值链中剥离出去，在半导体、光伏、新能源汽车、电池、关键矿物等供应链上与中国"脱钩"。

二、德国

（一）2022 年德国出口强劲增长

德国是世界上重要的装备工业大国，虽然经受了新冠疫情、俄乌冲突的影响，但 2022 年德国机械出口依然保持了强劲增长。据统计，2022 年德国机械出口名义增长 6.1%，出口额达到创纪录的 1924 亿欧元，较 2021 年增加了 111 亿欧元。从地区上看，美国仍然是德国机械装备最重要的出口市场，而中国份额受新冠疫情影响出现较明显下降，2022 年，德国对美国出口名义增长 20%，交付占比达 12.9%，中国份额占比自 2016 年以来首次低于 10%。

2023 年第一季度，受通货膨胀和供应链放松的影响，德国以出口为导向的机械和设备工程公司取得了良好的成绩。联邦统计局的初步统计结果显示，第一季度机械出口同比名义增长 13.8%，达到 51 亿欧元。调整价格后计算，2023 年前三个月机械出口增长了 3.4%。德国工业联合会首席经济学家评论道，"令人满意的出口增长部分是由通货膨胀驱动的，部分原因是许多领域的供应链已经放松。因此，机器和设备制造商最终可以为它们的许多客户提供服务，并能减少它们的高订单积压。"

（二）德国致力于推动供应链数字化和能源转型

德国致力于工业转型和能源转型，发布《"制造-X"白皮书》，以保障德国工业在全球市场的竞争能力。数字化和绿色化一直是德国工业战略的两个着力点。在数字化方面，以产业链数字化带动大中小企业协同转型是其战略的重要着力点，2022 年 8 月，德国发布《数字化战略》，"制造-X"作为一项产业发展计划被提出，并被作为实现供应链数字化的核心举措。随后，12 月，德国工业 4.0 平台发布了《"制造-X"白皮书》，对"制造-X"进行了系统性介绍。"制造-X"以推动供应链数字化为重点，激发数据要素潜力，提升产业发展弹性、可持续性和竞争力，是德国"工业 4.0"战略下一阶段的发展重点。"制造-X"以构建互联共享的数据空间的方式，致力于产业链供应链上下游数据的互联互通，充分释放数据要素价值，通过龙头企业示范项目带动大、中、小企业技术互通，促进中小企业数字化转型，进一步带动国内智能装备市场的发展。在绿色化方面，俄乌冲突导致德国能源供应面临严峻挑战，能源价格上涨导致企业外迁趋势明显。2022 年以来，德国一方面通过财政补贴的方式降低企业生产成本，另一方面鼓励发展绿色能源，陆续开展了首届以风能、光伏为主题的峰会，发布"陆上风能战略""光伏战略""国家氢能战略 H2.0"，提出 2030 年前推广 20 万辆燃料电池卡车的目标。发布《德国氢能地图》，与韩国、加拿大、新西兰、非洲、阿根廷、阿拉伯酋长国等国家和地区加强氢能合作。

（三）中国连续第七年成为德国最重要贸易伙伴，新能源汽车领域合作热度高

2022 年恰逢中德建交 50 周年，中德两国在可再生能源、绿色低碳等领域具有广泛合作。德国经济研究所发布报告称，2022 年，德国企业对华投资高达 115 亿欧元，是迄今为止的最高纪录。中德双边贸易额达到 2980 亿欧元，中国连续第七年成为德国最重要贸易伙伴。在汽车领域，华晨宝马生产基地大规模升级改造项目完工，项目投资额超过 20 亿欧元，成为宝马迄今为止在华最大的单项投资；规划 15 万辆年产能的奥迪一汽新能源汽车有限公司在长春奠基，成为奥迪在中国市场的首个豪华纯电动工厂；奔驰旗下首款基于 EVA 纯电平台正向研发的国产纯电动车型 EQE，在北京奔驰顺义工厂顺利下线。宁德时代等技术领先的中资企业也在德建厂。

三、日本

（一）日本优化供应链，创造实现生产率和利润增长的良性循环

近期日本制造业呈现出景气度走低、工业生产仍在恢复、价格转嫁效

果有限的现状。业绩方面，从 2022 年上半年开始，受原材料价格上涨等因素影响，日本制造业行业状况恶化，企业信心低迷。营业利润则从 2021 年开始复苏，2022 年营业利润继续增长。生产方面，工业生产指数自 2022 年夏季以来一直处于恢复阶段，尽管其他国家的社会和经济活动逐渐正常化，2022 年秋季日本工业生产指数受到日本国内和国外需求减少的影响而下降。从企业对影响业务的社会形势变化的认识来看，与 2021 年度相比，除了原材料价格高涨、半导体和零部件材料不足以外，能源价格高涨、汇率变动等也在增大。价格转嫁方面，在原材料价格暴涨的情况下，通过要求销售渠道提高售价、提高消费者价格进行价格转嫁这一方式对业务产生重大影响的企业占整体的 40%。虽然近七成的企业已经将原材料价格上涨部分转嫁到售价中，但大部分受访企业表示，在价格过高的部分中，能够转嫁的金额仅为 50%～60%。随着原材料和能源价格的上涨，政府采取措施促进价格转嫁和提高工资，以便使整个供应链保持稳定。

日本装备工业的发展受到周边环境和营商环境的影响。周边环境为日本装备工业的发展提出了挑战。新冠疫情、俄乌冲突等事件相继发生，日本装备工业也面临着掌握采购对象、变更或扩充生产基地等增强供应链韧性的课题。而要实现全球关注的脱碳和人权保护目标，则需要整个供应链的努力。为了实现这些目标，通过数字技术实现企业整体工作的可视化和协同合作非常重要。营商环境为日本装备工业的发展创造了机遇。第一，将制造相关的所有工序标准化、数字化，并作为服务销售给制造企业的商业模式已经诞生；第二，现已涌现出有效利用这种服务并实现生产率和能源效率提高的制造企业。鉴于目前日本能够实现企业间数据连接和可视化的制造企业约占全部制造企业的 20%，同时凭借现场高度精细化的操作和熟练技能人员的存在，在现场部分最优化、高生产率方面具有优势，日本经济产业省、厚生劳动省、文部科学省联合发布《2023 年制造业白皮书》提出要发挥现场优势，优化供应链，提高竞争力，并通过扩大对数字化转型的投资和推动创新，创造良性循环，从而实现一定的生产效率和利润增长。

（二）标志性事件：日本企业转移生产基地回归国内

最近一年，日本为应对新冠疫情，强化日本国内生产体制，利用汇率变动带来的日元贬值优势，有搬迁生产基地、推进回归日本国内的动向。日本生产基地的转移主要是从中国、东盟各国转移较多。

作为新冠疫情的应对措施，许多制造商试图加强国内生产基地，将生产基地搬迁回国。也有部分制造企业仍对海外的劳动力供应来源和市场期待很大，考虑到"消费地生产""劳动者数量"等因素，将生产基地向海外转移。在对今后日本国内生产基地和海外基地作用的划分上，无论是大企业还是中小企业，认为日本国内生产基地是创造新技术和产品的基地的企业所占比例最大。此外，很多中小企业认为日本国内生产基地是可以灵活应对多品种少量生产和短交货期生产的基地。约 60% 的参与调查企业表示，在维持或扩大国内生产基地时，希望政府能够帮助"留住工厂工人"或"留住高技术人员和熟练技术人员"，劳动力短缺是日本企业在国内生产面临的一个重要问题。

（三）日本企业正在加速撤离中国

日本企业正在"去中国化"，进驻中国的日本企业的数量创过去 10 年来新低，其中尤以上海减少的数量最多。根据三菱《日本制造业课题与应对方向相关调查》中关于日本制造企业近期转移生产基地的调查结果显示，在过去一年内转移生产基地（回归国内或转移到国外）的企业中，大多数是从中国回归日本国内的，从中国回归日本国内的人数已超过从日本转移到中国的人数。例如，2022 年 7 月，富士胶片旗下的办公设备供应商子公司决定关闭其在中国上海的多功能打印机工厂，工厂的生产活动在 2023 年 5 月底结束，预计 2024 年中期关闭工厂；2022 年 12 月下旬，松下公司将新生产线撤离中国并回归日本，把最新的伺服器产品 A7 产品生产线设在日本兵库县，而上一代 A6 生产线则设在中国深圳。

四、韩国

（一）韩国致力于科技创新推动装备工业高端化发展

自 2022 年起，韩国相继公布了《新政府经济政策方向》和《国家战略技术培育方案》等重要政策文件，其核心目的在于通过创新驱动装备工业的关键产业领域发展，最终在大国博弈的背景下实现经济增长与产业升级。其中，《国家战略技术培育方案》明确指出，韩国的核心目标是成为引领未来经济安全、新兴产业和外交安全的技术主权国家，并提出要将技术竞争力提升至全球领先水平的90%以上。为实现这一目标，该方案将2020年的3个战略领域（半导体和显示器、二次电池、下一代通信技术）扩展至2027年的8个以上，涵盖12个关键产业，包括创新引领型、未来挑战型和必需基础型3个类型，如下一代移动出行、新一代核能、先进生物技术、宇宙太空及海洋技术、氢能、网络安全、人工智能、先进机器人和制造、量子技术等。此外，该方案还为每个细分领域设定了明确的发展目标，例如，截至2030年，韩国要将半导体市场的全球占比从2021年的3%增长至2022年的10%，二次电池出口额将从2021年的75亿美元增至200亿美元。2023年，韩国科技信息通信部发布的《第一次国家研究开发中长期投资战略（2023—2027）》更进一步强化了各项科技政策的协同性和连贯性。综合来看，这一系列政策反映出韩国政府从战略方向高度重视科技创新与发展，表明了其在全球科技竞争中确立领先地位的决心。

（二）在新能源汽车等领域面临诸多挑战，在智能制造等领域取得成绩

在新能源汽车领域，2022年韩国新能源汽车市场虽然不断加大产业投入并在电动汽车销售上取得了显著进步，但由于车用芯片短缺、汽车出厂延迟等问题，以及与全球领先企业的技术差距，其发展仍面临着严峻挑战。韩国新能源市场持续扩张，电动汽车销售量同比增长63.7%，达到16.4万辆，而燃油车销量为33.3万辆，同比下降19.8%，揭示了韩国正逐渐从传统燃油汽车转向更清洁、环保的电动汽车。此外，韩国现代汽车作为本土领先的汽车制造商，宣布了将在2030年前向电动汽车领域投资21万亿韩元，相当于现代汽车全球工厂总投资的45%，以适应全球汽车市场的转型趋势。然而，尽管韩国不断发力新能源汽车的发展，但2022年韩国新能源汽车发展仍面临不少的困境。据韩国汽车产业协会发布的2022年韩国新增注册登记汽车现况分析报告显示，受困于车用芯片短缺、汽车出厂延迟、韩国高利率导致消费心理萎缩及韩

系车表现不佳等因素，2022 年韩国汽车内需市场销量同比减少 2.9%，为 168.4 万辆。此外，据韩国市场调研机构 SNE Research 发布的数据显示，韩国动力电池制造商 LG 能源解决方案 2022 年电动汽车电池和储能系统装机量排名全球第二，与排名第一的中国宁德时代的差距进一步拉大。

在工业机器人领域，SMEC 公司在 2022 年实现了显著的增长，销售额达到 1670 亿韩元，营业利润为 131 亿韩元。该公司凭借持续的研发投资和对海外市场的营销策略，推动销售额增长 31.95%，并将营业利润从负转正。SMEC 公司的快速发展揭示了韩国在工业自动化，特别是工业机器人领域的快速进步，也预示着韩国在这个领域的竞争力和未来发展潜力。在智能制造领域，龙头企业 LS Electric 和 LG Uplus 在 2022 年签署了"扩大中小企业智能制造创新业务"的业务协议，为韩国中小企业提供智能工厂建设服务，其中，LS Electric 凭借其在智能工厂建设方面的专业知识，提供业务定制路线图制定、指导和业务匹配服务，而 LG Uplus 则提供制造数据采集、故障诊断监控、安全解决方案等服务。这两家企业通过合作的方式为韩国中小制造企业提供全方位的智能制造解决方案，从而提升韩国装备工业的国际竞争力。

（三）中国与韩国已经形成了稳固互补共赢的合作关系

2022 年，韩国在全球产业链调整的趋势下，尽管对外投资结构出现一些变化，但是与中国的贸易和投资合作关系依然稳定，对华贸易额保持增长，显示了中国市场对韩国的重要性及双边经济关系的韧性。尽管美国《通胀削减法案》的实施吸引了一些韩国装备工业企业到美国投资，但韩国并没有完全放弃与中国在智能制造、电动汽车、生物医药等优势领域的合作。此外，尽管在全球产业链重塑的趋势下，有一些韩国企业选择向美国或东南亚等国家或地区转移，但韩国与中国的贸易额仍然保持稳定增长，达到 3623 亿美元。其中，中国对韩国的进出口规模位居中国与 RCEP（Regional Comprehensive Economic Partnership，区域全面经济伙伴关系协定）成员国进出口规模的首位，达到 2.41 万亿元人民币，同比增长 3.2%。

第二章

2022 年中国装备工业发展概况

第一节 发展现状

2022 年是党的二十大召开之年，面对复杂严峻的国内外环境，装备工业认真贯彻落实中央经济工作会议精神和政府工作报告的部署，坚持稳字当头、稳中求进，经济运行开局良好。进入第二季度，受国内疫情反弹、俄乌冲突等超预期因素的冲击和影响，行业下行压力陡然增加，4 月主要经济指标大幅下滑，运行偏离正常轨道。装备工业迅速行动起来，坚决贯彻落实党中央、国务院决策部署，按照疫情要防住、经济要稳住、发展要安全的要求，扎实推动行业经济运行在合理区间；5 月主要经济指标降幅收窄；6 月基本恢复正常增长，行业运行在短时间内实现企稳回升、由负转正。第三季度以来，7、8 月总体延续稳定运行走势。展望 2023 年装备工业，内需市场逐步改善，发展环境优化，行业发展有望呈现平稳走势，新能源汽车、电气机械等细分领域将延续高景气度优势。但同时，行业也将面临外需转弱影响出口、供给端不稳定因素增多、企业承压持续等潜在问题和风险。

一、产业规模持续扩大

国家统计局数据显示，2022 年装备工业共有规模以上企业 17.3 万家，较 2021 年增加 2.1 万家，占全国工业规模以上企业数量的 38.4%，较 2021 年提高 1 个百分点；资产总计 56.2 万亿元，同比增长 11.5%，占全国工业资产总计的 36%，较 2021 年提高 1.1 个百分点。

二、增加值增速高于规模以上工业

2022 年装备工业增加值整体呈现"U"形态势，增加值同比增长 5.6%，高于全国工业增加值增速 2 个百分点，高于制造业增加值增速 2.6 个百分点。装备工业主要涉及的 8 个国民经济行业大类中 6 个增加值增长，其中专用设备、汽车、电气机械及器材、仪器仪表、电子设备制造业增加值同比分别增长 3.6%、6.3%、11.9%、4.6%、7.6%，呈现回升态势；铁路、船舶、航空航天制造业增加值同比增长 2.4%，保持平稳增长态势；通用设备制造业增加值同比下降 1.2%，金属制造业增加值同比下降 0.4%。

三、产品产销持续改善

装备工业主要监测的 75 种产品，全年累计产量同比增长的产品有 32 种，占比 42.7%；产量下降的产品有 43 种，占比 57.3%，大部分装备工业产品产量均有不同程度改善。

产品产销特点主要表现为：一是有效应对冲击，汽车产销实现增长，全年产销量分别完成 2702.1 万辆和 2686.4 万辆，同比增长 3.4% 和 2.1%，产销量连续 14 年稳居全球第一；二是能源领域建设加速，带动发电设备、输变电设备和能源存储相关产品高速增长，发电机组产量增长 17.3%、太阳能电池产量增长 47.8%；三是服务于原材料行业的装备产量增速较 2021 年放缓，金属冶炼设备、水泥专用设备产量分别增长 0.7% 和 6.7%；四是加工制造类装备产量下降，金属切削机床、金属成型机床产量分别下降 13.1% 和 15.7%；五是前期产销高速增长的产品产量回落，金属集装箱、包装专用设备、挖掘机产量分别下降 36.9%、17%、21.7%。

四、固定资产投资向好

稳投资政策持续加力，支持设备购置和更新升级，叠加系列税费支持政策落实，2022 年装备工业固定资产投资呈现较快增长。制造业投资比 2021 年增长 9.1%，增速快于全部投资 4 个百分点。其中，制造业技术改造投资增长 8.4%，占制造业投资比重达到 40.6%，支撑通用装备行业企稳回升。装备工业投资同比增长 19.4%，装备工业采购设备投资同比增长 9.8%，设备工器具购置投资同比增长 3.5%，均保持较快增长，发展动能进一步增强。主要涉及的国民经济行业大类通用设备、专用设备、汽车、电气机械及器材、仪器仪表制造业固定资产投资同比分别增长 14.8%、12.1%、12.6%、42.6%、37.8%。其中，电气机械及器材制造业民间投资全年保持高速增长，是拉动电气机械及器材制造业投资增速超过 40% 的重要力量；汽车制造业固定资产投资由 2020 年、2021 年的负增长转为 2022 年的正增长。

五、进出口稳中趋降

根据国家统计局数据，2022 年装备工业出口交货值达 11 万亿元，同比增长 5.3%，呈现回落态势。分行业看，专用设备、汽车和电气机械行业出口均保持两位数同比增长，达到 13.8%、30% 和 14.9%，同比增速虽有下滑，但出口景气度仍维持高位。通用设备行业出口连续多月下滑，自 10 月份起当月增速由正转负。铁路船舶航空、仪器仪表行业出口整体出现回落，出口增速不及通用装备行业平均水平。据海关数据，2022 年装备工业累计进出口总额 18.7 万亿元，其中，进口 6.37 亿元，同比下降 5.5%；出口 12.4 亿元，同比增长 10.7%；累计贸易顺差 6.03 亿元，同比增长 38%。其中蓄电池、乘用车、航空器成为通用装备行业出口的亮点，出口增速均超过 70%。新能源汽车出口同比增长 1 倍，保持高速增长势头。船舶及相关装置出口增长 23.4%。

六、效益指标增长稳定

技术进步与产品结构升级有效带动行业效益增长。国家统计局数据显示，2022 年装备工业累计实现营业收入 50.9 万亿元，同比增长 6.6%；实现利润总额 2.9 万亿元，同比增长 1.7%。装备工业营业收入与利润总额的增速分别高于全国规模以上工业 0.7 个和 5.7 个百分点，保持稳定恢复态势。在全国工业营业收入和利润总额中的比重分别为 37% 和 34.2%；拉动全国工业营业收入增长 1.9 个百分点，拉动利润总额增长 2.2 个百分点。

七、分行业运行不均衡

在装备工业所属 8 个分行业中，6 个分行业营业收入与利润总额同比增长，2 个分行业下降。其中，电气机械行业在储能设备与光伏设备制造业带动下呈现亮点，营业收入与利润总额分别增长 20.7%和 31.2%；机床工具行业在磨具磨料产品制造业带动下，营业收入与利润总额分别增长 15.2%和 62.9%，是经济指标增长速度最快的 2 个分行业。但通用设备行业整体韧性不足，恢复较为滞后，行业营业收入仍呈现负增长。工程机械行业和内燃机行业营业收入降幅超过 12%、利润降幅超过 35%，是效益指标下降最为显著的 2 个分行业，存在收紧风险。汽车行业利润同比增长 0.6%，连续两个月保持正增长，行业加快恢复，企业经营压力有所缓解。

八、行业运行仍处于景气恢复区间

2022 年装备工业景气指数 2 月份高开，在疫情冲击的综合影响下，5 月份为年内低点，此后逐步回升，11 月、12 月有所回落。2022 年 10 月，中国采购经理指数（Purchasing Manager's Index，PMI）中的生产指数较 6 月下降 3.2 个百分点，PMI 指数中的新订单指数较 6 月下降 2.3 个百分点，全年总体保持在景气恢复区间。2022 年装备工业亏损企业数量及亏损金额同比增长均达到 20%左右，其中通用设备中小企业承压更显著，营业收入和利润总额均陷入负增长困境。11 月份，制造业小型企业 PMI 指数回落至 45.6%，比 10 月份再降 2.6 个百分点。PMI 指数中的生产经营活动预期指数回落至 48.9%，较 10 月份低 3.7 个百分点，市场预期总体有所回落，中小企业反映资金紧张和市场需求不足的占比均有上升，企业信心不足。

第二节 存在的问题

一、货款回收难度上升

国家统计局数据显示，截至 2022 年年底，装备工业应收账款总额突破 12 万亿元，同比增长 12.8%，占全国工业应收账款总额的 55.5%，高于装备工业营业收入、利润总额等指标在全国工业中的比重 20 余个百分点；应收账款平均回收期是全国工业的 1.5 倍，说明通用装备行业企业相对于其他行业面临更加突出的应收账款拖欠问题，产业链上中下游大中小企业融通、协同发展受到严重制约。具体来看，通用设备、专用设备、电气机械、仪器仪表行业应收账款占营业收入的比重均高于通用装备行业平均水平，账款回收问题最为突出。此外专项调查显示，2022年，53% 的企业应收票据总额上涨，其中 16% 的企业涨幅超过 10%，企业资金周转压力较大。年末装备工业流动资产周转率仅为 1.36 次，低于全国工业平均水平 0.35 次。

二、市场需求总体偏弱

从外需角度来看，2022 年全球制造业 PMI 指数连续多月回落，降至荣枯线以下，创下自 2020 年 7 月以来新低，美、德、英、日、韩等主要经济体制造业 PMI 指数均呈现不同程度的下降。预计 2023 年，下游需求仍然保持"防御性"收缩特征，工业品价格弹性降低，企业主动去库存难度加大，装备工业企业经营延续承压态势。从内需角度来看，国家统计局数据显示，与机械产品市场需求密切相关的全国设备工器具投资 2022 年同比增幅为 3.5%，低于同期全国固定资产投资增速 1.6 个百分点，全社会设备采购投资偏弱。从细分领域来看，通用设备、专用设备、汽车、电气机械及器材制造业产能利用率较 2021 年下降 1.8～3.7个百分点。重点联系企业数据显示，全年机械企业累计订货金额持续处于负增长，年底同比仍下降 2%。专项调查显示，截至 2022 年年底，50%的被调查企业在手订单同比增长，70% 的被调查企业在手订单仅满足2023 年一季度的生产；外贸市场订单增长乏力、生产满足时间短的问题更为明显，在手订单短单居多。

三、不确定因素冲击产业链韧性

受国内外疫情反复、地缘政治冲突及成本冲击等多重因素影响，全球供应链在生产、制造、物流、仓储等方面持续遭受多点冲击。一是我国 PMI 指数中的供应商配送时间指数连续多月下行，2022 年 10 月下滑至 47.1%，产品供货周期显著延长。汽车协会反映，碳酸锂等部分关键原材料价格持续高企，控制类、电源类芯片等零部件出现一定程度上供应短缺。模具协会反映，标准件、传感器模具等进口零部件供应受阻。锂、铜等部分金属原材料价格将持续上涨。阿根廷等南美锂资源国家计划建立"锂佩克"联盟，或将造成优质碳酸锂价格持续上涨，抬升我国新能源汽车产业链成本。精炼铜需求呈逐年增长态势，铜价持续高位震荡，挤压通用装备企业利润。二是远洋滚装运输船舱位严重不足、中欧班列运力紧张，导致国际物流成本持续高位。根据克拉克森数据，2022年 11 月，汽车滚装船运价较 1 月上涨约 4.9 倍，预计 2023 年运价呈现持续上涨趋势。另外，需警惕 2023 年美欧加剧滞胀引发工人罢工及企业亏损倒闭，冲击海外供应链的稳定。

第三节　发展亮点

一、强链补链有序开展、高端化智能化发展提速

有效应对超预期因素冲击，产业链供应链韧性增强。高端工业母机、精密仪器仪表、关键核心零部件的制造能力提升，超大规模电力装备、大型矿山和冶金装备、大型石化装备供给能力升级，为国家能源资源开发利用与生态文明建设提供保障。装备工业高端化、智能化发展提速。上海交大智邦科技联合普什宁江机床、华中数控等单位研制的国产装备轿车动力总成加工生产线在上海通用汽车投入使用，标志着国产化功能部件组成的高端加工中心已能完全满足高档汽车动力总成的加工需求。哈电集团成功制造国内首台增材制造轴流式水轮机真机转轮，对推动智能制造技术在发电设备制造领域的应用具有重要意义。太重集团设计研发的国内首台套"一键炼焦"智能化成套设备投入运行，填补国内焦化行业技术空白。

二、深化创新驱动、重大装备制造取得突破

装备工业创新体系建设加快推进，截至 2022 年年底，挂牌运行和批准建设的装备工业重点实验室、工程研究中心和创新中心共计 253家。其中重点实验室 121 家，挂牌运行 96 家；工程研究中心 131 家，

挂牌运行109家；挂牌运行创新中心1家。企业积极投入研发创新，重大装备自主创新亮点频现。东方电气集团自主研发的首台国产F级50兆瓦重型燃气轮机，在华电清远华侨工业园天然气分布式能源站点火成功，标志着中国在重型燃气轮机领域实现从无到有的突破。中国三峡集团与新疆金风科技联合研制的全球单机容量最大、叶轮直径最大、单位兆瓦重量最轻的16兆瓦海上风电机组下线，标志着中国海上风电大容量机组在高端装备制造能力上实现重要突破。一拖集团成功研发具有全部自主知识产权、喂入量15千克以上的智能化高端收获机械——东方红YT6668大型高效谷物联合收割机，打破国外产品在该领域的垄断，以高质量农机装备护航粮食安全。具有完全知识产权的C919民用大飞机已获得1200余架订单并实现商业交付；ARJ21新支线飞机ARJ21已向9家客户交付超过117架飞机，载客突破1000万人次，航线扩展至450条，并实现海外运营，形成了公务机、货机、医疗机、应急救援指挥机、灭火机等系列化发展格局。我国大飞机产业链正全面进入加速构建阶段。

三、践行绿色发展、推动传统产业转型升级

在"双碳"目标引领下，装备工业全力助推传统产业转型升级。2022年，能源装备行业营业收入与利润总额同比分别增长20.4%和33.9%，拉动装备工业营业收入增长3.9个百分点、利润总额增长5.1个百分点。代表性产品风电机组的产量占全年发电设备总产量的比重超过50%。绿色低碳装备不断涌现，有力推动传统产业减碳发展。工程机械电动化发展提速，产品体系日趋完善，全年电动装载机销量已突破一千台，将推动工程建设领域绿色发展。特变电工新一代百万伏变压器试验成功，对提升中国清洁能源消纳、保障电网稳定运行具有重要作用。中国海油牵头研发的中国首套水下采油树在南海莺歌海顺利完成海底气井放喷测试作业并正式投入使用，标志着中国已具备深水水下采油树成套装备的设计建造和应用能力，对提高国内能源自给率提供重要装备保障。中国铁建为上海市静安区地下智慧车库项目不仅打造中国自主研制的全球最大竖井掘进机"梦想号"，并创新提出利用装配式垂直掘进技术在城市零星土地建造地下立体智慧停车库的全系统解决方案，对优化城市地

下空间利用、推进智慧城市建设具有积极意义。

四、新兴产业引领行业提质增效

2022 年装备工业主要经济指标增速明显高于生产指标，其中新兴产业的带动引领作用不可小觑。全年装备工业战略性新兴产业相关行业合计实现营业收入 23.1 万亿元，同比增长 13%，拉动装备工业营业收入增长 10.1 个百分点；实现利润总额 1.4 万亿元，同比增长 15.5%，拉动装备工业利润总额增长 11.7 个百分点。特别是能源存储与光伏设备行业，两者合计对装备工业营业收入和利润总额增长的贡献率为 62.9% 和 55.1%。新能源汽车作为新兴产业的代表，2022 年产销量分别完成 705.8 万辆和 688.7 万辆，同比增长 96.9% 和 93.4%，产销量再创历史新高，连续 8 年保持全球第一。同时，新一代信息技术、人工智能、工业互联网、5G 等新技术与机械领域加速融合，推动行业转型升级。潍柴集团建立由供应商协同研发平台、发动机智慧云平台和大数据分析决策平台三部分组成的工业云服务平台，为开展智能制造系统建设提供数据支撑。兰石集团采用工业互联网、人工智能、图像处理、数据实时采集分析等技术手段打造的国内首个核能装备焊接数字化平台顺利上线，形成焊接过程可追溯、焊接质量稳定性和可靠性及焊接质量评价准确度大幅提升的智能化生产系统。

五、对外贸易量增质升

2022 年装备工业累计进出口总额 18.77 万亿元，其中，进口 6.37 亿元，同比下降 5.5%；出口 12.4 亿元，同比增长 10.7%；累计贸易顺差 6.03 亿元，同比增长 38%，均创历史新高。从贸易结构看，全年装备工业一般贸易出口金额增长 12.5%，高于出口平均增速 3.1 个百分点，占出口总额的 71.4%，是带动装备工业出口总额创新高的主要力量。从产品结构看，汽车整车、工程机械、发电设备、矿山设备等整机、主机对出口的带动作用持续增强。全年汽车整车出口超过 300 万辆，其中新能源汽车出口近 67.9 万辆，同比增长 1.2 倍；挖掘机、电动叉车、金属轧机、起重机等产品出口量分别增长 41.9%、33.7%、51.8% 和 20.1%。

行　业　篇

第三章

工业母机

第一节　全球发展综述

一、全球工业母机产业发展概况

根据 Grand View Research 数据，2022 年全球机床市场规模约为 879.4 亿美元，预计 2023—2030 年将以 5.7% 的年复合增长率增长。技术不断进步，如多轴臂和机器人及制造业的增长，为产业的增长做出贡献。除此之外，各国对提高生产力和减少停机时间的日益关注也进一步促进了市场增长。

2022 年，在全球机床市场中，亚太地区占据全球市场的 55% 份额。快速的城市化、政府增加的投资和不断增长的消费支出推动了亚洲经济的发展，进而推动了建筑业基础设施的发展。中国、印度和日本等是推动亚太地区石油和天然气、汽车、航空及建筑行业发展的关键国家。中国资本市场和其他一些亚洲经济体之间的竞争正在为行业创造增长的机会，经济增长又为工业母机的市场投资创造有利的环境。

北美洲的信息技术、建筑和采矿行业实现了显著增长。北美洲是世界上最大和最有影响力的经济体。新冠疫情阻碍了全球经济的发展，促使各国政府采取各种措施刺激经济，预计这一努力将推动建筑、汽车和能源行业的增长。另外，由于通货膨胀、原材料价格不稳定、俄乌冲突等会在一定程度上阻碍经济的发展，也将损害北美洲的工业母机市场。

欧洲是全球最大的汽车产地之一，吸引了大量直接投资。预计在未来的 5～10 年，德国、英国和法国等国的流程创新、改进研发和汽车生产扩张措施将推动汽车行业的增长。此外，由于欧洲地区有包括大众、宝马和梅赛德斯在内的一批全球知名汽车制造商，这些汽车制造商不断扩大生产规模，增加了欧洲地区对机床的需求。例如，英国雷尼绍公司为数控机床提供过程控制设备、计量设备和操作系统。

二、全球工业母机产业发展格局

工业母机现已成为大国博弈的必争之地。第二次世界大战以后，美国军用需求使机床进入数控时代。德国和日本紧随美国之后，且青出于蓝而胜于蓝。日本、德国、瑞士等国机床实力雄厚，长期占据着全球机床产值前列，拥有一批全球最顶尖的品牌。

日本顺应机床数字化发展趋势，明确将数控系统作为主攻方向，推动核心系统和关键零部件自主化，从政策、金融、法律等方面进行持续性支持和引导，如有序制定"机振法""机电法""机信法"三大法令，对提高技术水平起到了决定性作用。目前，日本数控系统全球市场占有率超过 50%，已成为世界第一大数控机床生产国。日本山崎马扎克专注机床主业，率先在机床制造中引入 SMOOTH、SPS、DONE IN ONE、MAZA-care、AI 等创新技术；日本大隈作为全球领先的龙门加工中心生产商，通过实现数控系统自制和高度机电一体化，成为日本最大的数控机床厂商之一；日本发那科已逐步成长为全球最大的数控系统生产厂商。

德国高度重视工业母机方向的基础理论和先进工艺研究，将加工工艺、机床设计、数控系统、先进刀具作为四大发展方向，建设了全球第一个机床实验室，在综合类大学和应用技术类大学均设立机床专业方向。德国亚琛工业大学、卡尔斯鲁厄理工学院、弗朗霍夫研究所等科研机构已成为全球数控机床基础研究和科技创新的翘楚。在产学研的紧密合作下，诞生了一批著名企业，如全球精密机床领军企业德玛吉、全球激光加工领导者通快、全球金属成形机床领导者舒勒、全球倒立式车床龙头埃马克。在产业链上下游协同发展方面，也涌现出西门子、海德汉等数控系统专业化厂商，博世力乐士等零部件厂商，以及凯斯勒等主轴、两轴摆头厂商。

瑞士始终坚持精益求精、制造精品的工匠精神，依靠高技能人才，重点发展高精密机床，产业发展特色鲜明。长期以来，瑞士机床出口额始终位居世界前五位，人均机床出口欧洲创汇 30 年来稳居世界第一，世界上有 150 多个国家是瑞士机床产品的长期用户，瑞士的精密机床备受各国青睐。瑞士机床的高精密度与其下游钟表制造业、医疗器械产业密切相关，钟表元件微米级乃至纳米级尺寸的加工难度推动瑞士机床向极精密发展。代表企业如托纳斯能够生产出世界上极小尺寸工件加工标准机床，在全球机械手表机加工市场占有率高达 70%；斯达拉格在航空发动机和燃气轮机领域，具有全球技术垄断优势，可加工航空发动机 80%以上部件。

美国是全球重要的工业母机强国，在高效自动化机床、自动生产线、NC 机床、FMS 系统等机床技术，以及工业生产上仍处于世界领先地位。美国政府将机床领域视为"工业基础活力与弹性"受到严重影响的领域之一，2018 年至今，美国连续将机床纳入国防部年度《工业能力评估报告》。同时推动将高端机床、数控系统和功能部件纳入《瓦森纳协定》出口限制范围，作为对华贸易制裁的重要方面。美国高度重视增材制造发展，2018 年，将增材制造纳入《先进制造业美国领导力战略》。美国政府十分重视工业母机产业的研发和创新，通过对方向性重大科研课题定出计划并提供充足经费，组织引导有关科研单位和通用汽车、波音飞机等下游应用企业开展科研合作，针对新产品及时组织订货和推广使用等方式，不断引导工业母机产业技术与应用并行发展。目前，美国涌现出一批重点企业，如格里森依靠深厚的数学基础，成为齿轮曲面加工之王，是齿轮技术的全球领航者；哈挺在既有车床优势之外，先后收购多个磨削品牌，一度在欧美中小型超精密加工市场中占据 80%的份额，至今仍在军工、航空航天领域有着不可撼动的优势。

第二节 中国发展概况

一、行业发展运行情况分析

（一）全国工业母机产业发展情况

近年来，工业母机产业发展逐步企稳，中国已成为全球最大的工业母机消费及生产国。根据国家统计局数据，2022 年，全国金属切削机床产量 57.2 万台，金属成形机床产量 18.3 万台。根据中国机床工具工业协会对重点联系企业的统计，2022 年度行业完成营业收入同比下降 0.3%，其中金属切削机床完成营业收入同比下降 5.6%；行业实现利润总额同比增长 43.7%，其中金属切削机床利润总额同比增长 63.8%；行业亏损企业占比 19.7%，其中金属切削机床行业亏损企业占比为 18.8%；企业产量同比下降 23.3%，其中数控金属切削机床产量同比下降 22.7%；截至 2022 年 12 月，金属切削机床重点联系企业新增订单同比下降 10.9%，在手订单同比增加 0.5%，产成品存货同比增长 9.2%。

中国从 2006 年开始就将"高档数控机床和基础制造技术"列入重大专项，近年来陆续出台《国家创新驱动发展战略纲要》《中国制造 2025》《装备制造业调整和振兴规划》和《"十四五"智能制造发展规划》等政策，持续将高档数控机床作为国家战略发展重点。2021 年 8 月，国务院国有资产监督管理委员会会议强调，针对工业母机、高端芯片等加强关键核心技术攻关，将工业母机置于首位，体现出其重要地位。2022 年 9 月，华夏中证机床 ETF、国泰中证机床 ETF 获中国证券监督管理委员会批复，同年 11 月，工业和信息化部会同财政部在国家制造业转型升级基金下设立工业母机产业投资基金，为科创能力突出的机床企业提供直接融资便利。我们预计，2023 年中国工业母机产业将继续恢复性增长。

（二）全国工业母机产业发展格局

随着国家层面大力推动，国内各省市地方政府也积极响应中央及各部委政策精神，结合本地产业基础及发展需要，纷纷出台相关政策支持工业母机产业发展。从国内重点区域分布来看，各城市在发展中形成了各具特色的产业集聚现象。

深圳市依托 3C 电子领域制造基础，持续建设电子专用设备与机床数字化应用集聚区。在产业链层面，重点发展高端电子专用设备，推广数字化机床应用示范，培育工业母机数字化新业态，3C 制造领域初步形成集上游核心零部件、中游整机装备和下游应用为一体的较为完备的产业链。在龙头企业层面，创世纪是国内高端数控机床制造龙头企业，其钻攻中心机替代进口机床，打破了国外企业长期垄断的局面，大大降低了手机制造企业的成本；大族数控的钻孔类设备、激光直接成像设备及检测类设备等产品已供应行业多家知名 PCB（印刷电路板）制造企业。

宁波市依托高端装备产业优势，着力打造全国数控机床产业高地。在产业政策上，宁波 2020—2022 年陆续颁布实施《宁波市数控机床产业发展三年行动计划》《宁波市打造国际智能制造新高地建设方案》和《宁波市高端装备产业集群发展规划》等多项行动方案，促进数控机床产业发展。在技术支撑维度，中国机械科学研究总院将其南方中心落位宁波，研究院已集聚了 150 余位科研人员，围绕高端机床装备、核心功能部件、数控刀具、功能材料、涂层刀具等领域开展全方位的创新。由浙江大学牵头，浙江省机电产品质量检测所股份有限公司、宁波海天精工股份有限公司等企业在余姚成立浙江省数控机床产业技术联盟致力于解决产业链问题。

大连市是全国最大的组合机床生产基地，同时也是国家级数控机床产业化和数控功能部件研发制造基地。在产业链方面，数控系统领域拥有科德数控、大森数控、大连智德数控等优秀企业，电主轴、丝杠、导轨等功能部件领域汇聚大连光洋科技、大连电机集团、瓦轴集团等骨干企业。

济南市是机床工业的摇篮城市之一，也是中国著名的机床之都。在产品品类层面，锻压设备、数控冲压机床、数控机床、自动化设备、铸造设备、激光切削、数字雕刻机等领域在行业领先，重型数控冲压设备和大型金属切削机床国内市场占有率在 60% 以上。在龙头企业层面，涌现了济南二机床集团、济南第一机床有限公司、济南四机数控机床有限公司（原济南第四机床厂）等一批代表性企业，其中济南二机床集团已成为世界三大数控冲压装备制造商之一，大型冲压成形装备国内市场占有率达到 80% 以上，全球市场占有率达到 35%。

西安市已成为中国增材制造技术中心和产业化重镇。在产业资源层面，建立国家增材制造创新中心，打造陕西 3D 打印产业培育基地，组建陕西增材制造（3D 打印）协同创新研究院。在专业人才方面，西安有中国增材制造领域唯一的院士卢秉恒，培养和造就了一批增材制造技术的研发、中试和产业化人才队伍。在企业集聚方面，培育出铂力特、塞隆金属、西部超导等领先的行业龙头企业，在西安高新区、西安经开区、富阎产业合作区形成了特色产业集聚。

其他城市在工业母机产业上也有一定的布局。北京市主要生产数控龙门机床、数控磨床和数控系统，拥有北京第一机床厂、北京第二机床厂、北京机电院等一批老牌企业，也有北京精雕、凯恩蒂数控、北京航天数控这类专注于数控系统研发的企业；天津市则以发展锥齿轮加工机械和压力机为主，重点企业有天津第一机床厂、天锻压力机有限公司；重庆市重点机床主要生产各类齿轮加工机床；武汉市重型机床产量占全国重型机床总量的 11%，华中数控是中国研发数控系统的主要企业之一。

二、行业发展特点和形势分析

行业进出口结构得到优化。2022 年，机床工具进出口结构继续呈现良好势头。一是贸易顺差继续扩大。金属切削机床虽然仍是逆差，但逆差额相较于 2021 年缩小。根据中国海关数据，2022 年机床工具进出口总额 333.6 亿美元，同比增长 0.9%。其中，进口 124.0 亿美元，同比下降 10.2%；出口 209.5 亿美元，同比增长 9.0%，顺差为 85.5 亿美元，顺差同比增长 58.1%。2022 年呈现贸易顺差的商品领域有磨料磨具（38.9 亿美元）、木工机床（23.4 亿美元）、切削刀具（23.3 亿美元）、金属成形机床（9.1 亿美元）、机床功能部件（含零件）（1.3 亿美元）、数控装置（0.4 亿美元）等。二是加工中心、数控车床等高技术含量的机床出口同比明显增长，金属加工机床出口品种结构有所优化。三是出口高速增长延续至 2023 年一季度，机床工具行业出口在 2022 年高基数的基础上持续增长，且除切削刀具、木工机床和铸造机以外，其他商品的出口额都有所增长。

新能源行业需求带动工业母机行业发展。2022 年，金属成形机床和磨料磨具行业的营业收入和利润总额的增长较为突出，新能源汽车、光伏等行业的快速发展给金属成形机床行业带来大量订单，但订单主要集中在部分企业，多数小企业订单仍较少，仍有许多需求空间。磨料磨具行业在半导体和新能源行业高速发展的带动下，销售规模和盈利水平增长显著。此外，汽车、航空航天、机械制造等领域的技术进步和产品升级也对机床行业提出了更高的要求，为机床行业的发展提供了更大的空间。机床行业的市场需求呈现出更加旺盛的态势。

机床单台价值提高，产品结构得到优化。2022 年，根据中国机床工具工业协会统计数据，机床单台产值有所提高，利润有较大增幅。用户对智能化数字化机床的需求增加，对成套、成线机床的订单大幅增加，这从一个侧面反映了行业产品结构在不断优化，加速产品持续升级可提高盈利能力。同时，随着科技的不断发展，机床行业的技术水平也在不断提升，新一代技术的发展使得机床行业的生产效率、加工精度、稳定性等方面均得到极大的提升。例如，数控机床的应用已经成为机床行业的主流，其高精度、高效率、高自动化的特点，为机床行业的发展提供了强有力的支撑。

国家对于工业母机行业的政策支持力度不断加大。国家出台了一系列鼓励高端装备制造业发展的政策，对于工业母机行业的发展提供了强有力的支持。2021 年，国家"十四五"规划要求，要培育先进制造业集群，推动高端数控机床等产业创新发展。此后，多个省份针对当地情况出台数控机床发展政策。如，上海出台《战略性新兴产业和先导产业发展"十四五"规划》，推动高端机床等成套装备与系统的工程应用和产业化；江苏出台《江苏省数字经济促进条例》，支持装备制造业研制数控机床、工业机器人等数字化设备。2021 年，工业和信息化部发布的《"十四五"智能制造发展规划》围绕工业母机等重点领域，支持行业龙头企业联合高校、科研院所和上下游企业建设一批制造业创新体，研发智能立/卧式五抽加工中心、车铣复合加工中心、高精度数控机床等工作母机。政策的实施将促进数控工业母机行业的发展，加速行业转型升级，提高产品质量和技术水平，对市场产生积极的影响。通过加大财税支持力度和管理规范将有助于行业健康有序发展，提高市场竞争力和行业整体效益水平。此外，国家还出台了一系列鼓励企业进行技术改造和设备更新的政策，也为工业母机行业的发展提供了机会。

工业母机面临不确定因素也逐渐增多。一是国际形势错综复杂，全球经济复苏基础不稳。俄乌冲突持续升级，欧美发达经济体通胀仍处高位，持续实施紧缩货币政策，经济可能会陷入衰退。机床工具行业出口增速较 2021 年同期明显趋缓，加上进口持续下降的影响，进出口总额出现下降。二是行业运行受新冠疫情影响较严重。机床工具行业在 2022 年年初延续了 2021 年的增长态势，实现了两位数增长。但 2022 年 3 月下旬和四季度全国多地出现严重疫情，部分重点企业受到冲击。疫情影响的时间长度和地域范围都是三年疫情中最严重的一年。三年疫情对经济的影响需要一定时间恢复，行业压力仍然较大。机床工具市场需求的恢复比用户行业还要滞后一些。

工业母机行业创新仍然不足。 机床工具行业各分行业在不同程度受到供应链受阻、原材料和人工等成本上升、人才匮乏等因素的影响。在金属切削机床等行业存在订单不足等问题，目前生产经营压力仍然较大。国内机床企业普遍存在技术创新不足的问题，虽然国内企业已经能够生产出高精度、高效率的机床，但是这些机床的技术水平与国际巨头相比，还存在较大差距。机床功能部件、数控装置等功能部件、数控系统需要进口，导致生产成本高、生产周期长，对企业的发展造成了制约。同时，机床行业需要高素质的技术人才和管理人才，特别是在高端机床领域，缺乏具有深厚技术功底和丰富经验的专业人才。

工业母机行业进入新一轮周期。 数控机床约 10 年需要进行一轮设备更新，中国机床上一轮更新期是 2011—2014 年。按照 10 年的周期，中国机床行业在 2020 年前后应进入更新替换周期，对行业发展带来波动影响。此外，机床研发周期较长，由于涉及多技术融合和跨学科知识，机床行业"从 0 到 1"的创新发展周期长，所需投入巨大。直观地从产值贡献来看，投入产出比较低，社会资本不愿进入。例如，大连科德数控五轴联动卧式车铣复合加工中心经过十多年的持续研发投入才最终实现产业化。

第四章

新能源和智能网联汽车

第一节 全球发展综述

一、新能源汽车全球市场大热，叠加产能提升加速，双轮驱动全球新能源汽车大潮

（一）全球销量过千万，中国市场成为拉动全球新能源汽车产业发展的重要驱动力

截至 2022 年年底，新能源汽车已在超过 100 个国家和地区实现销售。2022 年全球销量突破 1000 万辆，渗透率达到 14%，高于 2021 年的 9% 和 2020 年的不到 5%，在中国、挪威、瑞典、丹麦、德国、芬兰等国的市场渗透率超过 20%。中国、美国和欧洲成为全球新能源汽车市场销量前三强，其中，中国再次领跑全球电动汽车市场，2022 年全年纯电新能源汽车销量占全球总量的 58%。欧洲、美国电动汽车销售量分别为 24% 和 11%，相较 2021 年，分别增长了 15% 和 55%。此外，泰国和印度尼西亚等新兴的新能源汽车市场增速强劲，新能源汽车销量将在 2023 年继续保持强劲增长势头，全球市场潜力有望被进一步激发。

（二）欧美国家通过出台发展战略和刺激新能源汽车消费等方式推动本国汽车产业电动化进程

全球电动汽车市场持续呈现快速增长势头，离不开各国政府的政策推动和补贴刺激。2022 年，美国出台《通胀削减法案》，对来自美国及其自由贸易合作伙伴国家的新能源汽车（包括整车组装、原材料开采和电池制造）进行最高 7500 美元的税收抵扣补贴。同时，为推动动力电池产能向美国本土转移，《通胀削减法案》为美国国内电池生产提供高达每千瓦时 35 美元的补贴，另外，还为模块组装提供每千瓦时 10 美元的补贴。随着《通胀削减法案》在 2023 年的正式实施，将进一步加快美国新能源汽车销量的增长。在欧洲方面，2022 年，受原材料价格上涨、俄乌冲突等因素的影响，欧洲整体经济环境低迷。此外，挪威、德国、英国、瑞典、法国等国家相继收紧新能源汽车购车补贴政策，推动欧洲新能源汽车市场由政策驱动转向市场驱动。以上双重因素叠加，导致欧洲新能源汽车市场增长乏力，全年新能源汽车销量增速仅为 15%，远低于 2021 年的 66%。2022 年 6 月 8 日，欧洲议会通过提案，明确欧盟地区将于 2035 年开始禁售燃油车与混合动力汽车。此举无疑是为欧洲新能源汽车产业打了一剂"强心针"，未来市场潜力有望再一次被释放。

（三）东南亚经济持续快速增长，推动中、美、韩新能源车企竞速扩展产能，"剑指"东南亚新兴市场

近年来，东盟主要国家汽车消费呈现快速增长态势，已成为全球新能源汽车销量增速最快的地区之一。数据显示，2022 年，印度尼西亚、泰国、马来西亚、越南、菲律宾 5 国的新车销量增长率均超过 10%。此外，根据国际可再生能源署预测，至 2025 年，新能源汽车在东盟地区的销量将增至 1000 万辆。富有潜力的东南亚新能源汽车市场正成为全球新能源车企的新战场。中、美、日、韩车企均加速布局整车和电池工厂，向东南亚新能源汽车市场集中发力。例如，特斯拉计划在马来西亚建设特斯拉体验中心，布局超级充电站网络，进军东南亚市场；韩国现代汽车在印度尼西亚投建的整车厂 2022 年正式投产，主要用于生产其 Ioniq 5 新能源汽车；中国车企在东南亚布局较早，长城、上汽等企业已在泰国、印度尼西亚等地设厂投产，新能源汽车产品凭借技术、质量等快速进入东南亚市场。

二、智能网联汽车为全球汽车产业发展注入新动能

（一）全球汽车行业变革转向"智能化、网联化"下半场

随着人工智能和云计算等新兴技术的迅速发展，全球汽车产业由电动化进入智能化、网联化下半场竞争。在中国方面，2022 年智能网联产业链逐步完善，智能网联汽车产业发展进入快车道。2022 年，中国 L2 级智能网联乘用车同比增长 45%以上，市场渗透率近 35%，市场潜力充足。同时，2022 年，中国自动驾驶领域相关融资 153 起，现存自动驾驶相关企业约 5800 家，覆盖智能网联汽车产业链上、中、下游。在美国方面，2022 年美国资本退潮，多家无人驾驶企业经历裁员和破产，美国自动驾驶发展进入寒冬期。2022 年 3 月，福特、大众、Waymo 等多家美国车企和零部件企业组建的美国自动驾驶汽车行业协会发布政策建议框架，希望美国交通部采取对应行动，以防止中国、欧洲在自动驾驶汽车领域反超美国。在欧洲方面，2022 年创新自动驾驶管理法规，驱动智能网联汽车产业商业化发展。2022 年 2 月，德国正式批准搭载 L3 级自动驾驶系统的奔驰 S 级轿车上路行驶，标志着高级别自动驾驶汽车已驶出测试示范区，将驶向公共道路，为全球自动驾驶落地指明方向。

（二）主要国家加快政策布局，推动智能网联汽车产业快速发展

1. 美国从放宽设计标准和限制芯片出口两方面巩固智能网联汽车产业的领先地位

一是技术进步驱动汽车标准修改完善。随着自动驾驶技术的发展，传统的汽车安全标准和技术法规已难以满足智能网联汽车的设计要求，例如，美国联邦机动车安全标准中规定了车辆在设计时，必须配备方向盘、踏板等安全组件。为满足技术发展的需求，2022 年 3 月，美国高速公路安全管理局（NHTSA）发布《无人驾驶汽车乘客保护条例》，明确具备全自动驾驶功能的车辆无须再配备方向盘、制动和油门踏板等装置。

二是美芯片法案出台欲限制中国智能网联的发展。2022 年 8 月，美国出台《芯片和科学法案》，限制美企向中国出口高端 GPU 芯片，包

括英伟达在内的多家企业受到影响。高端 GPU 芯片主要用于自动驾驶模型的算法迭代，美芯片法案的发布，意图影响中国智能网联汽车产业的国际竞争力。而中国的寒武纪、地平线等芯片公司抢抓国产替代历史机遇，陆续推出生态完善的大算力芯片产品，确保了中国 AI 芯片产业安全、自主、可控。

2. 欧盟从完善智能网联车辆认证标准和道路法规两方面鼓励智能网联汽车商业化落地

一是完善自动驾驶车辆类型认证法规。2022 年 8 月，欧盟发布推出全自动驾驶系统的认证法规，作为全球首个高级自动驾驶汽车注册和销售法规，主要针对自动驾驶系统的动态驾驶任务、风险行动方案、人机交互要求、功能和操作安全、数据安全等 12 个方面，制定技术规范，适用于乘用车和部分商用车。该法规的制定为欧盟高级别自动驾驶汽车落地提供了有力保障，或将吸引更多全自动驾驶领域的高科技公司赴欧盟争取认证。

二是率先发布自动驾驶汽车道路法规。英国发布最新政策文件，根据辅助驾驶系统接入情况，划分驾驶员和车辆的责任，填补了高阶智能网联汽车道路法规的空白。德国通过修订《道路交通法》为自动驾驶车辆在公共道路运营提供了法律依据，并发布《自动驾驶法》允许 L4 级智能网联汽车在指定区域运营。

3. 韩国采取更新安全标准和公共领域试点双措施助力自动驾驶汽车研发和落地

一是改革交通系统，以适应自动驾驶技术的发展。2022 年 9 月，韩国国土交通部发布《出行方式革新路线图》，共分为 3 步，分别为 2022 年年底实现 L3 级自动驾驶商业化落地；2025 年，全自动驾驶在公共领域投入运营；2027 年，推进 L4 级自动驾驶商业化。为此，韩国将为自动驾驶公共车辆制定全新的安全标准，改革交通系统以满足自动驾驶车辆的行驶要求。

二是更新自动驾驶汽车标准。2022 年 11 月，韩国更新《汽车及汽车零部件性能标准规定》，为自动驾驶汽车生产提供了安全准则，避免车企在无标准的情况下无序开发和制造自动驾驶汽车，减轻车企单独研发的压力。2023 年 1 月，韩国国家技术标准院公示无人驾驶汽车国家

标准，该标准的发布较中、美滞后 2～3 年。

（三）整车和高新技术企业协同发力，汽车智能化驶入快车道

1. 整车企业提高产品智能化水平

一是国内外新势力车企突出汽车智能化，逐步抢占市场。国内小鹏、蔚来等新势力车企侧重于开发 L3 级以下的辅助驾驶系统，推出的多款新能源智能网联汽车市场占有率不断提升，且逐步向高级别自动驾驶系统升级。美高科技企业特斯拉作为汽车智能化的领头羊，重点开发自动驾驶算法，车辆搭载的 FSD 可在当地法规完善后实现全自动驾驶。

二是国内外传统车企迅速切换至智能网联赛道。奔驰部分车型搭载的 Drive Pilot 系统（驾驶领航系统）可在特定道路环境、行驶区域和车辆状态下实现 L3 级自动驾驶，将硬件系统进行冗余设置，确保自动驾驶功能开启时，车辆具备足够的安全性能。同时，国内传统车企一汽旗下的乘用车和商用车部分车型搭载了智能网联系统，推出的一汽红旗 Robotaxi 圆满完成道路测试。

2. 高新技术企业依托自身优势切入智能网联赛道

在芯片企业方面，英伟达依托商用芯片基础，成为自动驾驶芯片领域的龙头企业。2022 年 9 月，该公司推出的 DRIVE Thor 芯片算力可达到 2000TOPS，为智能网联汽车边缘计算效率提升提供了新的解决方案。国内地平线、黑芝麻科技等芯片企业也加速布局，其中地平线芯片在具备 NOA 功能的车辆中占据 49% 以上的市场份额。在解决方案企业方面，以百度、华为为首的互联网科技企业选择跨越式路径，从高等级自动驾驶方案入手，重点开发自动驾驶算法及针对特定或通用场景的整套系统方案。

第二节　中国发展概况

一、行业发展运行情况分析

（一）汽车行业整体呈现稳步上升趋势

虽受疫情多点散发、芯片短缺和原材料价格上涨等多重因素叠加影

响，但汽车产业景气度依然延续。根据中国汽车工业协会统计，2022年汽车产销分别完成 2702.1 万辆和 2686.4 万辆，同比分别增长 3.4%和2.1%，整体表现出稳定增长态势。新能源汽车延续了产销高增长态势，2022 年产销分别为 705.8 万辆和 688.7 万辆，同比分别增长 96.9%和93.4%，连续 8 年产销全球第一。从重点企业看，2022 年汽车销量排名前十位的企业中，比亚迪销量增速显著，全年总销量为 186.9 万辆，同比增长 150.9%，表现最为亮眼。受益于新能源汽车需求旺盛、芯片产能逐步恢复等多重利好因素，预计 2023 年中国汽车行业稳中有升。

（二）促进消费政策推动乘用车市场快速恢复

2022 年，中国乘用车市场在国务院、各部委及地方政府出台的促进消费系列政策的推动下，虽受国际局势不稳、海外零部件供应受阻、消费信心不足等不利因素影响，但依旧保持着强大的市场动力。2022年上半年，因疫情多地散点爆发，导致上海市、广东省、长春市、吉林省、昆山市等地被迫处于封控或部分区域封控状态，对我国汽车产业链供应链产生了巨大影响，部分车企终端销量甚至出现同比下滑 40%以上的大幅萎缩情况。国务院印发《扎实稳住经济的一揽子政策措施》，提出稳定增加汽车、家电等大宗消费，各省市也相继颁布了增加牌照、提供购车补贴等一系列促进汽车消费的政策，推动了中国乘用车市场的快速恢复。乘用车产销自 6 月起一直保持连续的增长，全年分别完成 2383.6万辆和 2356.3 万辆，同比分别增长 11.2%和 9.5%，增幅高于行业均超过 7 个百分点，连续 8 年超过 2000 万辆，连续 3 年产销实现正增长。

（三）商用车市场需求持续放缓，但整体呈现三大亮点

2021 年以来，受消费提前释放、疫情反复等因素的影响，中国商用车行业步入下行结构调整期。2022 年，商用车市场需求继续放缓，中国汽车工业协会数据显示，全年商用车产销分别完成 318.5 万辆和 330万辆，同比分别下降 31.9%和 31.2%。然而，2022 年中国商用车发展仍然呈现出三大亮点。一是商用车海外出口数量持续突破，全年商用车累计出口 58.2 万辆，同比增长 44.9%。其中新能源商用车出口 2.7 万辆，同比增长 1.3 倍，海外市场表现亮眼。二是新能源商用车行业正在逆势

爆发，2022 年全国新能源商用车销量为 33.8 万辆，同比增长 72.1%，渗透率达到了 10.2%。三是商用车智能化进程显著提速，2022 年 8 月 8 日，交通运输部就《自动驾驶汽车运输安全服务指南（试行）》（征求意见稿）公开征求意见。同时，地方政府也加速出台相关政策，推动试点示范。重庆、武汉两地分别出台了《重庆市永川区智能网联汽车政策先行区道路测试与应用管理试行办法》和《武汉市智能网联汽车道路测试和示范应用管理实施细则（试行）》，将进一步推进自动驾驶的商业化进程。此外，一汽、长安、东风、宇通等传统车企正加快研发智能网联商用车产品，搭载智能网联功能的车型即将大规模进入市场。

（四）出口规模持续扩大，中国一跃成为汽车出口大国

近年来，中国汽车出口持续爆发式增长态势。中国汽车工业协会数据显示，2022 年中国汽车出口达到 311.1 万辆，同比增长 54.4%，成为仅次于日本的全球第二大汽车出口国。从出口地区看，欧、美、日、韩等发达国家正逐渐成为中国汽车出口的主要增量市场。2022 年，中国汽车商品出口金额排名前十位的国家依次是美国、墨西哥、俄罗斯、比利时、英国、日本、德国、韩国、澳大利亚和阿联酋，十国进口累计金额 773.8 亿美元，占全部汽车商品进口总额的 87.5%。排名前十位中发达国家数量已超过半数，印证了中国国产汽车在国际市场的认可度在不断提高。

二、行业发展特点和形势分析

（一）新能源汽车市场由政策驱动向产品驱动转变，渗透率持续攀升，加速步入快速成长期

中国政府高度重视新能源汽车产业的发展，先后出台了科技研发、应用推广、消费补贴和税收减免等一系列产业政策。在党中央、国务院及工业和信息化部等部委的支持和引导下，中国新能源汽车在性能、能耗、电池安全等关键技术指标取得了长足进步，市场渗透率大幅提升，产业发展取得了良好效果。然而，随着中国新能源汽车补贴标准的逐年退坡，中国新能源汽车市场依旧保持着强盛的市场活力，产品种类逐渐

多样化，充换电基础设施建设日趋完善，产销量引领全球，国际影响力和竞争力明显提升。2022 年产销分别为 705.8 万辆和 688.7 万辆，同比分别增长 96.9%和 93.4%，连续 8 年产销全球第一。新能源汽车市场已经进入产品驱动、需求引导的新阶段。

（二）自主品牌强势崛起，重构中国新能源汽车竞争格局

近年来，国产新能源汽车产品逐步占据市场主导地位。2022 年 10 月，自主品牌零售销量占市场总零售份额的 51.5%，实现对合资品牌产品的初步赶超，全年中国品牌乘用车销量 1176.6 万辆，同比增长 22.8%。市场份额达到 49.9%，上升 5.4 个百分点。随着国产新能源车企在电动化技术的不断突破和在智能化应用的不断完善，自主品牌正向高端化产品市场快速进军。红旗品牌自 2018 年发布新品牌战略以来，在众多领域取得跨越性发展，已成为国产豪华汽车品牌"新名片"。2022 年 11 月，比亚迪正式公布旗下高端品牌"仰望"，定位中国高端汽车品牌的代表和标杆。长安、吉利、东风等车企也相继推出了阿维塔、极氪、岚图等高端汽车品牌，自主品牌新能源汽车产品高端化已成为大势所趋。

（三）车企持续加快海外布局，产业步入海外市场拓展期

近年来，随着中国新能源汽车产业的高速发展，依托在三电技术和智能驾驶相关领域的技术优势，在国际新能源汽车产业赛道一路领跑，2022 年，中国新能源汽车出口 67.9 万辆，同比增长 1.2 倍，已成为中国汽车出口增长的重要驱动力。2022 年 10 月 24 日，首次专列承运新能源汽车出口欧洲地区的中欧班列（中豫号·郑州）从郑州驶出，开辟新能源汽车开拓中亚、欧洲市场的绿色通道，进一步带动了中国新能源汽车"走出去"。此外，中国车企逐步通过海外投资建厂、国际合作等方式达成企业的全球化部署。2022 年 8 月，宁德时代发布公告将在匈牙利投资建设 100GW·h 动力电池系统生产线。2022 年 9 月，比亚迪汽车与泰国 WHA 伟华实业发展大众有限公司签约，计划全资投建首个海外乘用车工厂。此外，据媒体报道，蔚来汽车也计划在匈牙利等欧洲国家部署换电站及充电桩工厂，计划到 2025 年年底在海外市场建设换电站约 1000 座，完善新能源汽车海外产业链全体系布局，实现"中国

制造"在欧美市场的落地生根。

（四）关键核心技术加速突破，推动智能网联汽车竞争实力显著提升

近年来，中国重点推动环境感知、智能决策、协同控制等关键核心技术攻关，高精度传感器、大算力 AI 芯片及车载操作系统等重点软硬件研发取得重要突破。在国家层面，《汽车产业中长期发展规划》中提出实施关键零部件重点突破工程，针对产业短板，培养具有国际竞争力的领军企业，鼓励零部件企业加强产品研发投入。在重庆、上海、深圳、广州等地打造世界级智能网联汽车产业集群，联合整车企业、零部件企业、人工智能与互联网企业共同开展技术攻关，形成从零部件到整车的完整产业体系。在企业层面，互联网企业与整车企业共同发展，跨产业协同创新机制初步建立。以华为、地平线、黑芝麻智能为首的互联网企业发布多款具有国际竞争力的大算力自动驾驶芯片，在大众、上汽、理想、文远知行等品牌的 L2 至 L4 级智能网联汽车上广泛应用，有望加速实现自动驾驶芯片的国产替代。在操作系统方面，翼辉 SylixOS、华为 HarmonyOS、AliOS 等国产车载操作系统陆续获得安全认证，具备高安全性和高实时性的国产车载操作系统实现了从 0 到 1 的突破。

（五）产品管理和准入标准不断完善，推动智能网联汽车产业高质量发展

近年来，中国从产品管理完善化和准入标准规范化两方面发力，形成智能网联汽车产品安全测试验证的中国标准和监管防护体系的中国方案。一是产品管理规范化。工业和信息化部及各部委陆续发布《智能网联汽车生产企业及产品准入管理指南（试行）》《车辆数据安全管理若干规定（试行）》等政策性文件，以加强监管力度，确保车辆的数据安全和网络安全，为汽车的安全生态构建可靠屏障。为此，整车企业同奇安信、深信服等网络安全服务企业开展深度合作，共同构建整车安全方案，提升智能网联汽车的安全性。二是准入标准完善化。2022 年 11 月，工业和信息化部联合公安部发布《关于开展智能网联汽车准入和上路通行试点工作的通知》，明确了试点的产品范围、内容、参与主体及申报条件，规范了智能网联汽车交通事故的责任界定。北京、深圳、广州、重庆、无锡等城市陆续发布《实施细则》并开展示范运营活动，建立统一的技术架构和基础平台，形成可复制的地方经验，为智能网联汽车商业化落地提供加速度。

（六）基础平台建设和车路协同示范不断推进，加速自动驾驶技术商业化进程

近年来，中国注重智能网联汽车产业基础建设，从产业链两端发力，推动智能网联汽车产业化、商业化落地。

一是加强基础平台建设，打通产业化发展全链条。在计算基础平台方面，以国汽智控为代表的车控基础平台供应商，以可复制的底层架构协助车企定制开发自动驾驶算法，形成快速、高效的新型产业生态。在云控基础平台方面，中国围绕 C-V2X 芯片、路侧终端等软硬件产品，在北京亦庄、上海嘉定等地开展云控基础平台示范行动，实现了城市级车、路、云一体化落地应用。在高精度地图基础平台方面，百度、腾讯以基础地图平台优势率先获得高精度地图许可资质，并在广州、深圳、北京等地实现高精度地图的定位服务建设。

二是加速应用落地，测试示范迈入"深水区"。中国坚持走车、路、云一体化发展道路。2021 年，工业和信息化部、公安部、交通运输部联合印发《智能网联汽车道路测试与示范应用管理规范（试行）》。截至目前，全国超过 40 个省市发布道路测试实施细则，装备路侧设施 4000 多台，包括无人化测试、载人载物测试、高速测试等场景，并开展了智慧公交、货运车队、共享出租车等商业化试点。

第五章

机器人

党的十八大以来，以习近平同志为核心的党中央高度重视机器人产业的发展，多次对机器人产业发展做出重要指示。当前，新一轮科技革命和产业变革加速演进，新一代信息技术、生物技术、新能源、新材料等与机器人技术深度融合，机器人产业迎来升级换代、跨越发展的窗口期。从全球视野看，全球机器人产业规模加速壮大，中国在机器人产业的国际地位和作用不断凸显，各国纷纷完善机器人产业支持政策。从中国产业发展看，机器人产业规模持续增长，机器人产业基础关键核心技术加速突破并不断夯实、机器人创新产品加速涌现，机器人行业应用持续拓展。展望未来，中国有望持续引领全球机器人产业持续增长，机器人技术多维升级进一步拓展机器人应用边界，机器人加速为千行百业赋能，成为新一轮科技革命的赋能器和加速器。

第一节　全球发展综述

一、全球机器人产业规模快速扩大

（一）全球机器人销量再创新高

国际机器人联合会（International Federation of Robotics，IFR）2022年发布的数据显示，全球工业机器人应用大幅增长。从全球机器人装机情况看，2021年，全球工业机器人新增装机量达51.7万套，同比增长31%，装机量及增速均创历史新高（见图5-1）。2021年，全球制造业平均机器人密度达 141 台/万人，超过 6 年前水平的两倍。受益于韩国电气电子及汽车工业的快速发展，韩国工业机器人密度居全球首位，达 1000 台/万人，创历史新高。日本是世界上最大的工业机器人制造商，2021 年交付了全球 45% 的供应量。专业服务机器人保持平稳高速增长，2021 年，全球专业服务机器人销量达 12.1 万台，同比增长 37%（见图 5-2）。消费者服务机器人扭转增速放缓趋势，2021 年全球消费者服务机器人销量达 1900 万台，同比增长 9%（见图 5-3）。

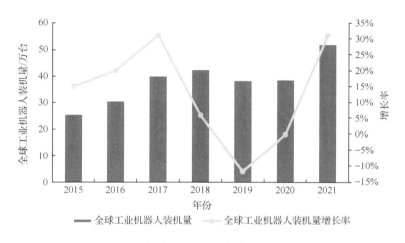

图 5-1 全球工业机器人装机量及增速

数据来源：国际机器人联合会，赛迪先进制造研究中心整理，2023 年 6 月

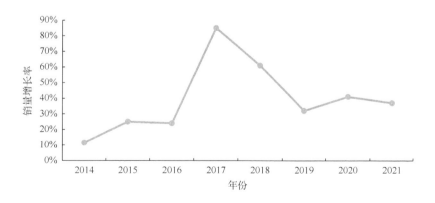

图 5-2 专业服务机器人销量增长率

数据来源：国际机器人联合会，赛迪先进制造研究中心整理，2023 年 6 月

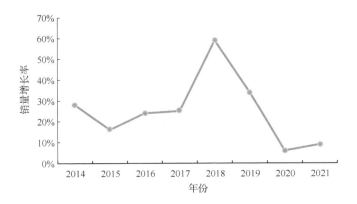

图 5-3　消费者服务机器人销量增长率

数据来源：国际机器人联合会，赛迪先进制造研究中心整理，2023 年 6 月

（二）电气/电子行业持续引领工业机器人应用拓展

从工业机器人装机细分领域情况看，电气/电子行业保持了工业机器人最大客户的地位，2021 年装机量达 13.7 万台，创历史新高，同比增长 24%。汽车产业机器人装机量在 2021 年强势增长，为 11.9 万台，同比增长 42%。工业机器人在金属与机械、塑料及化学制品、食品等应用领域增速均在 25% 以上（见图 5-4）。

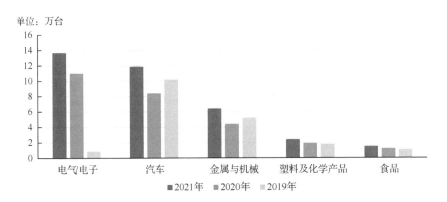

图 5-4　主要用户行业工业机器人年装机量

数据来源：国际机器人联合会，赛迪先进制造研究中心整理，2023 年 6 月

（三）服务机器人

从服务机器人细分应用领域看，物流机器人和餐旅业机器人销量及增速领先，运输和物流领域机器人销量同比增长 45%，2021 年售出的服务机器人中超过三分之一都是物流机器人；餐旅业机器人销量为 2 万台，同比增长 85%；医疗机器人销量约 1.5 万台，同比增长 23%；专业清洁机器人销量同比增长 31%，销量约 1.3 万台；农业机器人售出超 8 千台，同比增长 6%。

二、中国成为全球机器人产业发展的主阵地

在全球机器人市场中，中国市场表现亮眼，成为全球机器人产业的主阵地。从规模及增速看，中国机器人市场保持全球领先。自 2013 年起，中国已连续 9 年成为全球最大的工业机器人市场。2021 年，中国新增装机量及装机量增速均为全球第一，工业机器人新增装机量达 26.8 万套，同比增长 51%（见图 5-5），是第二名日本的近 6 倍。2021 年，中国市场占据全球机器人市场的半壁江山，占全球机器人市场比重已达 51.9%（见图 5-6）。从应用密度看，中国从 2013 年 30 台/万人增长至 2021 年的 322 台/万人。2021 年，中国首次超越美国，跻身全球制造业工业机器人应用密度前五名。在服务机器人领域，中国服务机器人制造商数量仅次于美国，居全球第二位。

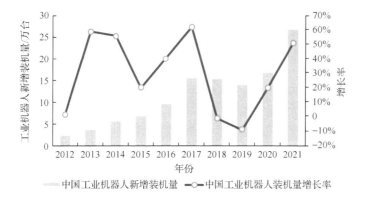

图 5-5　中国工业机器人新增装机量及装机量增速

数据来源：国际机器人联合会，赛迪先进制造研究中心整理，2023 年 6 月

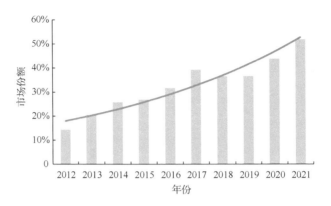

图 5-6　中国工业机器人装机量占全球市场份额
数据来源：国际机器人联合会，赛迪先进制造研究中心整理，2023 年 6 月

三、全球主要国家机器人战略布局进一步增强

机器人产业引起了世界制造强国的高度重视，全球主要国家纷纷出台政策措施，形成了自上而下的政策支持体系。最近两年，各国纷纷加大机器人领域的预算投入，从技术创新、产业应用等角度支持机器人产业进步，构建产业生态，通过机器人技术支撑产业和社会的发展。

（一）美国

美国通过国家科学基金会持续加大对机器人领域科技研发的投入。美国发布的国家机器人计划（NRI）是政府支持的机器人基础研发方案。2021 年 2 月，美国推出了 NRI 3.0，在前两版 NRI 的基础上，重点关注机器人集成系统的研发。2021 年，美国政府为 NRI 3.0 投资了 1400 万美元，支持学术、产业、政府、非营利组织和其他组织之间开展合作。2022 年，美国国家科学基金会（NSF）宣布结束 NRI。迄今为止，NRI 已投资超过 2.5 亿美元，用于 300 多个创新机器人研究项目。2023 年，美国白宫公布了第三版《国家人工智能研发战略计划》，为投资人工智能的联邦机构确定了重点关注的领域。该计划的连续三版文件中均将"开发能力更强、更可靠的机器人"作为该战略的优先事项。美国国防预算持续增加对机器人及智能系统的关注。2021 财年，美国国防部预算中有 75.4 亿美元用于采购智能机器人与加快自主系统研发；2022 财年的预算为 82 亿美元，资金投入不断增多以加强军队智能化建设。

（二）日本

日本通过日本经济产业省主导，持续增强对机器人技术研发及应用的支持。日本通过施行"新机器人战略"，旨在使日本成为世界头号机器人创新中心。2022 年，日本政府提供了超过 9.3 亿美元的支持，重点领域包括制造业、护理和治疗、基础设施和农业，在制造业和服务业的行动方案中列出的项目包括自动化驾驶、先进的空中移动技术，以及下一代人工智能和机器人的核心集成技术等。在 2020 年至 2025 年的 5 年期间，日本促进高风险导向型技术创新研发的"登月型"研发计划为机器人相关项目拨款 4.4 亿美元。2021 年，日本新能源和工业技术开发组织启动了与机器人技术和人工智能技术相关的项目，聚焦新型工业机器人和自动驾驶机器人的开发，以强化供应链，维持物流服务，并分别于 2021 年和 2022 年投资 7981 万美元和 6748 万美元。

（三）欧盟

欧盟通过科研框架计划资助机器人研发和产业化工作。欧盟科研框架计划始于 1984 年，从最开始支持机器人技术研发，到支持技术成果转化，以增强欧盟机器人技术的竞争力和领先地位。2021 年，欧盟提出第 9 个科研框架计划——"地平线欧洲"重点研究和创新框架计划。该计划为期 7 年（2021—2027 年），为基础研发和跨境科研拨款 955 亿欧元。其中，2021—2022 年，欧盟委员会为机器人相关工作计划提供了 1.985 亿美元的总资金。

（四）德国

德国通过高科技战略保持德国机器人产业的科技领先地位。2006 年，德国制定了高科技战略，以推动德国在成为全球创新领导者的道路上前进。《高科技战略 2025》是德国政府出台的第四版研发创新计划，德国政府每年将提供 6900 万美元，到 2026 年总投资额达 3.45 亿美元的资金支持。《高科技战略 2025》任务提出"为人民塑造技术"任务，研究主题包括：数字辅助系统，如数据眼镜、人机协作、助力体力工作的外骨骼，以及工作流程的柔性解决方案和支持移动操作的解决方案。在"为人民塑造技术"任务的几个项目线中，机器人相关项目"通过创新在一起"于 2020 年启动。

（五）韩国

韩国《第三次智能机器人基本规划》正在推动发展机器人作为第四次工业革命的核心产业。韩国政府为"2022 年智能机器人实施计划"拨款 1.722 亿美元。2022—2024 年，计划为"专用有人或无人机全尺寸测试平台项目"提供总计 741 万美元的资金。

（六）中国

中国通过科学技术部重点研发计划、工业和信息化部持续加快机器人产业技术研发及应用拓展。2022 年 4 月，国家重点研发计划"智能机器人"重点专项启动，围绕基础前沿技术、共性关键技术、工业机器人、服务机器人、特种机器人 5 个技术方向，拟启动 25 项指南任务，拟安排国拨经费 3.15 亿元。2023 年 1 月，《"机器人+"应用行动实施方案》发布，聚焦 10 大应用重点领域，突破 100 种以上机器人创新应用技术及解决方案，推广 200 个以上具有较高技术水平、创新应用模式和显著应用成效的机器人典型应用场景，打造一批"机器人+"应用标杆企业，建设一批应用体验中心和试验验证中心。

第二节　中国发展概况

一、行业发展运行情况分析

（一）机器人产业规模持续增长

2022 年，中国机器人产量整体出现下滑，但机器人产业规模仍保持长期增长趋势，在应用牵引下，2023 年，中国机器人产量有望稳中求进，工业机器人有望通过新能源产业需求。工业机器人行业增长主要受益于汽车、电气/电子等下游应用行业的自动化需求。然而，2022 年，3C 电子与食品饮料等行业市场需求下滑，中国机器人下游应用行业市场萎缩，机器人产量增速放缓，2022年，中国工业机器人产量为44.3万台，同比下降4.8%。但在产量下滑的背后需要看到，中国新能源汽车、光伏、储能等产品产量高速增长，扩产需求旺盛，行业的高景气度成为国内工业机器人需求增长的主引擎。在服务机器人领域，第三产业占GDP比重的提升及消费升级是服务机器人产业高质量发展的重要引擎。根据国家统计局数据显示，中国第三产业增加值占GDP比重逐年升高，而第三产业内的教育、医疗、餐饮等服务行业的快速发展则有望拉动对于服务机器人的需求量，促进服务机器人行业质量与品类的快速提升。同时，中国是全球最多人口的国家之一，中国居民人均可支配收入持续不断上升，居民生活质量提高，购买力与消费水平的攀升带来消费观念的变化，消费升级宏观背景下服务机器人市场空间的开拓将更容易实现。

（二）机器人企业创新能力持续增强

龙头企业研发投入逆势增长，2022年全年，汇川技术、新松、埃斯顿等机器人主要企业研发投入同比增长32.28%、13.66%、30.06%。龙头企业创新能力持续增强，2022年，楚天科技、亿嘉和、遨博智能、极智嘉等多家机器人企业获评国家制造业单项冠军，机器人专精特新"小巨人"企业新增百余家。

二、行业发展特点和形势分析

（一）关键核心技术取得突破

机器人产业链"短板"环节不断取得突破，国内企业在减速器、伺服系统、控制器、操作系统等核心零部件和软件上取得新成就。例如，埃斯顿充分整合国际研发资源，以市场与客户需求为基础，实现了机器人控制器、伺服系统、本体设计的全方位布局，机器人核心部件自主率达到80%以上。苏州绿的谐波推出的新一代谐波减速器显著改善运行振动，可更好地满足半导体行业、医疗器械等行业应用需求。智同科技高性能RV减速器传动效率达到了90%以上，齿隙和传递误差小于1弧分，精度寿命上实现6000小时以上。清能德创多轴一体伺服驱动可实现自动参数辨识和调优、自动刚性调整、模型振动抑制等功能，能够满足大负载工业机器人及激光切割等领域对精准度的要求。翼辉信息自主原创的机器人实时操作系统已实现规模应用。

机器人与人工智能等新技术加速融合，在仿生感知与认知、电子皮肤等前沿技术领域取得原创性成果。例如，哈尔滨工业大学研制了全国翼展最大、飞行时间最长、负载能力最强的仿生扑翼飞行机器人；小米集团研制的人形机器人依托 AI 交互算法，可三维重建真实世界并感知多种人类语义情绪；济南大学联合北京理工大学共同提出的由人工智能驱动的全皮肤仿生电子皮肤具有超高灵敏度，快速响应的恢复时间少于 5.6ms，拥有 0.05Pa 的低检测极限，具有从触觉感知到先进智能触觉认知的能力。

（二）创新产品加速涌现

工业机器人高端产品取得突破，涌现出一批创新技术和创新产品。例如，新松直驱真空机器人攻克了平稳控制、真空漂移、碰撞保护、动态偏差修正等一系列技术难题，已在集成电路行业实现批量应用；埃斯顿焊接机器人在超高速模式下可实现 100mm/s、10mm 直径圆弧焊接，焊接轨迹与理论轨迹误差＜2%。服务机器人高端产品取得创新进展，手术机器人在医院批量"上岗"，天智航的骨科手术机器人累计开展手术数量超过 4 万例；上海微创和苏州康多的腹腔内窥镜手术系统获批医疗器械注册证。自主品牌机器人产品的可靠性在持续提升，埃夫特、珞石、节卡等工业机器人平均无故障时间（MTBF）通过国内检测机构 8 万小时测试，与国际领先水平的差距逐步缩小。

（三）机器人行业应用取得新进展

工业机器人成为智能制造发展的核心装备，服务机器人走入生活、走进家庭，特种机器人持续探索完成更多人类"不可能完成的任务"。

一是制造业机器人密度快速提升。工业机器人应用扩展到 60 个行业大类、168 个行业中类。根据国际机器人联合会发布的 2022 年世界机器人报告显示，中国制造业机器人密度达到 322 台/万人，是全球平均水平的 2 倍以上，位列全球第五位。

　　二是服务机器人应用场景持续拓展。服务机器人智能化产品日益丰富，广泛应用于基建、商业、民生、社会服务等领域，物流、酒店、医疗、教育、家庭服务等场景，服务于智慧物流、智慧农业、智慧医疗、智慧社区建设，改变人民生活方式，提升人民生活福祉。新冠疫情防控期间，物流配送机器人、消毒机器人、咽拭子采样机器人等创新产品得到成功应用，有效减轻防控人员的感染风险和工作负担。

　　三是特种机器人新产品持续涌现。特种机器人可实现在治安维护、抢险救灾、水下勘探、高空作业、军事应用等场景中应用，部分替代甚至全部替代人工完成高危作业，有效满足任务的安全性、时效性、保质性等需求。在空间探索、海洋资源勘查开采、极地科考等多个国家重大工程领域，特种机器人实现创新应用。中国空间站大小机械臂成功"联手"，精准配合航天员圆满完成舱外操作任务；自主研发的自供电软体机器人，实现了万米海底深潜和驱动。

第六章

医疗装备

第一节　全球发展综述

一、全球市场概述

随着工业化、城镇化、人口老龄化进程的加快，慢性病患病率随年龄增长呈指数上升，对医疗健康行业的需求将持续提升。根据联合国经济和社会事务部人口司发布的《世界人口展望 2022》显示[①]，到 2022 年 11 月 15 日，全球人口已达到 80 亿。报告预计，到 2030 年全球人口将预计增至 85 亿左右，2050 年达到 97 亿，21 世纪 80 年代达到约 104 亿的峰值，并一直持续至 2100 年。与人口特征改变密切相关的是健康状况和流行病学方面的变化，包括疾病负担逐渐从妇幼卫生问题和传染性疾患向慢性非传染性疾病转变，医疗需求加速释放[②]。人口规模持续增长、疾病谱的转变加剧、发展中国家持续发展的医疗消费能力等因素将成为全球医疗器械市场持续保持增长的重要支撑。《财富商业观察》（ *Fortune Business Insights* ）预测，2022 年全球医疗装备市场规模达到

---

① United Nations Department of Economic and Social Affairs, Population Division. World Population Prospects 2022: Summary of Results. UN DESA/POP/2022/TR/NO. 3. 2022: 3.

② 王跃，毛开云等. 面向老龄化和慢病推进我国大健康产业发展. 生命科学，2018，30（8）：884-890.

5123亿美元，未来将以5.9%的年复合增长率增长，2023年将达到5361亿美元，2030年将增至7997亿美元左右（见图6-1）[①]。

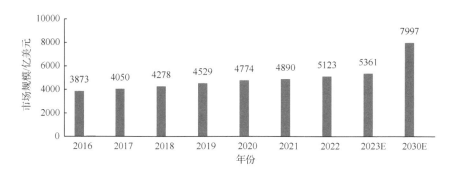

图6-1 2016—2030年全球医疗器械市场规模情况

数据来源：Evaluate MedTech、Fortune Business Insights，

赛迪先进制造研究中心整理，2023年6月

二、细分市场情况

欧美等发达国家掌握高端设备市场和前沿技术，长期占据主导地位，美国、欧洲、日本等国家和地区医疗器械行业销售收入在全球市场占比约为79.5%。美国、欧洲、日本等发达国家和地区医疗器械行业发展时间早，医疗福利体系健全，居民生活水平较高且健康意识较强，对产品的质量和技术水平要求较高，市场需求以升级换代为主，已形成较为稳定成熟的市场并占据着全球近八成的市场份额。

人口红利和发展潜力显著的发展中国家则承担中低端产品的生产制造，中国、印度、东南亚等国家和地区医疗器械行业销售收入在全球市场占比约为19%。中国、印度、东南亚及南美洲等发展中国家和地区

---

① Fortune Business Insights. Medical Devices Market Size, Share & COVID-19 Impact Analysis, By Type (Orthopedic Devices, Cardiovascular Devices, Diagnostic Imaging, In-vitro Diagnostics, Minimally Invasive Surgery, Wound Management, Diabetes Care, Ophthalmic Devices, Dental Devices, Nephrology, General Surgery, and Others); By End User (Hospitals & ASCs, Clinics, and Others), and Regional Forecast, 2023—2030.

医疗器械行业发展起步晚、人口众多，医疗卫生系统改善空间大，已成为全球医疗器械行业的主要增长点之一。

此外，非洲地区人口众多，经济落后，工业化水平低，公共卫生体系极不完善，95%的医疗器械产品依赖进口，加上非洲传染病数量及发病率较高，一次性医用耗材和普及型医疗器械需求较大，市场潜力仍需要开发。

从产业链来看，全球已经形成完整的医疗器械产业链，包括上游的生物医学、电子器件、医用原材料、机械制造等产业，下游的各级医院、体检中心、康复机构、实验室、家庭和个人等终端客户，以及配套的远程医疗、智慧养老、康复理疗等相关产业；从竞争格局来看，由于医疗器械行业进入门槛较高，企业技术水平与其资本实力紧密相连，全球已形成了相对稳定的竞争格局。

（1）北美洲市场

《财富商业观察》（*Fortune Business Insights*）预测，2022 年美国医疗装备市场规模达到 1846.1 亿美元，未来将以 6.1%的年复合增长率增长，2023 年将超过 1927.8 亿美元，到 2030 年将达到 2910.4 亿美元左右，继续保持其最大医疗器械市场的地位[①]。

良好的患者统计数据、慢性疾病患病率的上升、数字疗法使用的激增及证明创新设备疗效的临床数据增加等推动了这一增长。美国政府计划在《平价医疗法案》（ACA）的基础上进一步发展，提高报销覆盖，并降低多种治疗和医疗服务的成本，这将为包括筛查在内的其他预防医学带来额外动力，也可能会进一步增加美国参保个人的比例，为整个北美洲医疗器械市场提供支持。

---

① Fortune Business Insights. U.S. medical devices market Size, Share & COVID-19 Impact Analysis, By Type (Orthopedic Devices, Cardiovascular Devices, Diagnostic Imaging, In-vitro Diagnostics, Minimally Invasive Surgery, Wound Management, Diabetes Care, Ophthalmic Devices, Dental Devices, Nephrology, General Surgery, and Others); By End User (Hospitals & ASCs, Clinics, and Others), and Regional Forecast, 2023-2030.

（2）欧洲市场

欧洲医疗装备市场在 2021 年创造了 1609 亿美元的销售额，是全球第二大医疗装备市场。根据《财富商业观察》的数据，2023 年到 2030 年将以 4.5% 的年复合增长率增长[①]。

与美国一样，欧洲对医疗器械的需求将持续受到成本控制压力、价值导向医疗、技术进步和人口结构变化的影响。但最值得注意的影响将是监管的变化。欧盟医疗器械法规（MDR）和体外诊断医疗器械法规（IVDR）要求将更严格的临床证据和质量管理实践作为产品批准的先决条件。尽管业界认为新规则复杂且不可预测，从而降低了在欧洲开发和上市新产品的吸引力，但新法规为医疗器械公司提供了简化创新和研发流程及重新考虑其业务战略的机会。

（3）亚太市场

亚太地区是全球医疗装备市场增长最快的地区。在 2021 年创造了 1502 亿美元的销售额，2023 年到 2030 年将以 7.3% 的年复合增长率保持持续增长[②]。主要受中国、日本和印度的推动，亚太地区有近 43 亿人口，占全球人口的 60%。到 2050 年，将有四分之一的人口超过 60 岁，同时有更多人的消费能力在不断提高。亚太地区的医疗健康形势正处于拐点，尽管在报销或支付能力方面仍然存在问题，但社会人口对优质医

---

① Fortune Business Insights. Europe medical devices market Size, Share & COVID-19 Impact Analysis, By Type (Orthopedic Devices, Cardiovascular Devices, Diagnostic Imaging Devices, In-vitro Diagnostics, Minimally Invasive Surgery Devices, Wound Management, Diabetes Care Devices, Ophthalmic Devices, Nephrology Devices, Dental Devices, and Others), By End User (Hospitals & Ambulatory Surgery Centers (ASCs), Clinics, and Others), and Regional Forecast, 2023—2030.

② Fortune Business Insights. Asia Pacific medical devices market Size, Share & COVID-19 Impact Analysis, By Type (Orthopedic Devices, Cardiovascular Devices, Diagnostic Imaging Devices, In-vitro Diagnostics, Minimally Invasive Surgery Devices, Wound Management, Diabetes Care Devices, Ophthalmic Devices, Nephrology Devices, Dental Devices, and Others), By End User (Hospitals & Ambulatory Surgery Centers (ASCs), Clinics, and Others), and Regional Forecast, 2023—2030.

疗健康的需求激增。除此之外，亚太国家仍然存在资源有限、医疗专业人员的意识不足或培训有限、地域限制等问题，导致亚太地区的大量医疗需求未得到满足，解决方案将依赖于该地区能够如何吸引创新者以满足人们的需求。

第二节　中国发展概况

一、行业发展运行情况

面对复杂多变的国际环境和新冠疫情等因素的冲击，中国医疗工业在国家有关部门的指导下，持续彰显发展韧性，为疫情防控和经济社会大局稳定提供了有力保障。总体来看，中国医疗装备产业稳中求进，逆势前行，在高质量发展道路上保持了创新发展的良好趋势：产业规模持续高增长，发展质量迈向新高度，创新发展迈出新步伐，国际竞争力提升新水平，展现出中国医疗器械产业发展的强大韧性。

（一）产业规模不断扩大

随着中国整体实力的增强、国民生活水平的提高、人口老龄化、医疗保障体系不断完善等因素的驱动，中国医疗装备市场增长迅速。根据国家药品监督管理局南方医药经济研究所统计，2022 年，中国医疗器械企业营业收入（含规模以下企业）达 13000 亿元，同比增长 12.5%（见图 6-2），约占全球市场的 27.5%，2018—2022 年，年均复合增长率超过 12%[①]。未来随着居民医疗保健支付能力的提升、国家对医疗行业的扶持，以及医疗行业技术发展带来的产业升级，中国医疗器械行业将有望继续保持高速增长。

---

① 卢忠. 2022 年我国医疗器械产业发展现状. 医药经济报，2023，4.

图 6-2　2016—2022 年中国医疗装备企业营业收入规模及增速

数据来源：国家药品监督管理局南方医药经济研究所，赛迪先进制造研究中心整理，2023 年 6 月

（二）创新产品注册不断增加

近年来，中国创新医疗器械产品的获批数量逐年增加。自《创新医疗器械特别审批程序（试行）》（2018 年修订为《创新医疗器械特别审查程序》）2014 年发布以来，每年获批创新医疗器械的产品数量不断上升：2014 年至 2022 年，创新医疗器械的年度批准数量依次为 1、9、11、12、21、19、26、35、55 个，创新成果丰硕，如图 6-3 所示。值得关注的是，2022 年中国境内第三类医疗器械首次注册数量为 1844 项，同比增长达到 63.04%，2020 年以来增速首次大幅超越进口注册情况。从数据转变中可以看出，中国境内医疗器械企业在技术突破和领域拓展方面，明显进入到加速阶段，将更好地满足人民群众使用高水平医疗器械需要[①]。

（三）生产企业数量持续增长

2020 年以来，中国医疗装备生产企业数量增长较快，2022 年，中

---

① 国家药品监督管理局. 2022 年度医疗器械注册工作报告[R]. 北京：国家药监局，2023.

国医疗装备生产企业数量再创新高。据国家药品监督管理局统计，截至 2022 年年底，全国医疗器械生产企业数量达 33788 家，较 2021 年的 28954 家同比增长 14.3%，预计 2023 年继续保持稳定增长，生产企业总数有望超 37160 家，产业规模向好趋势不改。

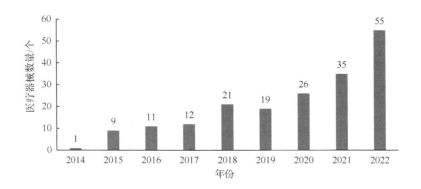

图 6-3 2014—2022 年中国创新医疗器械产品注册获批数量统计
数据来源：国家药品监督管理局，赛迪先进制造研究中心整理，2023 年 6 月

从生产医疗装备产品类别来看，可生产一类医疗器械产品的企业数量 23538 家，快速增长；可生产二类医疗器械产品的企业数量 15840 家，平稳增长；可生产三类医疗器械产品的企业数量 2312 家，有较快增长；三者之比约为 10∶6.8∶1，比值与 2021 年基本保持一致（见图 6-4 和图 6-5）。

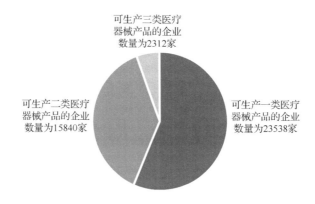

图 6-4 2022 年中国可生产一、二、三类医疗器械企业的数量及比例情况
数据来源：《苏州高新 2022 年年度报告》，赛迪先进制造研究中心整理，2023 年 6 月

图6-5 2017—2022年中国可生产一、二、三类医疗器械企业的数量及比例情况

数据来源：国家药品监督管理局南方医药经济研究所，赛迪先进制造研究中心整理，2023年6月

（四）上市企业规模不断扩大

在上市企业方面，2022年医疗器械板块上市企业数量共116家，其中科创板44家，创业板44家，主板24家，新三板4家。主营业务为医疗设备的企业共有38家（包括上交所、深交所、北交所），总市值达9019.68亿元，其中市值超千亿的企业仅2家，其中迈瑞医疗市值最高，达3830.9亿元，联影医疗市值为1458.6亿元，排名第二。另外，华大智造排名第三，市值为460.4亿元，奕瑞科技、鱼跃医疗、九安医疗、开立医疗、海尔生物、三诺生物、美好医疗进入前十，依次排名第4~10名（见表6-1）。前十名企业总市值达7444.9亿元，占全部上市公司市值的82.54%。

表6-1 2022年中国医疗装备行业上市企业市值排名前十

排名	企业名称	股票代码	总市值/亿元	上市时间	所属地区
1	迈瑞医疗	300760.SZ	3830.9	2018-10-16	广东省
2	联影医疗	688271.SH	1458.6	2022-08-22	上海市
3	华大智造	688114.SH	460.4	2022-09-09	广东省
4	奕瑞科技	688301.SH	332.8	2020-09-18	上海市
5	鱼跃医疗	002223.SZ	319.4	2008-04-18	江苏省

续表

排名	企业名称	股票代码	总市值/亿元	上市时间	所属地区
6	九安医疗	002432.SZ	246.2	2010-06-10	天津市
7	开立医疗	300633.SZ	234.6	2017-04-06	广东省
8	海尔生物	688139.SH	201.3	2019-10-25	山东省
9	三诺生物	300298.SZ	190.3	2012-03-19	湖南省
10	美好医疗	301363.SZ	170.4	2022-10-12	广东省

数据来源：各公司官网，赛迪先进制造研究中心整理，2023 年 6 月。

（五）市场活跃度进一步提升

随着带量采购的逐步铺开，国内医疗装备企业的成熟业务面临增长瓶颈，与此同时，受到资本寒冬的影响，大量企业的估值出现明显下降。在多重因素影响之下，2022 年医疗装备企业开始通过收并购、许可引进等方式布局高潜力赛道，投资规模呈明显上升态势（见表 6-2）。从交易数量来看，从 2013 年的 62 起上升至 2022 年的近 600 起，投资规模也从 2013 年的 3.5 亿元上升至 2022 年的约 260 亿元，成为医疗健康领域的核心热点[①]。上市公司、平台型医疗器械企业及专业医疗并购资金实力的不断增强，更多优质标的公司的出现，结合国家在企业投融资及兼并收购政策上持续松绑，将有利于医疗器械行业在国内和全球两个市场不断实现产业内部及产业和资本之间的强强联合，加速中国医疗器械行业的发展。

表 6-2　2022 年中国医疗装备领域主要并购事件

序号	被收购方	领域	并购时间	金额	并购方
1	先瑞达	外周介入	2022 年 12 月	5.2 亿美元	波士顿科学
2	科伦医疗	一次性使用无菌医疗器械	2022 年 12 月	未披露	中红医疗
3	海之声	听力健康	2022 年 12 月	未披露	Sonova
4	慧康公司	体外冲击波	2022 年 9 月	未披露	AMTH

---

① 罗兰贝格管理咨询公司：《2022 中国医疗器械行业发展现状与趋势》。

续表

序号	被收购方	领域	并购时间	金额	并购方
5	米道斯	心脏外科和体外循环	2022 年 6 月	未披露	卡地美得
6	乐润隐形眼镜	隐形眼镜	2022 年 5 月	未披露	鱼跃医疗
7	Phenox	神经介入	2022 年 4 月	5 亿欧元	沃比医疗
8	普威森医疗	介入医疗器械	2022 年 2 月	未披露	普利瑞医疗
9	杰成医疗	心脏瓣膜	2022 年 2 月	未披露	健适医疗
10	Cardiovalve	心脏瓣膜	2022 年 1 月	3 亿美元	启明医疗

数据来源：《2022 中国医疗器械行业发展现状与趋势》，赛迪先进制造研究中心整理，2023 年 6 月。

二、行业发展特点和形势分析

（一）行业发展特点

1. 产业盈利水平稳步提高

2021 年，中国医疗装备规模以上生产企业利润总额为 1021 亿元，与 2020 年相比略有下降，但与疫情前相比仍有近 1 倍的大幅增长。2021 年，中国医疗装备上市企业营业利润总额为 870 亿元，同比增长 11.36%，相比于疫情前已实现超 2 倍的大幅增长。

与此同时，中国规模以上医疗装备生产企业利润率从 2015 年的 9.49% 增长到 2021 年的 15.07%。虽然相比于 2020 年的 17.45% 略有下降，但与疫情前相比仍有较为明显的增长。

2. 产业集中度不断增强

中国医疗装备规模以上生产企业营业收入从 2015 年的 4241 亿元增长至 2021 年的 6771 亿元，占产业整体营业收入比重达 60% 左右。与此同时，2021 年，中国上市医疗器械企业营业收入达到 3324 亿元，同比增长 18.82%。上市企业营业收入规模占整体行业规模从 2017 年的 16% 增长到 2019 年的 29%，其中前 20 强上市企业规模占整体行业规模的比重从 2017 年的 7% 增长到 2021 年的 16%，两个比重在近五年持续增长。这充分表明头部企业发展态势良好，行业集中度逐年上升，这与《"十四五"医药工业发展规划》提出的"行业龙头企业集中度进一步提高"

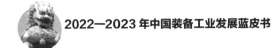

发展目标相符合①。

3．创新发展迈出新步伐

在中国医疗器械市场持续增长的同时，创新医疗器械也迎来了发展机遇。根据国家药品监督管理局的统计数据，2022 年共批准创新医疗器械 55 件，同比增长 57.14%。自 2014 年以来，国家药品监督管理局共批准创新医疗器械 189 件，更多的创新高科技医疗器械正快速受惠于民，不断满足人民群众日益增长的健康需求，成为推动产业高质量发展的强大动力。

医疗装备高技术企业新产品开发项目数大幅增长。2021 年，中国医疗器械高技术企业新产品开发项目数量为 15962 件，同比增长 28.39%。2019—2021 年，医疗器械高技术产业新产品开发项目均以 30% 左右的速度大幅增长。

中国医疗装备研发强度持续提升。2021 年，中国医疗装备领域的上市企业研发强度为 6.39%，2017—2021 年均保持在 6% 以上水平。另据统计，2020 年，中国医疗器械高技术产业研发强度为 3.97%，近几年保持近 4% 的水平，高于整体高技术产业 2.5% 的平均水平。

4．国际竞争力逐步提升

中国医疗装备进出口规模持续稳步提升。2021 年，中国医疗器械产品进出口额为 8724.39 亿元人民币，同比下降 24.50%。其中，进口额 3243.85 亿元人民币，同比增长 10.63%，继续保持良好的增长态势；随着海外市场对防疫医疗器械产品需求趋向稳定，出口额 5480.54 亿元，同比下降 36.44%，但与疫情之前相比仍有超过 75% 的大幅增长。截至 2022 年 11 月，中国医疗器械进出口额为 7438.57 亿元。其中，进口额为 2996.78 亿元，出口额为 4441.79 亿元。受新冠疫情的影响，全球抗击新冠疫情医疗器械产品需求旺盛，中国医疗器械进出口较疫情前整体规模提升了一个台阶。

中国医疗装备企业国际影响力不断扩大。越来越多技术先进、合规运营、质量健全的中国企业正在逐渐展现其国际影响力。根据国外网站

---

① "十四五" 医药工业发展规划.

Medical Design & Outsourcing 发布的2022年全球医疗器械企业百强榜，有两家中国企业成功入榜，分别是位列第32位的迈瑞医疗和位列第77位的微创医疗。2022 年首届世界知识产权组织"全球奖"颁发给了 5 家创新活跃的中小企业，其中包含中国医疗器械企业苏州瑞派宁，展现了中国医疗器械企业在国际竞争环境下的创新趋势。

5. 医疗装备领域法规标准体系更加完善

中国医疗装备领域的法规建设也日趋完善。为加快推进《医疗器械监督管理条例》配套制度建设，中国相继出台了《医疗器械生产监督管理办法》《医疗器械经营监督管理办法》等一系列规章制度。标准体系的覆盖面、系统性和国际协调性不断提升，截至 2022 年 12 月，中国医疗器械标准共计 1919 项，覆盖了中国医疗器械各专业技术领域，与国际标准一致性程度已达 90%。其中，国家标准 260 项，行业标准 1659 项；强制性标准 284 项，推荐性标准 1635 项。

（二）行业面临形势

1. 产业结构偏中低端，进出口产品附加值相差大

中国已成为仅次于美国的全球第二大医疗装备市场，医疗装备进出口贸易额逐年增加。据海关统计，2021 年，中国医疗装备出口额约 241.7 亿美元，共涉及 31 个品种，出口额超亿美元规模，其中单位价值 1000 美元以上的医疗装备品种仅 5 个，其余仍主要以医用耗材、医用敷料及保健康复用品等中低端产品为主，产业机构仍偏中低端。在进口方面，2021 年，中国医疗装备进口额约 221.2 亿美元，进口额超亿美元的品种有 29 个，其中单位价值 1000 美元以上的品种有 12 个，以通用诊疗设备、彩色超声波诊断仪、弥补生理缺陷的康复用具、X 射线断层检查仪、内镜、医用导管及核磁共振成像装置等高附加值产品为主。对比发现，中国每单位出口医疗装备的价值远小于进口医疗装备，差距达 9 倍之多（见图 6-6）。由此可见，目前中国医疗装备产业整体仍处于产业链、价值链中低端，核心竞争力不强。

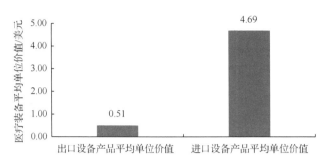

图 6-6　2021 年中国医疗装备进出口产品均值情况比较

数据来源：中国海关，赛迪先进制造研究中心整理，2023 年 6 月

2. 具备国际竞争力的龙头企业数量少，"大行业小企业"现象依旧存在

2022 年全球医疗装备公司前 30 强中，美国有 18 家、日本有 4 家、德国有 3 家、英国有 2 家，没有一家中国公司；前百强企业中，中国仅有迈瑞医疗、微创医疗入选，分别位列 32 位、77 位，两者总收入分别为 39.2 亿美元、7.8 亿美元[①]。其中迈瑞医疗 2022 年收入与全球排名第一的百年医疗器械巨头美敦力相比，公司的营业收入仅为对方的约 10%（美敦力 2022 财年营业收入超 316.9 亿美元），还依然存在很大的差距和发展空间[②]。迈瑞医疗、微创医疗等一批国内医疗装备龙头企业跟真正具有全球竞争力的世界级企业相比差距还很大（见图 6-7）。

3. 行业原始创新能力亟待进一步增强

缺乏自主的核心关键技术是中国医疗装备领域须解决的重要问题，尤其是在高端医疗装备领域。当前多数小型企业为了维持生存，目前处于仿制国外高端器械阶段，其项目开发走"短平快"的路线，后劲明显不足。专利统计表明，中国虽是医疗装备领域专利大国，近 10 年专利总量已超美国，成为全球第一，但专利整体质量仍有待提升，其中授权发明专利比例仅为 8.2%，远低于美国（45.8%）、日本（42.3%）、德国

① Medical Design & Outsourcing. The 2022 medtech big 100: The world's largest medical device companies, 2023. [O/L].

② 迈瑞医疗. 2022 年年度报告，2023:35.

（39.4%）等国（见图 6-8）。而在国内授权发明专利中，荷兰皇家飞利浦、奥林巴斯、柯惠、伊西康等国际医疗装备巨头占据前四，国内企业专利权人中仅上海联影排名前二十，其余均为高校研究院所。

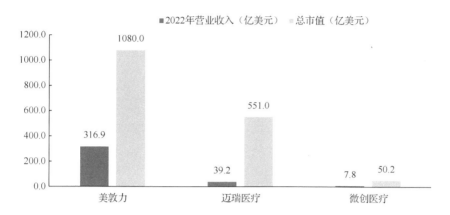

图 6-7　中国与海外医疗装备龙头企业营业收入及总市值情况对比

数据来源：各公司公告，赛迪先进制造研究中心整理，2023 年 6 月

表 6-8　全球主要国家医疗装备领域近十年专利申请

总量及授权发明专利占比情况

数据来源：智慧芽专利数据库，赛迪先进制造研究中心整理，2023 年 6 月

第七章

工业控制装备

第一节 全球发展综述

一、工业控制基本概念

工业控制服务于工业自动化。工业自动化是使用控制系统处理多个行业中不同类型的机械和过程，实现自动加工和连续生产，以减少人力投入并提高效率。因此，工业自动化解决方案可有效降低人工成本和开支、提高生产效率、交付优质产品并增强产品一致性。在工业生产自动化条件下，人只是间接地照管和监督机器进行生产。工业控制技术是20世纪诞生的现代制造领域中最重要的技术之一，工业控制产品是软硬件的结合，呈现微型化、数字化、智能化、网络化、集成化等特点，可编程逻辑控制器（Programmable Logic Controller，PLC）的应用也被认为是第三次工业革命的标志之一。

现代工业网络一般可分为两层三级，其中两层指IT层（Information Technology）和OT层（Operational Technology），三级"即工厂级、车间级和现场级。其中，IT层覆盖工厂级，OT层覆盖车间级和现场级。工业控制系统的本质是工业自动化系统，隶属于OT层，通过各子系统，实现对数据实时采集、存储、运算、控制输出，从而使生产制造更加自动化、效率化、精确化、可视化、可控化。工业控制系统是传统企业数字化的基石，两层三级结构均依附于工业控制系统。

从产业链看，工业控制上游主要有电子元器件、半导体元器件、永磁材料、结构件等，中游为五大子系统，分别是启动系统、反馈系统、控制系统、执行系统和运动控制系统，从下游应用来看，可以分为原始设备制造商（Original Equipment Manufacturer，OEM）型市场和项目型市场。OEM 市场是指代工市场，主要服务于离散式的工业生产场景，是标准化、批量生产的机械市场，客户主要是设备生产商，主要行业有食品机械、包装机械、纺织机械、起重机械、机床工具、建筑机械等。项目型市场是指流程自动化市场，主要是控制流程工业的生产过程，实现连续生产和加工，主要行业有石油、化工、电力、市政、造纸、矿业等。

二、工业控制全球市场规模持续增长，美、欧、日品牌主导高端领域

2022 年，全球工业控制与工厂自动化规模约为 1500 亿美元，受益于全球制造业数字化、网络化、智能化转型趋势影响，各领域对工业装备的需求量将进一步增加，预计到 2025 年，全球工业控制与工厂自动化规模将达到 2500 亿美元，年复合增长率达 18.56%。在市场占有率方面，工业控制中高端领域依然被美、欧、日品牌牢牢把控，在 PLC、底层工业操作系统等核心软硬件产品上，优势企业构建的技术壁垒和生态控制力成为制约后来者赶超的护城河。在市场规模方面，受益于中国制造业企业庞大的基数和字化转型的旺盛需求，中国工业控制市场规模稳居世界第一，且将以较高的速度持续增长。

三、智能化、自适应、互联化是工业控制系统的发展方向

在智能制造的带动下，工业控制系统领域的发展趋势已经日益清晰。一是智能化，表现为低代码、无代码的编程环境，随着 AICG 技术的发展，AI 技术与工业控制系统的结合已经可以预见，这将极大地改变复杂多变的工业控制系统编程方式，减少漫长的调试验证时间，降低工业控制系统编程操作进入门槛，减缓工业控制领域一线员工缺乏的情况。二是自适应，表现为工业系统由控制系统根据生产情况的改变，自动地改变自身的控制动作，以满足多品种、小批量的个性化定制需求。三是互联化，表现为工业控制系统所处的 OT 层和企业管理所处的 IT 层的全面互通融合，各控制节点彼此互联互通，彼此可互操作。

四、全球工业网络发展概况

工业网络是工业控制系统及工业设备彼此通信交流的基础架构，也是工业互联网发展的基础。当前全球工业网络安装节点正以每年 7% 的速度持续增长，其中工业以太网增长速度最快，预计 2023 年市场份额增速将达 10%。目前，在工业控制领域，车间现场应用最广泛的是工业以太网技术和工业现场总线技术，为工厂实现自动化带来有力推动。根据 HMS Networks 统计数据，2023 年工业以太网市场份额将达到 68%，现场总线将下降到 24%（2022 年为 27%），无线通信市场份额增长到 8%（2022 年为 7%）。PROFINET 和 EtherNet/IP 在工业以太网络排名中以 18% 的市场份额并列第一，其次是强有力的竞争者 EtherCAT，市场份额达到 12%。在地域分布方面，EtherNet/IP、PROFINET 和 EtherCAT 在欧洲和中东地区处于领先地位，PROFIBUS 和 Modbus-TCP 位居第二。美国市场由 EtherNet/IP 主导，EtherCAT 发展强劲，市场份额越来越大。PROFINET 引领着分散的亚洲市场，其次是 EtherNet/IP 和强有力的竞争者 CC-Link/CC-Link IE Field、EtherCAT、PROFIBUS 和 Modbus（RTU/TCP），如图 7-1 所示。

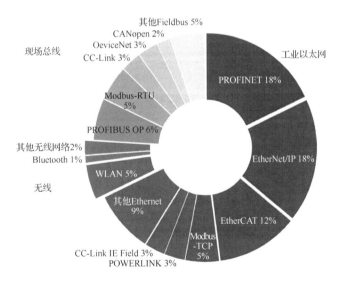

图 7-1　全球工业网络细分市场规模占比

数据来源：HMI，赛迪先进制造研究中心整理，2023 年 6 月

五、工业互操作性获得实质性进步

现代工业控制追求将互联网技术引入工业，实现一种即插即用的工业控制接入方式，旨在通过网络化和数字化开辟新的增加值潜力。虽然从日常办公生活中熟悉的 IT 已经拥有通用和跨制造商的通信标准及与以太网、USB 和驱动程序架构等技术的互操作性解决方案，但此类解决方案迄今尚未在制造业中普及。相反，业界已经为各种应用建立了各种专有但标准化的解决方案。然而，工业中真正的互操作性需要在资产和系统的多个方向上进行深度软件集成。为此，德国机械设备制造业联合会、OPC 基金会等联合发布了《工业互操作性目标图景与行动计划》讨论文件，描述了一幅"互操作性的大图景"，展示了 AAS、AML 和 OPC UA 技术如何结合在一起、相互补充，以及如何通过在工业自动化中的组合应用来实现跨领域的互操作性。行动建议使用 AAS（资产管理外壳）来提供生命周期相关信息，例如，制造产品的销售数据、技术数据、二氧化碳足迹等；使用 OPC UA 进行操作数据访问，包括机器之间及机器与 IT 之间的通信，一直到数字孪生、数据空间和元宇宙；使用 AutomationML 进行工程中对象模型之间中立于制造商的数据交换（见图 7-2）。

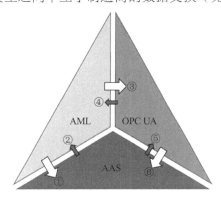

图 7-2　互操作性目标图景

数据来源：德国机械工业联合会，赛迪先进制造研究中心整理，2023 年 6 月

第二节　中国发展概况

一、中国工业控制行业发展趋势长期向好

得益于经济全球化、人口红利及积极进取的产业政策，在短短的几

十年里，中国迅速实现了工业化，制造业得到了极大发展，一举奠定了"世界工厂"的坚实基础，目前已经成为增加值全球第一的制造业大国。受制于欧美等产业先发国家主导的产业分工格局，中国制造业多处于价值链中低端，在能耗、产品附加值、工作环境等方面与西方发达国家依然存在较大差距。同时，随着中国主要发展矛盾的改变和外部环境不确定性因素的增多，以往的粗放式的产业发展方式已经不可持续，中国制造业亟须进行智能制造转型升级，工业控制市场需求预计将持续放量。

二、中国工业控制市场总体规模高速增长，OEM 市场增速较快

当前中国工业控制市场规模约为 2800 亿元，预计 2024 年将突破 3000 亿元，年均复合增速为 8.11%，预计整个行业在千亿规模以下都将维持一个较高的增长速度，如图 7-3 所示。从下游细分市场来看，OEM 型市场规模约占总体市场规模的三分之一，2022 年项目型市场表现优于 OEM 型市场，带动了行业整体的稳健增长。报告期内，项目型市场同比增长 6%，其中采矿、化工、电力行业较为景气；OEM 型市场同比下滑 5%，其中烟草、印刷、塑料、包装、机床等行业较为低迷。但是得益于离散制造业智能化升级速度日益加快，长期来看，预计 OEM 型市场增长速度将远快于项目型市场。中国工业控制细分市场占比如图 7-4 所示。

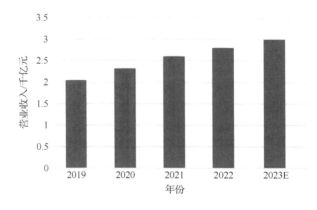

图 7-3　中国工业控制细分市场占比

数据来源：赛迪先进制造研究中心整理，2023 年 6 月

图 7-4　中国工业控制细分市场占比
数据来源：赛迪先进制造研究中心整理，2023 年 6 月

三、工业控制核心部件之变频器

变频器也被称为变频驱动器或驱动控制器，是可调驱动系统的一种，通过变频技术与微电子技术改变交流电机工作电压和频率，来控制电机的转速和扭矩。变频器主要由整流器、中间电路、逆变器、控制电路构成，可根据电机的实际所需改变电源电压实现交流电机的节能降耗、变频调速的目的，同时，还有过流、过压、过载保护等很多的保护功能。

由于变频器调速具有精度高、可靠性强、功能丰富等优势，广泛应用于国民经济多个行业，如石油化工领域的输油泵、电潜泵、搅拌机、挤压机，钢铁领域的轧机、风机、起重机，电力行业的给水泵、传动带、飞轮，电子制造领域的空压机、注塑机等。变频器行业上游主要为变压器、IGBT（功率半导体）、电容、壳体等，其直接材料成本占比可达 90% 以上，原材料价格波动对企业业绩影响较大。

变频器主要核心部件 IGBT 和芯片主要采用国外品牌，虽然斯达半导、士兰微、时代电气等国内企业已经成功研发并生产出 IGBT 功率模块，但市场对国内品牌认可度仍然不高。从市场规模来看，全球 IGBT 市场规模约 75 亿美元，英飞凌多年来稳居市场占有率榜首，中国企业总体市场占有率约为 10%。随着 IGBT 国产化进程的加快，国外厂商垄断格局逐步被打破，中国 IGBT 对外依存度将逐步降低。

2020—2022 年，在疫情影响下，中国变频器行业市场规模依然处于稳步上升态势，仅 2022 年受疫情放开影响增长率出现小幅度动。2020

年，中国变频器市场规模约 530 亿元，同比增速 7.4%，2021 年中国变频器市场规模达 590 亿元，同比增长 11%，2022 年受俄乌冲突、疫情放开引发的原材料涨价和供应链紊乱影响，中国变频器市场规模增长率仅为 1.6%，总体规模达到 600 亿元。但随着中国双碳战略的稳步推进，和新能源汽车等新兴产业发展加速，变频器行业市场向好趋势不变，预计 2023 年市场规模将突破 650 亿元（见图 7-5）。

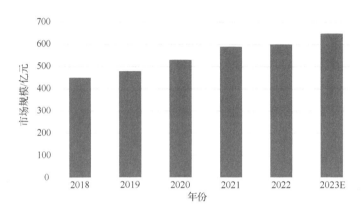

图 7-5 中国变频器行业市场规模
数据来源：赛迪先进制造研究中心整理，2023 年 6 月

从区域分布来看，目前中国变频器生产企业主要分布在以浙江和广东为代表的长三角和珠三角地区，珠三角多于长三角。从产业链布局来看，变频器产业上中游企业主要分布在广东等地，而变频器的下游企业则主要分布在北京地区。

四、工业控制核心部件之伺服系统

伺服系统又称为随动系统，主要用于控制其他机械部件的位置、状态等，是实现工业自动化精密制造和柔性制造的核心部件。伺服系统主要由控制器、功率驱动装置、反馈装置和电机构成。根据末端执行单元种类划分，伺服系统可以分为液压、气动和电气三类，电气伺服系统精度高、稳定性好，性能优于液压、气动伺服系统，目前电气伺服系统已近占据市场主流地位。电气伺服系统可分为交流同步伺服系统、交流异步伺服系统和直流伺服系统，随着微处理器技术、大功率高性能半导体功率器件技术和电机永磁材料制造工艺的发展和性价比的不断提高，交流伺服系统逐渐成为主流产品。

伺服系统硬件主要由 IGBT、DSP、FPGA、PCB、显示面板、接口等部件构成，其中 IGBT 为核心部件（见图 7-6）。伺服系统广泛应用于包装、物流、3C 电子、锂电池、机器人、木工、激光、风力发电、矿山机械、缆车索道、电梯等行业，特别地，受近年来机器人、电子制造等新兴领域快速发展的影响，伺服系统迎来了快速增长迭代时期。

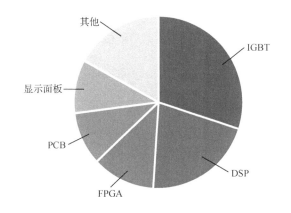

图 7-6　伺服系统成本构成

数据来源：赛迪先进制造研究中心整理，2023 年 6 月

从行业竞争格局来看，中国伺服系统市场分为日系、欧美系、国产品牌三个阵营，外资品牌占据国内伺服系统市场约 70% 的份额。近年来，随着国内市场规模的不断扩大，和国内厂商不断强化伺服系统相关技术的研发和创新，国产伺服系统产品质量和技术水平持续提升，凭借性价比、服务快速等优势，逐步改变了原有的外资品牌主导的市场格局，并在部分细分市场上表现出明显的竞争优势，但与国际老牌工业自动化设备生产商相比，在整体性能和可靠性方面仍存在差距。细分来看，以安川、三菱、松下、欧姆龙、富士为代表的日本品牌最具竞争力，约占中国市场份额的 50%，以西门子、施耐德、贝莱德为代表的欧美品牌约占市场份额的 20%，以汇川技术、埃斯顿、新时达为代表的中国本土品牌占据约 30% 的市场份额，具体如图 7-7 所示。

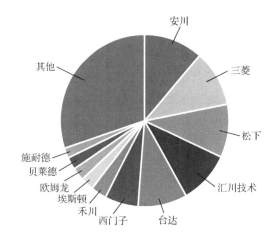

图 7-7　中国伺服系统市场各品牌占比

数据来源：赛迪先进制造研究中心整理，2023 年 6 月

　　未来，随着工业机器人行业的深化、工业自动化程度的进一步提升及智能制造的深入推进，伺服系统市场将会出现新一轮快速增长，尤其伴随着国产伺服技术研发水平的不断提升，国产伺服系统进口替代的步伐将会加快，内资品牌在伺服系统的崛起之势将愈发明显。根据 MIR 睿工业的数据，2020 年国产伺服系统品牌的市场规模达 49.64 亿元，同比增长 34.40%，国产品牌占中国整体伺服系统市场规模的比例由 2018 年的 22% 上升至 2020 年的 30%。

五、工业控制核心部件之 PLC

　　PLC 国际贸易逆差首次由正转负，产业整体进入由量变到质变的关键阶段。 从海关数据看 [以海关编码：85371011（可编程序控制器）为参考指标]，中国 PLC 出口总额持续上升，2022 年全年出口额 68 亿元，进口额 66 亿元，国际贸易首次由逆差变为顺差，标志着中国 PLC 产品技术水平在国际市场上认可度的提升。但是从产品单价来看，进口产品平均单价为出口单价的 8.5 倍，体现出中国 PLC 产品出口依然以中低端为主，高端 PLC 对外依存度较高。PLC 进出口对比如图 7-8 所示。受益于出货数量的提升，由市场应用拉动的产品迭代升级加速，PLC 产业进入发展快车道，未来有望迎来国产高端 PLC 在国内外市场上的破局。

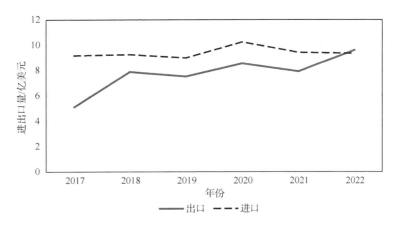

图 7-8　PLC 进出口对比

数据来源：中国海关，赛迪先进制造研究中心整理，2023 年 6 月

下游行业智能化转型需求与新冠疫情双重机遇叠加，推动国产小型 **PLC 实现市场突围**。近年来，受新能源汽车、3C 产业、半导体等新兴制造业快速增长的刺激，及应对传统制造业数字化转型的迫切需求，以服务于 OEM 型市场为主的小型 PLC 迎来市场爆发期。从价值总量来看，小型 PLC 约占中国 PLC 总体市场规模的一半，从数量上看，小型 PLC 约占中国现存 PLC 数量的 90%。正是由于数量规模大和下游应用市场的分散，给予了国产化 PLC 突破的空间。同时，受新冠疫情影响，海外厂商交货周期拉长，产品涨价，国产小型 PLC 凭借产品性价比高、交期短、客户需求响应快的优势，快速抢占市场份额，并凭借本土市场服务优势站稳脚跟。据有关报道，德国倍福、西门子等国外主流品牌在新冠疫情期间的供货周期已达 8 个月以上，价格上涨两到三倍，许多下游应用厂商纷纷转向国产 PLC。

中大型 PLC 市场依然由国外品牌垄断，但本土品牌市场认可度有所提升。中大型 PLC 主要应用于较为复杂的逻辑控制生产系统及工厂自动化整体控制，主要服务于项目型市场，对安全性、可靠性、稳定性和网络通信能力具有较高要求。目前来看，中大型 PLC 国产化率仍不足 10%，大型 PLC 系统国产化率不足 1%，但随着工业自动化领域自主可控呼声的提高，国有企业等大型龙头公司的支持性采购，国产中大型 PLC 技术水平与市场渗透率稳步提升，部分产品已经达到国际同行水平。例如，国内某龙头 PLC 厂商自主研发的大型 PLC 稳定服务于国内数十条城市轨道交通线路，且实现了国产综合监控系统走向海外的重大突破。

产业生态循环不畅是制约国产 PLC 发展的核心原因。PLC 与分布式控制系统（Distributed Control System，DCS）在技术上非常接近，国产 DCS 在国内市场已经占据领先份额，而 PLC 迟迟无法实现大规模国产化替代，产业生态循环不畅是核心原因。一方面，PLC 产品面向行业众多，中国 PLC 制造商往往间接通过系统集成商或设备制造商为用户提供产品和服务，与最终用户连接松散，对工艺流程缺乏深度了解，由研发、集成、应用、反馈构成的产业生态体系循环较弱。而国际领先 PLC 厂商往往同时是系统集成商，与下游用户连接紧密，对行业底层逻辑有深刻的理解，产品针对性和易用性较强。另一方面，PLC 在整套设备中价格占比较低，但却是设备的核心部件，因故停机轻则导致经济损失重则出现安全事故，国产中大型 PLC 缺少足够的项目验证，基于风险考量，市场更加倾向于选择国际知名 PLC。

实时操作系统、运行时系统、集成开发环境三大底层系统根基不稳是阻碍国产 PLC 高端化突破的重要因素。PLC 底层软件一般由实时操作系统、运行时系统和集成开发环境三大部分构成，为 PLC 任务执行提供确定性和实时性的基本保障，是 PLC 研制的核心，也是中国 PLC 产业发展的薄弱环节。在实时操作系统方面，VxWorks、QNX、Windows CE、RT Linux 等实时工业操作系统及 CODESYS Control RTE 等实时拓展内核在国际上占据绝对主导地位，中国大部分 PLC 生产、销售需要获得其系统授权，关键时刻有被"卡脖子"的风险。在运行时系统和集成开发环境方面，德国 3S、Infoteam、KW 等厂商凭借其产品的易用性和高度兼容性成为国产 PLC 快速开发和占领市场的利器，但由于其底层算法的封闭性，中国 PLC 厂商难以形成自己的核心技术体系，且对外依赖风险越来越高。例如，德国 3S 公司的 Codesys，其为 PLC 开发者提供了从实时拓展内核、运行时系统到集成开发环境的全套工具，为 PLC 的开发提供了极大的便利，但同时也对国内厂商自主开发的 PLC 底层软件生态形成挤压。反观西门子、施耐德、罗克韦尔等老牌 PLC 厂商，从 PLC 产品诞生开始就自研系统并不断进化，已经形成了具有高度竞争力的系统软件生态体系。

六、政策、产业、技术多维发力促进中国工业控制产业高质量发展

工业自动化产品作为实现底层自动化与上层信息化交互的重要接口，是实施智能制造的核心基础。从一般规律来讲，工业控制产品的市场需求将随着制造业发展及其自动化率的提升而不断提升。受以下三个因素驱动，中国工业控制行业发展趋势长期向好，未来几年具有广阔的发展空间。

一是在政策领域。中国将智能制造作为制造强国建设的主要抓手，将工业控制作为智能制造的关键环节和核心软硬件装备，在各项产业政策中被提及的频率不断增加。同时，在国际竞争和逆全球化的大背景下，国内对工业控制自主可控能力建设的呼声不断增强，国家在政策端预计将持续出台支持政策。

二是在产业领域。中国制造业不断做大做强，制造业智能化、高端化、绿色化转型进入加速期，叠加下游应用市场逐渐回暖，机床、纺织、包装等下游行业智能化进程进一步加快，风电、光伏、新能源汽车、3C、医疗设备、机器人等新兴产业也将持续保持良好的发展势头，伴随着工业自动化升级的加快，越来越多的自动化生产流水线和智能设备将会出现，有效带动工业控制产品的需求增速。

三是在技术领域。过去几十年中，工业控制理论和方式方法没有实质性突破，当前，随着终端算力的不断提升，和以 ChatGPT 为代表的生成式人工智能的发展，工业控制领域将迎来革命性变革，具有 AI 能力的工业控制软硬件预计将成为今后几年发展的热点领域，也为中国工业控制产业创造了弯道超车的历史机遇。

第八章

工程机械

第一节　全球发展综述

一、全球工程机械行业发展经历周期性变化

工程机械是为各国国防军工和经济建设提供施工和生产的装备，主要包括铲土运输机、挖掘机、起重机、叉车等装备，广泛应用于建筑、水利、港口等下游领域。受到全球经济波动与工程机械更新换代等因素的影响，工程机械行业发展具有一定的周期性。20 世纪 90 年代，工程机械发展较为平稳，全球工程机械行业每年保持 5%左右的上升趋势，行业市场集中分布在北美洲、西欧、日本、中国等国家和地区。日本在 20 世纪 90 年代占据了将近 40%的市场份额，是工程机械发展的第一梯队。2000 年以后，中国经济发展迅速，城镇化与工业化取得极大的进展，建筑与制造业对工程机械保持较高的需求，因此，对工程机械的需求也急剧上升，逐步抢占市场份额。相反，日本和北美洲等国家和地区对工程机械的需求在逐步下降。2008 年后，全球经济危机对工程机械行业的发展也带来了一定影响，市场波动下滑，中国却借此机遇成为工程机械需求最大的国家。工程机械行业在 2010—2015 年迎来发展低潮期，经历一轮周期，在 2017—2021 年迎来了快速的恢复和增长，中国也把握住黄金发展机遇，加速智能化、数字化、绿色化转型，从而走上了国际化的道路。目前，中、日、美工程机械的实力稳居第一梯队，德、瑞、法位列第二梯队，其他国家处于第三梯队。2022 年，面对更加复

杂的国际环境和新冠疫情的影响，全球工程机械行业整体增长速度趋于平稳，将迎接下一个周期。

二、中国工程机械市场竞争优势不断扩大

2022 年全球工程机械 50 强峰会发布报告显示，2022 年，全球工程机械 50 强企业市场销售额总和为 2327 亿美元。其中，中国 12 家企业位列榜单，总销售额超 578 亿美元，占总榜份额约 25%，连续多年销售额保持全球第一。美国进入 50 强企业的总销售额达 532 亿美元，占总榜份额约 23%，排名第二；日本 50 强企业销售额为 455 亿美元，占总榜份额约 20%，排名第三。从 50 强企业地区分布来看，2022 年亚洲销售额占比 50%，较 2021 年下降 2 个百分点，其中，中国、日本、韩国三大市场销售额均出现下滑，而欧洲和北美洲销售额都有所上升，整体来看较为平稳。此外，报告显示，近 10 年，中国工程机械行业取得较大进步，在数字化、智能化、绿色化、国际化都保持稳步增长，高质量发展取得明显进步，新产品不断推出且获得国内外广泛采购，关键核心技术取得新突破，龙头公司不断加大自身核心竞争力。2022 年以来，三一重工密集推出 20 款电动化产品，打造全球首款电动大、中型号挖掘机产品；徐工推出无人装载机、遥控装载机等电动智能产品，交付多款 G 系列国四新型号挖掘机产品。中国工程机械品牌建设不断获得国外的广泛应用和认可，打造硬实力，中国工程机械的国际竞争力飞速上升，出口保持快速增长。

三、世界工程机械前十强企业占据市场份额超 65%

根据英国 KHL 集团发布的 2022 年榜单，全球工程机械营业收入排名前十的企业分别是卡特彼勒、小松、徐工、三一重工、约翰迪尔、中联重科、沃尔沃建筑设备、利勃海尔、日立建机、斗山山猫。从国别来看，中国入榜 3 家企业，日本、美国各入榜 2 家企业，德国、瑞典和韩国各有 1 家企业入围。从市场份额来看，前十名的企业市场份额占到了 65% 以上。其中销售额占比最多的是美国的卡特彼勒，销售额达到 320.7 亿美元，市场份额占比 13.8%。第二是日本的小松，销售额达到 253.18

亿美元，市场份额占到 10.9%。第三名是中国的徐工，营业收入为 181 亿美元，市场份额占到了 7.9%。徐工是中国工程机械行业规模最大、产品品种与系列最齐全、最具竞争力和影响力的大型企业集团。三一重工销售额为 160.48 亿美元，占据全球市场份额的 6.9%，三一重工国际化进程不断加快，已是全球最大的混凝土机械制造商。约翰迪尔销售额达到 113.68 亿美元，全球市场份额占比为 4.9%。

第二节 中国发展概况

一、行业发展运行情况分析

受国内需求收缩的冲击，工程机械行业 2022 年销售有所下滑。从行业整体来看，工程机械行业 2022 年全年营业收入降幅超过 12%、利润降幅超过 35%。据重点企业快报统计，2022 年工程机械行业主要产品的销售量比 2021 年有明显减少。2022 年 1—12 月，挖掘机的销售量为 26.1 万台，同比下降 23.8%，其中出口 10.9 万台，同比增长 59.8%，国内销售 15.2 万台，同比下降 44.6%；装载机销售 12.34 万台，同比下降 12.2%，其中出口 4.25 万台，同比增长 24.9%，国内销售 8.09 万台，同比下降 24%；汽车起重机的销售量为 2.59 万台，同比下降 47.2%，其中出口 5504 台，同比增长 73%，国内销售 2.04 万台，同比下降 55.5%；工业车辆的销售量为 104.8 万台，同比下降 4.68%，其中出口 36.2 万台，同比增长 14.5%，国内销售 68.6 万台，同比下降 12.4%。比 2021 年销售量增加的产品有升降作业平台、宽体车、推土机、平地机等，其中升降作业平台 2022 年销售 19.65 万台，同比增长 22.5%，其中出口 7.15 万台，同比增长 60.4%，国内销售 12.5 万台，同比增长 7.91%。

出口保持较快增速，一定程度缓冲国内下滑影响。2022 年，中国工程机械进出口贸易额约为 470 亿美元，同比增长 24.6%。其中进口金额 27.31 亿美元，同比下降 26.6%；出口金额 443 亿美元，同比增长 30.2%。2022 年是在 2021 年创纪录的 340 亿美元的基础上再次创新纪录，达到 443 亿美元。出口额净增在 2021 年超过 130 亿美元的基础上再次净增 102.8 亿美元，两年净增额达 232.8 亿美元，出口持续长期向好，给予工程机械行业以信心。

（1）高技术工程机械出口明显增长，其中履带挖掘机出口额同比增长 65.8%；轮式挖掘机出口额同比增长 53.3%；320 马力以上推土机出口额同比增长 87.8%；非公路矿用自卸车出口额同比增长 78.6%；100 吨以上全路面起重机出口额同比增长 66.6%；100 吨以上汽车起重机出口额同比增长 107.9%；电动叉车出口额同比增长 76.6%。

（2）对主要贸易伙伴出口增长较多，其中出口俄罗斯增长 70.65%、印度尼西亚增长 67.14%、巴西增长 57.63%、比利时增长 59.3%、沙特阿拉伯增长 122%、南非增长 52%、美国增长 29.8%、澳大利亚增长 35.6%、印度增长 27.2%。

开工率保持良好水平，2023 年行业有望筑底。从开工率来看，2022 年 1—6 月工程机械平均月开工率为 60.4%，二季度为 66.8%，明显高于一季度的 54.0%。2022 年 1—9 月平均开工率为 64.76%，略低于二季度 2 个百分点。2022 年全国工程机械月平均开工率为 61.41%，较 2021 年下滑明显，行业处在下滑波动期。2023 年一季度开工率保持良好，原本是基建开工的传统淡季，在多项政策的支持下，一批补短板、强功能、利长远、惠民生的重大项目有序实施，基建投资呈现"淡季不淡"的态势。一季度，全国工程机械平均开工率为 53.14%，整体已经呈现经济复苏、逐月向好的态势。按月份来看，1 月单月开工率为 40.61%，2 月单月开工率为 53.77%，3 月单月开工率为 65.05%，呈现快速恢复、逐月向好的态势，表明年初以来中国各项基础设施建设持续加速。

2022 年稳增长政策"组合拳"效用明显，增加行业发展韧性和提升发展空间。从需求端看，一系列扩内需、稳经济、促发展政策的发布，大力提振了工程机械市场的信心。2022 年 3 月，中央安排 3.65 万亿元地方政府专项债券用于开展基础设施投资；4 月，中共中央政治局会议提出全面加强基础设施建设。受益于专项债提前获批及"十四五"规划的重大工程项目陆续开工建设，与工程机械需求直接相关的基础设施投资全年实现同比增长 9.4%，工程机械行业主要经济指标下滑势头有所放缓，应对下行的增长韧性进一步增强。从供给端看，系列产业政策给予企业大力发展新一代工程机械的积极信号。2022 年 3 月，财政部将先进制造业按月全额退还增值税增量留抵税额政策范围扩大至符合条件的制造业等行业企业，并一次性退还制造业等行业企业存量留抵税额。9 月，工业和信息化部举行"新时代工业和信息化发展"系列新闻发布会，鼓励加强省级工程机械装备制造业创新中心建设，大力发展新一代工程机械。11 月，工业和信息化部推动实施重大技术装备创新发展工程，做优做强工程机械等产业创新发展。深入开展政府采购，支持首台（套）试点，推动首台（套）、首批次等创新产品研发创新和推广应用。减税和产业创新政策的实施，给予工程机械行业企业更多的发展空间。具体数据如图 8-1 和表 8-1 所示。

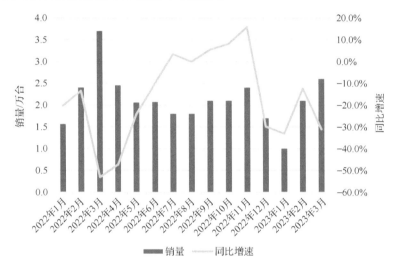

图 8-1　2022—2023 年一季度中国挖掘机销售情况

数据来源：中国工程机械工业协会，赛迪先进制造研究中心整理，2023 年 6 月

表 8-1　2022 年中国高技术工程机械对主要贸易伙伴出口增长情况

高技术工程机械	同比增速	主要贸易伙伴	同比增速
履带挖掘机	65.8%	俄罗斯	70.7%
轮式挖掘机	53.3%	印度尼西亚	67.1%
320 马力以上推土机	87.8%	巴西	57.6%
非公路矿用自卸车	78.6%	比利时	59.3%
100 吨以上路面起重机	66.6%	沙特阿拉伯	122.0%
100 吨以上汽车起重机	107.9%	南非	52.0%
电动叉车	76.6%	美国	29.8%

数据来源：中国工程机械工业协会，赛迪先进制造研究中心整理，2023 年 6 月。

二、行业发展特点和形势分析

近年来，随着全球经济的不断发展、融合及各行业对工程机械产品的持续需求，工程机械行业面临着巨大的发展机遇。

一是工程机械市场需求飞速增长。在全球范围内，包括基础设施建设、房地产开发、交通运输、采矿、能源等各个行业的固定资产投资不断增长，对工程机械产品的需求也随之增加。特别是在新兴市场和发展中国家，由于其基础设施建设和工业化进程的快速推进，对工程机械产品的需求增长更为迅速。中国工程机械对外出口保持高速上升的趋势，虽然全球经济放缓使得中国工程机械市场出口需求短期承压，但从长期来看，利好中国工程机械出口的因素仍较多，如一带一路建设机遇、全球矿业投资不断增长、俄罗斯与中东等国家与中国的深化合作等。

二是智能化、数字化、电动化技术推动工程机械快速转型。随着智能化、数字化技术的不断进步，工程机械行业也在积极探寻高质量发展之路，不断进行技术升级和产品创新。新型材料、新型液压技术、电子控制系统、人工智能等技术与工程机械的结合更加紧密，使工程机械产品的性能不断完善、效率不断提升、成本不断降低。多数企业积极布局工程机械电动化，龙头企业研发投入成效开始显现，创新产品为行业增长注入新动能。企业坚持科技自立自强，创新驱动能力逐步显现。2022年前三季度，三一重工、徐工、中联重科的研发投入分别为45.46亿元、28.61亿元、17.78亿元，不断提升技术创新能力。三一重工已打造并推出大中小电动挖掘机；徐工推出国内首台锂电驱动的伸缩臂叉车产品，适用于医院、学校等工作场景，2小时即可充满电。技术的不断进步不仅提高了企业的竞争力，也为工程机械行业的可持续发展提供了强有力的支撑。

三是产业链协同创新加强。中国工程机械的产业链协同创新已经逐步完善，在设计、制造、服务等多个环节，工程机械企业需要与供应商、经销商、投资者等相关方加强合作，实现协同创新和共赢。2022年以来，中国工程机械上下游产业链协同创新进一步加强，加快推进新材料产业"政、产、学、研、金、用"深度融合。在全球化和市场化的背景下，工程机械行业正在加快整合和优化，各大工程机械企业积极开展合作和并购，以扩大市场份额、提升竞争力。同时，行业内部也在不断优化资源配置和生产流程，提高企业运营效率和成本控制水平，从而获得更好的经济效益。

四是政策环境支持。工程机械行业对各国来说都是重要的战略性和支柱性产业。为了推动行业发展，各国政府都制定了相应的政策措施，包括财政支持、税收优惠、技术研发补贴、出口鼓励等。这些政策措施为工程机械企业提供了良好的政策环境和生长土壤，有助于企业加速发展壮大。中国也制定一系列政策推动工程机械行业高质量快速发展。2022 年 12 月发布的《"十四五"扩大内需战略实施方案》中，提到推动工程机械等产业创新发展。除此之外，国家还要求工程机械行业加强更新改造，促进绿色高效发展，在《2030 年前碳达峰行动方案》中，提出促进工程机械等再制造产业高质量发展，提振工程机械行业发展的信心。

五是多数出口国制造业 PMI 指数处于扩张状态，外需市场迎来新阶段。海外对工程机械的需求持续高企，主要贸易伙伴出口额持续增长。2022 年，工程机械对俄罗斯的出口额同比增长 70.65%，对印度尼西亚的出口额同比增长 67.14%，对沙特阿拉伯的出口额同比增长 122%，工程机械的出口额在美国、巴西、印度、南非等国均有增长。其中俄罗斯、印度尼西亚、印度等国 2022 年 1 月和 2 月制造业 PMI 指数均处于扩张状态，对工程机械需求旺盛。同时中国坚持高水平对外开放，高技术工程机械出口不断增长，拓展了外需市场新空间。国内市场仍处于周期调整中，大幅度改善还需较长时间，而海外市场已经连续几年高速增长，未来也必将是中国企业实现业绩增长的关键市场。随着电子商务的快速发展，工程机械行业也开始借助跨境电商平台拓展海外市场。跨境电商有助于减少国际贸易壁垒、降低出口成本、加速资金流转，并能够针对性地满足国外客户的需求，拓展海外市场空间。

工程机械行业正面临着巨大的市场机遇和技术机遇，而企业也应当认清形势，抢抓机遇，加强自主创新和技术升级，加快推动服务型制造和跨境电商模式的深度融合，拓展海外市场和提高产品附加值。同时，要关注政策变化，了解行业发展趋势，制定科学的发展战略和举措，把握好新兴市场和发展中国家带来的机遇和挑战，不断推动工程机械行业实现可持续发展和创新突破。

严峻复杂的国内外形势给工程机械行业的发展带来不确定性。

一是全球经济的不稳定性。工程机械行业是一个全球化程度较高的行业，2022年，全球范围内的经济贸易战、地缘政治冲突等不利因素，对行业的生产制造、销售和利润产生较大影响。在经济下行时期，基础设施房地产投资将会低迷，工程建设的需求也会减少，进而影响到工程机械的销售和生产。大国间在制造业等关键领域的博弈加剧，通胀延续，需求收缩，世界经济衰退风险上升，中国工程机械出口也面临一定挑战。

二是市场竞争进一步加剧。工程机械行业的市场竞争日益加剧，主要体现在国内外的同行业企业之间的竞争、产品同质化竞争及价格战等方面，龙头企业集中度进一步提高。竞争压力不仅对企业的经营和发展带来影响，中小企业还可能被市场所淘汰。从目前形势来看，由于2021年工程机械排放标准从国三切换至国四，国三清库影响较大，叠加2021年同期基数较高等因素，导致工程机械需求仍处于较弱阶段。

三是技术壁垒和贸易保护主义抬头。在国际贸易中，一些国家和地区会对国内企业实施技术壁垒和贸易保护主义措施，以保护本土产业和就业。这些措施可能会对工程机械行业的出口和国际化进程产生影响和制约。西方国家对中国工程机械关键核心技术方面有所管控，不利于中国工程机械行业的发展。

四是产能过剩和销售渠道不畅。从国内看，一些领域工程机械市场存量尚需消化。工程机械行业存在着产能过剩的问题，部分企业生产的产品过多，而销售渠道不畅，导致库存积压和资金周转困难。

五是转型升级过程中的挑战。工程机械行业在转型升级过程中也会遇到一些挑战，如技术创新不足、人工成本增加、人才短缺、资金投入等。转型过程中行业标准滞后甚至缺失，部分现行工程机械产品标准技术指标偏低，在某种程度上制约了行业技术进步和转型升级的进展。

第九章

电力装备

第一节　全球发展综述

一、电力装备规模持续增长

（一）可再生能源引领全球电力装备产业规模加速扩张

虽然传统能源仍占据主导地位，但可再生能源持续引领电力行业增长，可再生能源装机量占比逐步提升，新能源和可再生能源新增装机容量加速增长，传统能源投资及新增装机容量持续下滑，可再生能源有望逐步占据主导地位。

1. 可再生能源占比逐步提升

截至 2022 年年底，全球可再生能源装机量已达 337179.3 万千瓦，可再生能源占全球装机容量的 40%。其中，水电依旧占据可再生能源主导地位，2022 年，全球常规水电装机容量 125554.0 万千瓦，占据全球可再生能源装机容量的 37.2%。全球可再生能源投资持续增长，2022 年全球可再生能源投资约 5960 亿美元，同比增长 15.3%。具体如图 9-1 和图 9-2 所示。国际能源署（IEA）预计，到 2025 年，可再生能源发电量将占全球总发电量的 35%。

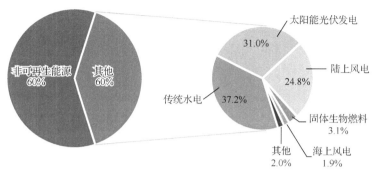

图 9-1 2022 年全球发电装机情况

数据来源：赛迪先进制造研究中心整理，2023 年 6 月

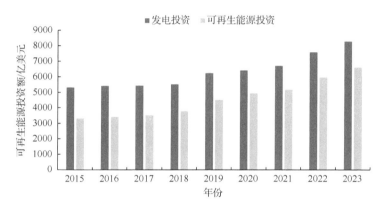

图 9-2 全球可再生能源发电投资情况

数据来源：赛迪先进制造研究中心整理，2023 年 6 月

2. 全球新能源和可再生能源装机容量恢复加速增长态势

根据国际可再生能源机构数据，2022 年，全球新增新能源和可再生能源装机容量达 29455.4 万千瓦，扭转 2021 年短期下滑态势，同比增长 11.54%。其中，太阳能光伏发电表现亮眼，2022 年新增装机容量 19145.2 万千瓦，同比增长 22.4%，均居所有可再生能源前列。核电自 2020 年进入装机低谷以来，已连续 2 年实现高速增长，2022 年，全球新增核电装机容量 1407.4 万千瓦，同比增长 74.9%，如图 9-3 所示。

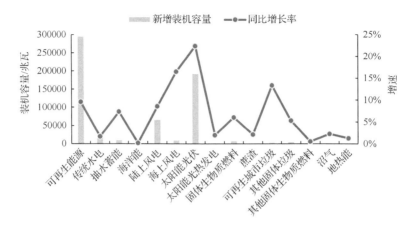

图 9-3　2022 年全球新能源和可再生能源装机容量及增速

数据来源：赛迪先进制造研究中心整理，2023 年 6 月

3. 传统能源增速持续下滑

根据美国全球能源监测（Global Energy Monitor）数据，2022 年，全球新增煤电装机容量 4546.6 万千瓦，已连续 3 年保持下降态势。全球新增燃气发电装机容量持续下滑，2022 年，新增燃气发电容量 3055.1 万千瓦，同比下滑 13.92%。以煤电为代表的传统能源全球投资持续下滑，2022 年，全球煤电投资为 482 亿美元，在 2015—2022 年，全球煤电投资已减少 39.4%。具体如图 9-4～图 9-6 所示。

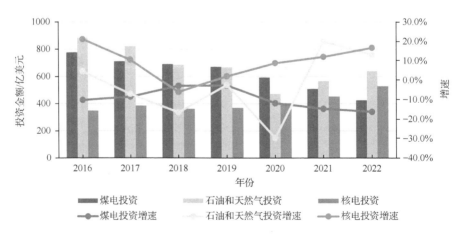

图 9-4　全球传统能源投资及增速

数据来源：赛迪先进制造研究中心整理，2023 年 6 月

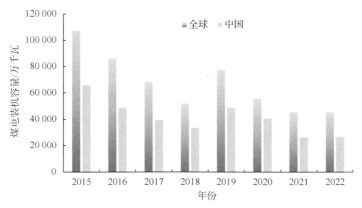

图 9-5　全球及中国煤电装机容量

数据来源：赛迪先进制造研究中心整理，2023 年 6 月

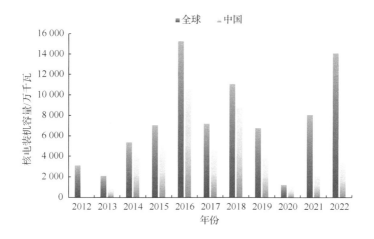

图 9-6　全球及中国核电装机容量

数据来源：赛迪先进制造研究中心整理，2023 年 6 月

（二）高比例可再生能源并网需求拉动电网投资持续增长，电网数字化水平持续提升

随着可再生能源占比稳步提升，对电网灵活性的需求持续增长，以支撑高比例可再生能源接入。输配电系统投资持续增加，数字化转型持续深入。

1. 可再生能源并网对电网投资及智能化水平需求持续提升

部分地区由于可再生能源的部署和其他部门的电气化发展速度快

于智能电网的建设，导致其电力系统面临紧张和压力。例如，越南在2022 年年初宣布，在本年剩余时间里不会并网新的太阳能或风能项目。越南在过去 3 年中，超过 20 吉瓦可变可再生能源的快速扩建导致频繁的电网过载和大量可再生能源弃电。在德国，较长的电网规划和许可时间导致北部和南部连接线路的输电能力不足，从而产生了过高的可再生能源削减和重新调度成本。

2. 电网投资持续增长

根据国际能源署的数据，2022 年，全球电网投资持续增长，电网投资约 3320 亿美元，同比增长 7.79%，自 2020 年以来已连续两年恢复增长。其中，2022 年美国电网投资额近 900 亿美元，居全球首位，主要集中在提高可靠性和升级过时的基础设施上。中国电网投资持续增长，以 829 亿美元的投资额居全球电网投资额第二位，主要集中于特高压输电项目中。根据国际能源署预测，到 2030 年，年均电网投资需达到 6000 亿美元，以符合净零情景，这几乎是目前投资水平的两倍。

3. 输配电系统数字基础设施投入持续增加

根据国际能源署 2022 年的数据，2021 年，全球输配电系统数字基础设施投资达 557 亿美元，同比增长 13.9%，全球电网投资中数字化基础设施投资占比持续增长，从 2015 年的 12%逐步增加到 2021 年的 19%。预计到 2030 年，数字电网基础设施和电动汽车充电设备占电网投资比重将达 31%。

二、全球主要国家强化电力装备产业战略布局

1. 中国

中国积极以可再生能源技术推动电力装备研发及产业发展。中国以规划先行，加强资金支持及产业支撑，持续加强电力装备产业发展。一是强化顶层设计。2022 年，中国通过制定《"十四五"新型储能发展实施方案》《"十四五"现代能源体系规划》《"十四五"可再生能源发展规划》等一系列政策，明确了储能、风能、太阳能和其他可再生能源装机容量的具体目标，明确了电力装备各领域发展路径。二是完善电价政策及财政激励措施，支持可再生能源技术的开发和部署，积极推动可再生能源消纳。三是强化电力装备产业政策支撑。通过发布《加快电力装备

绿色低碳创新发展行动计划》等一系列政策,强化各部门政策间的衔接,统筹推进电力装备持续健康发展。中国 2022 年电力装备主要政策如表 9-1 所示。

表 9-1　中国 2022 年电力装备主要政策

政 策 名 称	发 布 时 间	主 要 内 容
《"十四五"新型储能发展实施方案》	2022 年 1 月 29 日	到 2025 年,新型储能由商业化初期步入规模化发展阶段,具备大规模商业化应用条件。新型储能技术创新能力显著提高,核心技术装备自主可控水平大幅提升,标准体系基本完善,产业体系日趋完备,市场环境和商业模式基本成熟。从推动多元化技术开发、突破全过程安全技术、创新智慧调控技术三个层面部署集中技术攻关的重点方向
《以沙漠、戈壁、荒漠地区为重点的大型风电光伏基地规划布局方案》	2022 年 1 月 30 日	提出到 2030 年,规划建设风光基地总装机约 4.55 亿千瓦,其中库布齐、乌兰布和、腾格里、巴丹吉林沙漠基地规划装机 2.84 亿千瓦,采煤沉陷区规划装机 0.37 亿千瓦,其他沙漠和戈壁地区规划装机 1.34 亿千瓦
《关于完善能源绿色低碳转型体制机制和政策措施的意见》	2022 年 2 月 10 日	到 2030 年基本建立完整的能源绿色低碳发展基本制度和政策体系,形成非化石能源既基本满足能源需求增量又规模化替代化石能源存量、能源安全保障能力得到全面增强的能源生产消费格局
《关于推进共建"一带一路"绿色发展的意见》	2022 年 3 月 16 日	深化绿色清洁能源合作,推动能源国际合作绿色低碳转型发展。鼓励太阳能发电、风电等企业"走出去",推动建成一批绿色能源最佳实践项目
《2022 年能源工作指导意见》	2022 年 3 月 17 日	稳步推进结构转型。煤炭消费比重稳先下降,非化石能源占能源消费总量比重提高到 17.3%左右,新增电能替代电量 1800 亿千瓦时左右,风电、光伏发电量占全社会用电量的比重达到 12.2%左右
《"十四五"现代能源体系规划》	2022 年 3 月 22 日	到 2035 年基本建成现代能源体系。能源安全保障能力大幅提升,绿色生产和消费模式广泛形成,非化石能源消费比重在 2030 年达到 25%的基础上进一步大幅提高

续表

政策名称	发布时间	主要内容
《关于 2022 年新建风电、光伏发电项目延续平价上网政策的函》	2022 年 4 月 8 日	2022 年，对新核准陆上风电项目、新备案集中式光伏电站和工商业分布式光伏项目，延续平价上网政策，上网电价按当地燃煤发电基准价执行。新建项目可自愿通过参与市场化交易形成上网电价，以充分体现新能源的绿色电力价值。鼓励各地出台针对性扶持政策，支持风电、光伏发电产业高质量发展
《关于促进新时代新能源高质量发展的实施方案》	2022 年 5 月 30 日	要实现到 2030 年风电、太阳能发电总装机容量达到 12 亿千瓦以上的目标，加快推进以沙漠、戈壁、荒漠地区为重点的大型风电光伏基地建设，引导全社会消费新能源等绿色电力
《"十四五"可再生能源发展规划》	2022 年 6 月 1 日	"十四五"可再生能源发展主要目标：要大力推进风电和光伏发电基地化开发，积极推进风电和光伏发电分布式开发，统筹推进水风光综合基地一体化开发
《加快电力装备绿色低碳创新发展行动计划》	2022 年 8 月 29 日	通过 5~8 年的时间，电力装备供给结构显著改善，保障电网输配效率明显提升，高端化、智能化、绿色化发展及示范应用不断加快，国际竞争力进一步增强，基本满足适应非化石能源高比例、大规模接入的新型电力系统建设需要。煤电机组灵活性改造能力累计超过 2 亿千瓦，可再生能源发电装备供给能力不断提高，风电和太阳能发电装备满足 12 亿千瓦以上装机需求，核电装备满足 7000 万千瓦装机需求
《关于 2022 年可再生能源电力消纳责任权重及有关事项的通知》	2022 年 11 月 7 日	明确各省 2022 年可再生能源电力消纳责任权重及 2023 年可再生能源电力消纳责任权重预期目标。通知要求，充分发挥可再生能源电力消纳责任权重在促进可再生能源发展、引导跨省跨区可再生能源电力交易和全国范围优化配置可再生能源的作用

数据来源：赛迪先进制造研究中心整理，2023 年 6 月。

2. 美国

美国以聚焦支持光伏、储能系统为特点，持续加强清洁能源技术的投资。在资金支持上，美国政府从 2006 年就开始对光伏等新能源产业实施税收减免、贷款担保等扶持政策。2022 年，美国能源部提供总额为 29.1 亿美元的资金促进电池材料精炼和建设、电池材料加工、电池组制造及回收设施的发展。在产业政策上，2022 年，美国总统拜登签署《通胀削减法案》，提出风力发电和光伏发电开发商将通过使用美国制造的产品组件并向工人支付合理的工资，节省大量成本，并授权 8810 亿美元的总支出，其中 7380 亿美元用于开发清洁能源和缓解气候变化，其中包括对这些领域的美国制造业的资金支持。

3. 德国

德国在促进可再生能源和电气设备发展方面一直处于领先地位，持续鼓励可再生能源产品规模扩大，强化能源技术研发，加快老旧工业区能源和产业转型。例如，在基础设施建设方面，德国联邦经济合作与发展部于 2022 年 2 月提出加速风能和太阳能基础设施的扩张，将 100%可再生能源供电目标提前 15 年（至 2035 年）实现，将陆上风能和太阳能设施的发电能力提高三倍左右，海上风力发电将增加一倍以上。在技术研发方面，2022 年 9 月，德国联邦经济事务和气候保护部提出加强战略技术领域的一项倡议，联合政治、产业和研究界建立"转型技术平台"，整合欧洲工业生产能力，促进和提升风电、光伏发电、电解槽、电网和热泵五项重大战略技术，在能源转型的核心战略技术领域降低对亚洲竞争对手的高度依赖。在能源转型方面，德国化学转化中心（CTC）和德国天体物理中心（DZA）2022 年均获得德国联邦教研部 11 亿欧元的资助，通过建设和技术转移转化促使当地煤炭工业向新技术产业转型，并计划用 8 年时间，在上述两个科研中心的选址地区建设欧洲最大的可再生能源基地，强化老旧煤炭工业区转型。

第二节 中国发展概况

一、行业发展运行情况分析

2022 年，中国电力装备装机规模持续增长，可再生能源利用水平高，电力装备产业竞争力逐渐提升。

1. 产业规模再创新高

2022 年，中国电气机械和器材业营业收入为 103650.1 亿元，较 2021 年增加 18329.9 亿元，同比增长 21.48%。可再生能源已成为中国电力新增装机的主体。2022 年，全国风电、光伏发电新增装机容量达到 1.25 亿千瓦，连续三年突破 1 亿千瓦，再创历史新高。全年可再生能源新增装机容量 1.52 亿千瓦，占全国新增发电装机容量的 76.2%，。其中风电新增 3763 万千瓦、太阳能发电新增 8741 万千瓦、常规水电新增 1507 万千瓦、抽水蓄能新增 880 万千瓦。截至 2022 年年底，可再生能源装机容量突破 12 亿千瓦，达到 12.13 亿千瓦，占全国发电总装机容量的 47.3%。

2. 能源利用水平持续提升

中国风电、光伏发电量已接近全国城乡居民生活用电量，可再生能源在保障能源供应方面发挥的作用愈加显著。2022 年，风电、光伏发电量达到 1.19 万亿千瓦时，同比增长 21%，较 2021 年增加 2073 亿千瓦时，占全社会用电量的 13.8%，同比提高 2 个百分点。2022 年，可再生能源发电量达到 2.7 万亿千瓦时，占全社会用电量的 31.6%，较 2021 年提高 1.7 个百分点。

3. 电力装备产业竞争力持续增强

从技术水平看，中国电力装备技术水平持续提升，全球新能源产业重心进一步向中国转移。中国电力装备技术持续进步，陆上 6 兆瓦级、海上 10 兆瓦级风机已成为主流，量产单晶硅电池的平均转换效率已达到 23.1%。中国生产的光伏组件、风力发电机、齿轮箱等关键零部件占全球市场份额的 70%。从推广应用看，中国能源利用新模式、新业态不断涌现，光伏治沙、农业+光伏、可再生能源制氢等新模式、新业态竞相涌现，形成多能互补、因地制宜、多元融合发展新局面。集中式和分布式开发并举，分布式光伏已逐渐成为发展的主要方式，2022 年，分布式光伏新增装机容量 5111 万千瓦，占当年光伏新增装机容量的 58% 以上。从国际市场看，中国出口的风电、光伏产品为其他国家减排二氧化碳约 5.73 亿吨，合计减排 28.3 亿吨，约占全球同期可再生能源折算碳减排量的 41%。中国已成为全球应对气候变化的积极参与者和重要贡献者。

二、行业发展特点和形势分析

中国电力装备企业积极践行"双碳"战略，不断提高核心技术创新能力，高端产品不断突破，"走出去"的步伐不断加快。

1. 基础能力建设持续加强

中国电力装备企业不断加大研发投入，依托企业研究院和研发机构开展电力装备关键技术攻关和基础研究，开展新能源发电装备、特高压交直流输电等重大技术装备研发与应用，产业基础实力不断加强，"大国重器"持续取得突破。2022 年，中国电力装备企业在高端装备制造、数字化、智能化方面取得了一系列重大成果。例如，2022 年，世界首个"燃煤锅炉混氨燃烧技术"应用项目在烟台投运，中国燃煤锅炉混氨技术迈入世界领先行列。位于山东荣成石岛湾的高温气冷堆示范工程已经实现并网，设备国产化率达 93.4%，标志着中国成为世界少数几个掌握第四代核能技术的国家之一，逐步成为该领域的领跑者。中国电气装备"±800 千伏换流变压器阀侧套管和穿墙套管"打破了国外在特高压直流工程高端套管领域的技术和市场垄断。

2. 高端产品保障能力持续提升

中国电力装备产品自主创新能力大幅提升，高端产品保障能力明显提高。例如，在特高压输电设备方面，目前，中国成为世界首个，也是唯一一个成功掌握并实际应用特高压技术的国家。在发电装备方面，国家示范工程——申能安徽平山电厂二期135万千瓦高低位分轴布置二次再热超超临界机组于 2022 年 4 月 15 日投入商业运行，成为目前世界上单机容量最大的新型清洁高效、低碳燃煤机组。中国新能源产业链世界领先，在新能源发电装备方面，已掌握了风电机组制造技术，推出的单机容量 16 兆瓦海上风电机组，为全球单机容量之最。中国水电机组制造水平居世界前列，大型水电机组单机容量屡屡刷新世界纪录，世界最大单机容量的 100 万千瓦水轮机组已在白鹤滩水电站投产发电。

3. 国际合作深入发展

近年来，随着"一带一路"倡议的深入推进，中国电力装备企业主动对接"一带一路"沿线国家和地区，不断拓展海外市场，在可再生能源发电、电网互联互通、大型燃电站建设等领域开展了全方位的国际合作。例如，中国与俄罗斯、蒙古、越南、缅甸、老挝等国实现了跨国输电线路互连和电量交易，实现了互利共赢。2022 年，华龙一号海外首个工程两台机组全面建成投产，2023 年 2 月，华龙一号在巴基斯坦首个项目全面建成。

第十章

智能制造

第一节　全球发展综述

全球主要经济体均在积极布局智能制造，例如，美国、欧盟、日本等均注重创新先进制造技术、提升供应链弹性及建设数据要素市场，加速推动制造业智能化发展，全球智能制造正在持续稳步推进。

一、信息技术和制造业技术快速融合推进

当前，新一代信息技术与制造技术不断深度融合，产业变革持续推进，进而推动形成新的生产方式、产业形态、商业模式等。大数据、云计算、3D 打印、新材料等领域取得的突破，加速了这一进程。例如，边缘计算与云计算技术进一步向简单实用、安全可靠、多平台融合发展，为企业利用相关技术发展智能制造提供有力支撑。智能装备、智能工厂等引领制造方式不断优化；大规模个性化定制、全生命周期管理、协同设计等的发展推动价值链体系重构。工业数据互联互通将不再只停留在理论阶段。

二、主要发达经济体意图以智能制造为抓手引领制造业发展

当前，全球主要经济体均在积极布局智能制造。一般而言，美国、日本和德国被认为是第一梯队，中国、英国、法国、加拿大、瑞典、韩

国、瑞士等国家属于第二梯队。可见，全球智能制造的发展区域化特点显著，发达国家仍占据优势地位。

美国致力于引领智能制造的未来。2022 年 10 月，美国发布的《先进制造业国家战略》提出要加强先进制造技术的开发和应用，提升制造业供应链的韧性。其中，发展目标之一为"引领智能制造未来"，并对智能制造具体发展路径进行了部署，具体来看，其中包括数字化制造、制造业中的人工智能、以人为本的技术应用、制造业中的网络安全及数字供应链。本次战略在人机关系中更加注重人的作用，强调安全高效的人机协作，提出提高数字化工具和软件的适用性，用人工智能赋能机器，智能化工具的开发和使用旨在增强工人技能、扩大人机协作应用场景、提高人机协作的安全性，而不仅仅是单纯的以机器换人。

欧盟积极推动工业 5.0。欧盟提出工业 5.0 战略，目标是迈向持续、以人为本、富有韧性的欧洲工业。工业 5.0 源于工业 4.0，但并非工业 4.0 的简单延续，而是更加注重社会和生态价值。其要求工业生产必须尊重和保护地球生态，将工人的利益置于生产过程的中心位置，工业的发展不仅可以促进就业和增长，还可以推动社会目标的实现，成为社会稳定和繁荣的基石。工业 5.0 关注智能制造中产业链供应链的韧性，认为未来欧洲需要构建具有富有韧性的产业链供应链，产业在关键时刻具备快速适应的能力。认为智能制造应与资源环境共融发展，提升资源利用效率。

三、智能工厂建设持续推进

"灯塔工厂"由世界经济论坛和麦肯锡咨询公司共同推选，可以看作是数字化制造的典范，代表着全球数字化生产的最高水平。从 2018 年到 2023 年 1 月，全球"灯塔工厂"的数量从 9 家快速增加至 132 家，其中有 13 家"可持续灯塔工厂"，共 142 个用例。"灯塔工厂"在建设中如果成效非常显著，那么就可能成为"可持续灯塔工厂"。从区域分布来看，当前的 100 多家"灯塔工厂"分布在 30 个国家或地区。中国和美国"灯塔工厂"的数量不相上下，分别居第一位和第二位。从行业分布来看，"灯塔工厂"涉及电子设备、消费品、汽车、家用电器、制药、服饰、食品饮料等 20 多个领域。

"灯塔工厂"降本增效成果显著。"灯塔工厂"通过采用人工智能、云计算、大数据、增材制造、数字孪生等新技术，构建覆盖企业内部全流程、产业链上下游全环节、产品服务全生命周期的数字化体系，全面提升企业及产业链上下游的效率、降低成本；通过充分发挥数据要素的作用，探索新的模式进而形成新的增长点。根据麦肯锡公司的数据，与数字技术成功结合的"灯塔工厂"，生产力平均提升超过 2.5 倍，利润率提升 8%～13%，运营指标提升 50%～60%。[①]

第二节 中国发展概况

随着新一代信息技术与制造业不断深度融合，中国智能制造发展基础已经夯实，重点领域的数字化水平不断提升，标准体系不断完善，跨越了初期的理念普及、试点示范阶段，转向系统创新、深化应用的新阶段。截至 2022 年年底，中国企业关键工序数控化率和数字化研发设计工具普及率分别达到 58.6%和 77.0%，这些数据表明中国智能制造发展已经取得明显成效。

一、智能制造发展基本情况

2022 年，中国工业增加值突破 40 万亿元大关，同比增长 3.4%，规模以上工业增加值增长 3.6%。其中，智能制造发挥着不可或缺的作用。2022 年，我国智能制造装备产业规模达到 3.2 万亿元，国内市场满足率超过 50%，培育形成 140 多家主营业务收入超 10 亿元的智能制造系统解决方案供应商，工业软件产品收入达到 2407 亿元。智能化高端装备、智能测控装置、重大集成装备、集成系统、智能服务等产业蓬勃发展。中国智能制造发展成效主要表现为以下 4 个方面。

一是顶层设计不断完善，政策支持力度不断加强。中国已经出台一系列的政策，希望通过发展智能制造推动制造业的转型升级。当前，各地出台支持政策 260 余项，区域协同、行业联动发展格局基本形成。2012

---

① 资料来源：2023 年全球 132 座"灯塔工厂"建设现状及模式经验分析.

年，工业和信息化部制定的《高端装备制造业"十二五"发展规划》提出发展智能制造装备。之后，相关政策陆续发布。2022 年 7 月，工业和信息化部、国家发展和改革委员会等八部门联合发布了《"十四五"智能制造发展规划》，该规划提出了 2025 年和 2035 年的发展目标，并提出推进智能制造的总体路径：立足制造本质，紧扣智能特征，以工艺、装备为核心，以数据为基础，依托制造单元、车间、工厂、供应链等载体，构建虚实融合、知识驱动、动态优化、安全高效、绿色低碳的智能制造系统，推动制造业实现数字化转型、网络化协同、智能化变革。

二是标准和支撑体系初步建成。智造标准化建设是智能制造加速发展的前提和基础，在推进其发展过程中起到基础性和引导性作用。中国不仅初步建立起国家智能制造标准体系，还积极参与国际标准的制定与合作。国内标准体系建设持续完善，累计发布智能制造国家标准 394 项，主导制定国际标准 50 项。智能工厂通用技术要求、在线检测互联互通规范、大规模个性化定制生产要求、智慧供应链管理业务模型等重点标准在百余家制造业企业试点应用，围绕工厂设计、精益管理、设备运维等环节形成了数十个企业"标准群"。在标准的国际合作方面，我国积极参加 ISO、IEC 等国际标准化组织的工作，2022 年，中国专家参与制定了国际电工委员会工业过程测量控制和自动化技术委员会（IEC/TC 65）发布的 3 项智能制造国际标准，中国智能制造标准化国际影响力显著提升。

三是中国不断推进智能制造试点示范，效果初步显现。2015 年，工业和信息化部启动智能制造试点示范专项行动，为各个行业和企业的数字化转型探索有效路径，提升了地方、行业和企业实施智能制造的积极性。截至 2023 年，各地建设近万家数字化车间和智能工厂，其中 78%的企业达到智能制造能力成熟度 2 级以上水平，数字化网络化转型取得阶段性成果；46%的企业达到 3 级以上水平，智能化探索取得初步成效。2022 年，工业和信息化部等部门发布的年度智能制造示范工厂和优秀场景共 488 个。从地区分布上看，智能制造试点示范项目集中在长江三角洲、珠江三角洲、环渤海地区。其中，山东、浙江、广东、江苏等省的智能工厂数量较多。随着试点示范工作的持续开展，各地区结合当地实际，营造良好政策环境，以点带面，逐步形成一批可复制的智能制造模式，为进一步推动智能制造发展奠定良好基础。

四是新产品、新业态、新模式不断涌现。未来制造业发展方向从新产品、新模式、新业态的发展中便可见一斑。随着智能制造的深入应用，制造业的内生创新能力不断增强，5G、虚拟现实、人工智能等新技术与制造业加速融合，生产方式、企业形态、业务模式和就业方式加速变革，推动了无人机、协同研发设计、智能工厂、共享制造、网络协同制造、大规模个性化定制等新产品、新模式、新业态蓬勃兴起。零工经济、平台经济等新业态不断壮大，推动制造业加速向价值链高端延伸，提升竞争力。截至 2022 年第二季度，中国制造业企业实现平台化设计、智能化生产、网络化协同、个性化定制的比例分别达到 9.5%、6.6%、39.5% 和 10.8%。

二、发展中存在的问题

中国智能制造虽取得了长足的进步，但也面临着不少问题。例如，关键技术存在一定缺失，许多中小企业仍处于数字化转型的起步阶段，面临诸多痛点等。

一是关键技术有待进一步突破。中国已经掌握了长期制约产业发展的部分智能制造技术，但智能制造的共性技术、关键技术仍存在短板，一些核心零部件对进口的依赖程度仍较大。例如，国内工业软件实力较弱，主要以中低端的软件为主，工业仿真设计软件基本被法国、德国、美国等国家企业垄断；高档数控机床、智能传感器等技术距世界先进水平仍有较大差距；在基础材料方面，许多关键材料依赖进口。关键技术如果无法实现突破，将有碍智能制造发展进程。

二是中小型企业智能化发展存在诸多困难。中小型企业是中国实体经济发展的重要基础。对许多中小型企业而言，"缺技术、缺资金、缺人才、缺工具"等痛点、难点普遍存在，导致中小型企业的智能化水平较低。相关研究指出，约 39% 的企业仍处于探索阶段，深度应用的仅占 9%。部分中小型企业的智能化转型基础水平较为薄弱，生产设备较为传统，信息化水平较低。例如，中小型企业数字化装备应用率、信息系统覆盖率和设备联网率分别为 45%、40% 和 35%，远低于大型企业的80%、65% 和 60% 的比例。

三是标准、人才等基础支撑薄弱。企业智能化转型是一项系统工程，是一个循序渐进的过程，需要人力、标准等支撑体系的大力支持。从人才来看，智能制造对数字人才需求较大，而中国智能制造人才存在结构性缺口，难以满足新发展阶段智能化发展的需求。据人力资源和社会保障部统计，2020 年，中国智能制造领域的人才需求为 750 万人，而缺口为 300 万人；到 2025 年，人才缺口预计达到 450 万人。从标准来看，中国大多行业领域智能制造标准体系不健全。而且长期以来，中国处于全球产业价值链的低端位置，在制造标准领域中的话语权和影响力较弱，在和国外标准体系对接与互认方面有待加强。

四是相关政策的力度和协调性有待进一步加强。虽然中国多个部门均已出台支持智能制造发展的政策，支持智能制造的发展，政策的效应也较为显著，但是仍需进一步协同完善。一方面，与智能制造发展趋势相比，现存的部分财税金融政策已太不适应当前的发展形势，需要与时俱进，不断进行调整。例如，在线故障诊断、远程运行维护等服务已经成为智能制造的发展趋势，却无法享受一些优惠政策。另一方面，智能制造是一个复杂、系统的工程，涉及的产业较多，涉及不同的政府部门，政策覆盖面尚需扩大。例如，国家发展和改革委员会、工业和信息化部、科技部等对不同产业、不同发展各有侧重，关注重点不同，造成政策之间协调性较差，政策的整体功效大打折扣。

区域篇

第十一章

北京市

习近平总书记指出,京津冀作为引领全国高质量发展的三大重要动力源之一,拥有数量众多的一流院校和高端研究人才,创新基础扎实、实力雄厚,要强化协同创新和产业协作,在实现高水平科技自立自强中发挥示范带动作用。北京市是中国装备制造业发展的核心地区,尤其在智能制造领域拥有独特定位。依靠北京市雄厚的经济实力和科技优势,北京装备制造业供给与系统集成能力较强、应用市场规模较大、潜力巨大,拥有良好的装备制造基础,是装备制造业前沿技术研发、示范应用、成果转化的新高地。目前,北京市聚焦智能装备发展,优化装备产业布局,正着力构建"一区两带多组团"空间布局,鼓励各区聚焦几个装备特色产业方向深耕细作。

第一节　2022 年装备工业发展概况

一、装备重点行业支撑作用彰显

根据北京市统计局数据,2022 年受制于上期高基数及上半年新冠疫情扰动的影响,北京市装备工业呈现下降趋势。随着央地协同一揽子稳经济、助企纾困政策逐渐落实落地生效,下半年装备制造业稳步恢复。尤其在北京市制定实施统筹防疫情防控稳定经济的"45 条"、纾困政策"18 条"和接续"新 12 条"等一揽子政策措施和实施细则后,装备工业逐步恢复,盈利面整体提升,持续发挥带动作用。其中,专用设备、通用设备、铁路运输设备、仪器仪表制造等行业保持增长,合计上拉规模以上工业增速 0.7 个百分点。部分高技术产品生产保持较快增长，新能源汽车、风力发电机组、气动元件产量分别增长 190%倍、45.6%和 36.5%。

二、重点行业生产有序恢复

2022 年，北京市装备制造业增加值整体呈现"U"形态势。在支柱行业中，计算机、通信和其他电子设备制造业增加值同比增长 3.6%，其中集成电路领域增长 22.4%；汽车制造业降幅收窄，同比下降 2.6%，降幅比 2021 年收窄 9.4 个百分点；剔除新冠疫苗生产的利好影响，医药制造业增加值同比增长 6.4%，增速比 2021 年同期提高 0.5 个百分点。此外，装备制造业重点领域中，专用设备制造业，通用设备制造业，铁路、船舶、航空航天和其他交通运输设备制造业，仪器仪表制造业增加值同比分别增长 10.2%、7.1%、3.7%和 2.5%，均实现恢复性增长。

三、新动能优势显著加快高精尖领域发展

根据北京市统计局数据，北京市科技创新打造新型动能，为装备制造业发展提供持续发展动力。从固定资产投资来看，2022 年北京市制造业投资同比增长 18.4%，其中高技术制造业投资增长 28.3%，高于制造业投资近 10 个百分点。从新兴产业发展来看，剔除新冠疫苗生产利好影响，北京市高技术制造业和工业战略性新兴产业增加值分别同比增长 5.3%和 4.9%，增速分别高于整体规模以上工业 2.8 个百分点和 2.4 个百分点。从企业研发来看，2022 年北京市大中型重点企业研究开发费用同比增长 10%，连续三年保持超过两位数的增长态势，其中"三城一区"大中型重点企业的研发费用占北京市整体研发费用的 70%左右；有效发明专利同比增长 20%。中关村示范区全部规模以上的高新技术企业中有超过 86%的企业开展研发活动，较 2021 年同比扩大 4.2 个百分点；区域内企业的技术收入同比增长 11.4%，增速较 2021 年扩大 2.1 个百分点，技术收入占企业经营总收入的比重为 21.7%。装备制造业加快向"高精尖"转型，为北京市经济高质量发展提供了坚

实支撑。

四、企业盈利能力及创新能力持续改善

2022 年，北京市促进行业稳增长，聚焦保供稳产，出台了一系列助企纾困政策，助力装备制造企业生产有序恢复，企业经营状况逐步改善。根据北京市统计局数据信息，2022 年，北京市规模以上企业实现产值超过 2800 亿元，同比增长 5%；11 家智能制造装备重点企业实现产值 335.3 亿元，同比增长 35.2%；17 家特色专用装备重点企业实现产值 410.4 亿元，同比增长 7.7%。全部规模以上企业中，拥有 230 余家国家级专精特新"小巨人"企业，其企业总产值同比增长 9.4%。截至 2022 年年底，北京市专精特新"小巨人"企业研发投入强度、收入利润率分别达到 8.5%、16.1%，均高于全市规模以上工业企业平均水平。同时，北京市装备制造领域拥有一批掌握国际前沿核心技术和先进工艺的优秀企业，在关键核心技术和元器件、装备整机等方面实现突破，尤其是在工业机器人、高档数控机床、交通运输设备等智能装备制造领域培育并集聚了一批装备龙头企业和骨干企业，如机床所、精雕科技、北二机床、北一数控、极智嘉、格灵深瞳等。

第二节　相关政策举措

当前，全球产业链供应链加速重构、中国双循环新发展格局加快构建，北京市精确把握新发展阶段，深入贯彻新发展理念，着力推进新发展格局。坚决落实首都城市的战略定位，积极构建国际科技创新中心，着力推动高精尖经济结构的建立，促进京津冀协同发展。

在产业政策方面，2015 年 12 月，北京市发布相关政策，围绕智能制造系统和服务提出，以巩固提升智能装备系统、推广应用智能制造模式为切入点，重点发展传感器、智能仪控系统等核心装置和智能机器人、高档数控机床、三维打印设备等高端智能装备，推动数字化车间、智能工厂和工业互联网的广泛应用。通过上述专项行动的贯彻实施，着力提升装备制造业重点领域智能制造系统的集成能力和服务能力，推动北京市成为全国智能制造创新总部、示范应用中心和系统解决方案的高地。

2021 年 8 月，北京市政府出台《北京市"十四五"时期高精尖产业发展规划》，将"智能制造与装备"纳入北京市高精尖产业，规划提出要以"优品智造"为主攻方向，全面增强装备的自主可控、软硬一体、智能制造、基础配套和服务增值能力，以装备的智能化、高端化带动北京市制造业整体转型升级。规划提出 2025 年的主要目标为："以高精尖产业为代表的实体经济根基更加稳固，基本形成以智能制造、产业互联网、医药健康等为新支柱的现代产业体系，将集成电路、智能网联汽车、区块链、创新药等打造成为'北京智造''北京服务'的新名片，产业关键核心技术取得重大突破，国产化配套比重进一步提高，生产效率达到国际先进水平，绿色发展更加显著，京津冀产业协同发展和国际产能合作迈向更高层次。"

2021 年 9 月，北京市经济和信息化局发布《北京市"新智造 100"工程实施方案（2021—2025 年）》，方案提出到 2023 年，北京市将全面推进实施制造业"十百千万"升级计划，打造 10 家产值过百亿元的世界级"智慧工厂"，支持建设 100 家"智能工厂/数字化车间"，推动 1000 家制造业企业实施数字化、智能化转型升级，培育万亿级智能制造产业集群；培育 10 家年收入超 20 亿元的智能制造系统解决方案供应商，打造 30 家制造业单项冠军企业和一批重大标志性创新产品。同时，设定目标要求重点行业的智能制造应用水平明显提升，关键工序装备数控化率达到 85%以上，人均劳动生产率、资源利用率大幅提升，运营成本、产品研制周期、产品不良品率等显著降低。

第三节　典型园区和集群情况

一、发展概况

目前，北京市积极培育形成 2 个国际引领支柱产业、4 个特色优势的"北京智造"产业、4 个创新链接的"北京服务"产业及一批未来前沿产业，构建"2441"高精尖产业体系，打造高精尖产业 2.0 升级版。其中，两个国际引领支柱产业之一的新一代信息技术产业重点布局在海淀区、朝阳区、北京经济技术开发区，力争到 2025 年新一代信息技术产业实现营业收入 2.5 万亿元。另一个国际引领支柱产业——医药健康产业则重点布局在大兴区、北京经济技术开发区，筑牢国产高端医疗设备的领先优势，力争到 2025 年医药健康产业实现营业收入 1 万亿元，其中医药制造产业营业收入达到 4000 亿元。集成电路产业重点布局北京经济技术开发区、海淀区、顺义区，力争到 2025 年集成电路产业实现营业收入 3000 亿元。智能网联汽车产业重点布局北京经济技术开发区和顺义、房山等区，建设世界级的智能网联汽车科技创新策源地和产业孵化基地，力争到 2025 年汽车产业产值突破 7000 亿元，智能网联汽车（L2 级以上）渗透率达到 80%。智能制造与装备产业重点布局北京经济技术开发区和昌平、房山等区，力争到 2025 年智能制造与装备产业实现营业收入 1 万亿元，其中智能装备部分达到 3000 亿元。

二、主要特点

在空间分布上，北京市正着力构建"一区两带多组团"的空间布局，鼓励各区聚焦 2～3 个产业方向深耕细作。

"一区"即在北京经济技术开发区和顺义区深入推进创新型产业集群示范区建设，支持北京航空产业园、北京经济技术开发区等高端装备制造业组团建设，打造具有全球影响力的技术创新和成果转化示范区。其中，北京经济技术开发区聚焦新一代信息技术、集成电路、智能网联汽车、医药健康、智能制造与装备等领域，引领全市产业向中高端迈进；顺义区聚焦智能网联汽车、第三代半导体、航空航天等领域。大力支持怀柔区聚焦高端科学仪器和传感器，延庆区聚焦无人机等领域建设一批特色鲜明、具有国际竞争力的产业组团并发展壮大。

"两带"即京城南北的两条产业聚集带。其中，北部地区对接三大科学城创新资源，推动海淀、昌平、朝阳、顺义等区打造研发创新与信息产业带，昌平区重点发展医药健康、绿色能源、智能制造与装备等产业，建设全球领先的技术创新高地、协同创新先行区、创新创业示范城、智能制造示范区；朝阳区发展信息内容消费、产业互联网、区块链与先进计算、智慧城市等领域，努力建设成为国际化企业创新中心。南部地区依托北京经济技术开发区，推动丰台、大兴、房山等区打造先进智造产业带。丰台区加快构建轨道交通、航空航天等特色产业体系，打造具有全球影响力的轨道交通创新中心和航空航天创新中心；大兴区重点发展医药健康产业，培育壮大氢能、商业航天等领域；房山区重点发展智能制造与装备、前沿新材料、智能网联汽车等产业，培育发展氢能、医药健康等领域。

此外，在京津冀产业协同范围内，充分发挥以北京为核心的辐射带动作用，引领在高端装备制造、智能网联汽车、数字资源等方面的优势。依托北京向外 50 公里环京周边地区打造环京产研一体化圈层促进科技创新和高端制造产业链配套，依托北京向外 100 公里到雄安、天津，打造京津雄产业功能互补圈层，依托北京向外 150 公里到保定、唐山、张家口、承德、沧州等城市，打造节点城市产业配套圈层构筑产业配套圈，形成产业链创新链区域联动，加速赋能环京地区传统产业转型升级，推动环京地区协同发展。

三、推进举措

一是强化顶层设计，构建产业集群发展蓝图。北京市积极绘制高质量发展蓝图，已经为各区划定了"十四五"期间高精尖产业发展布局，积极推动城市副中心"两区"建设。加速落地一批投资 10 亿元以上的重大项目。

二是促进资源要素汇聚，拓展产业集群发展自由度。在金融政策上，支持外资金融机构参加人民币国际投贷资金、外汇管理便利化等试点；在土地政策上，探索推进产业链供地，打造产业集群；在人才政策上，对境外人才发生的医疗费用，开展区内医院与国际保险实时结算试点；在科技政策上，开展赋予科研人员职务科技成果所有权或长期使用权试点，探索形成市场化赋权、成果评价、收益分配等制度。

三是加快数字经济赋能，打造产业集群数字化生态。北京划定了全球数字经济标杆城市的目标，计划在"十四五"时期，建设开放互联的国际数据枢纽，聚焦培育数据驱动的未来产业，计划北京数字经济增加值年均增长达到 7.5%左右；力争到 2025 年，数字经济规模占全市经济总量达到 60%以上，数字经济发展居全国甚至国际领先地位。

第十二章

上海市

第一节　2022 年装备工业发展概况

上海装备工业产业规模持续增长，诞生于上海的重大技术装备表现亮眼，装备制造业和数字化深度融合不断深化，进程不断加快。

（一）产业规模持续增长

2022 年，上海装备制造业完成工业总产值 24201.48 亿元，同比增长 2.4%，高于全市工业增速 3.5 个百分点。其中，汽车制造业增速最高，同比增长 9.3%。电气机械和器材制造业，铁路、船舶、航空航天和其他运输设备制造业，仪器仪表制造业，专用设备制造业，计算机、通信，其他电子设备制造业分别增长 9.3%、4.5%、2.3%、2.0%、1.9%、1.7%。

高端装备制造业是《上海市先进制造业发展"十四五"规划》提出的六大重点产业之一。2022 年，上海高端装备制造业产值达 6127 亿元，占工业总产值的 15%，其中工业机器人和智能制造装备产品等产业规模突破 1000 亿元，同比增长超过 10%。工业机器人产值近 250 亿元，产量近 8 万台，约占全国总量的 20%，多年稳居全国首位。

（二）国之重器亮点纷呈

诞生于上海的国之重器，继续书写传奇：国产 C919 大型客机研制成功获得型号合格证，并正式交付用户，中国人的大飞机梦想得以实现。ARJ21 支线客机首次进入海外市场，实现了国产民航飞机在国际市场的突破。国产大型邮轮在中国船舶集团上海外高桥造船有限公司正式开工建造，国产大型邮轮进入批量建造新阶段，中国船舶工业迈入了"双轮"建造时代。国产首艘大型邮轮实现首台主发电机动车重大节点，第五代"长恒系列"17.4万立方米大型LNG运输船开工建造。梦天实验舱成功发射，载人航天"三步走"发展战略迈出重要一步。

（三）数实融合程度不断提升

传统的制造业存在复杂的组织架构和流程，存在大量的鸿沟和竖井，数字化业务进展困难重重。2022年，上海加速推进数字经济和实体经济深度融合。深化产业数字化转型，释放"数实融合"对经济发展的放大、叠加、倍增作用。

从政策支持看，上海积极推进高端装备产业数字化转型。上海提出重点加强5G、工业互联网、数字孪生、VR/AR等数字化技术赋能。2022年，上海制定《上海市制造业数字化转型实施方案》，全力促进本市制造业数字化转型革新与重塑发展。

从企业探索看，上海装备制造企业积极开展了卓有成效的数字化转型实践，积极探索数实融合发展新路径。例如，上海电气集团各业务单元在能源装备、工业装备、集成服务领域积累了大量数字化转型实践经验，从生产制造、经营管理、企业决策等流程积极探索数字化转型。在生产制造方面，以数字化技术提升制造环节的数字化水平，降低人力成本，提高数据采集等自动化程度，整体实现设备生产制造效率的提升。在经营管理方面，通过数字化提升企业的管理水平，使管理流程更加简洁、易懂，提高管理效率，降低管理成本，使得企业上下游的管理可以更好地协同。在企业决策方面，基于大数据等数字化技术支撑，实现基于数据的决策分析，对数据的价值进一步利用，帮助企业进行更加科学的决策。在产业上下游方面，通过数字化实现与供应商、客户等上下游的互动，保证企业与供应商和客户之间的及时响应和透明化，为采购渠道、销售渠道的建立奠定基础，形成增值服务。

第二节　相关政策举措

上海市出台一系列政策，来积极推动装备制造业的发展，为上海装

备制造业发展营造良好的政策环境。

上海市同时也出台了一系列针对高端装备制造业发展的政策文件（见表 12-1）。从 2017 年出台的《上海促进高端装备制造业发展"十三五"规划》，到 2022 年出台的《上海市制造业数字化转型实施方案》。大量的政策出台推动了上海装备制造业的快速发展。

表 12-1　上海市针对高端装备制造业发展的政策文件

时间	文件名称	主要内容
2022 年 10 月	《上海市制造业数字化转型实施方案》	聚焦"3+6"新型产业体系，以新一代信息技术与制造业深度融合为主线，通过数字化赋能企业组织模式、业务方式与就业范式创新变革，提升产业链供应链竞争力和韧性，促进大中小型企业融通发展，形成"链主"平台、智能工厂、超级场景、创新生态"四位一体"的制造业数字化转型发展体系，为持续打响"上海制造"品牌、推动实体经济高质量发展注入强劲动能
2021 年 12 月	《上海市高端装备产业发展"十四五"规划》	展现了上海坚定发展高端装备产业"高端引领、数字驱动"的发展思路。在"高端引领"方面，本规划明确制定了 7000 亿元的产业规模目标，以及"7+X"重点发展领域。"7"包括智能制造装备、航空航天装备、船舶海工装备、高端能源装备四大优势装备产业，以及节能环保装备、医疗装备、微电子装备三大重点装备产业。"X"则是指轨道交通、工程机械、农机装备、应急装备、高端电梯、先进泵阀等其他基础装备领域。"数字驱动"主要体现在装备数字化和生产数字化两方面。对于装备数字化，本规划将推动新一代人工智能技术与高端装备融合发展，加快深度学习、人机交互、语义识别等技术在工业场景的落地；对于生产数字化，重点加强 5G、工业互联网、数字孪生、VR/AR 等数字化技术赋能，将培育 15 家以上年营业收入达 10 亿级、具备行业一流水平的系统集成商
2021 年 7 月	《上海市先进制造业发展"十四五"规划》	推动制造业向服务延伸发展，提升电子信息、生命健康、汽车、高端装备、先进材料、时尚消费品六大重点产业对全市经济发展的支撑作用。 加强人工智能、工业互联网等新一代信息技术与高端装备的融合发展，提升产品智能化与生产智慧化水平，鼓励装备制造企业进一步开放智能制造应用场景，建设智能产线、智能车间、智能工厂，持续加强装备首台突破的政策支持，着力打造具有全球影响力的高端装备制造基地

时间	文件名称	主要内容
2020年4月	《上海市经济信息化委关于开展2020年度上海市高端智能装备首台突破专项申报工作的通知》	对首台突破项目，采取无偿资助方式，每个项目支持比例不超过首台装备销售合同金额的30%。对被评为国际首台装备的项目，按合同金额的20%~30%比例进行支持，支持金额不超过3000万元；对被评为国内首台装备的项目，按合同金额的10%比例进行支持，支持金额不超过1000万元
2020年3月	《国务院关于加快推进农业机械化和农机装备产业转型升级的实施意见》	到2025年，农机装备结构科学合理，主要农作物耕种收综合机械化率达到98%以上，蔬菜生产"机器换人"初步实现，设施菜田绿叶菜生产机械化水平达到60%
2019年7月	《上海市智能制造行动计划（2019—2021年）》	实施"产业创新突破、重点行业应用、平台载体提升、区域协同发展、新兴技术赋能、跨界融合创新"六大行动，到2021年，将上海打造成为全国智能制造应用高地、核心技术策源地和系统解决方案输出地，推动长三角智能制造协同发展
2018年5月	《全力打响"上海制造"品牌加快迈向全球卓越制造基地三年行动计划（2018—2020年）》	以龙头企业为引领，建设20个工业互联网平台，争取3家左右制造企业进入世界500强；做大"独角兽"企业，使上海制造创新力更强
2017年2月	《上海促进高端装备制造业发展"十三五"规划》	2020年，开发一批标志新给、带动性强的重点产品和装备，突破一批关键技术和核心部件，实现一批高端装备的工程化、产业化应用，力争把上海高端装备制造业打造成为对接国家"一带一路"倡议的国际装备产能合作主力军

第三节　典型园区和集群情况

上海一直致力于推动装备制造业的发展，装备制造业形成了典型的装备产业园区和产业集群，例如，张江高科技园区、宝山汽车产业园区、国际航运产业园等，聚集装备制造创新资源、培育新兴产业，持续推动上海装备制造业的快速发展。

一、张江科学城

（一）发展概况

张江科学城前身为张江高科技园区，成立于1997年，同年7月成为第一批国家级新区，面积约2826公顷（28.26平方千米）。2017年，张江高科技园区升级为张江科学城。园区内拥有众多的研发机构和创新企业，为装备制造业提供了良好的创新环境和支持。目前，张江科学城汇聚企业 24000 多家、跨国公司地区总部 58 家、高新技术企业 828 家，初步形成了以信息技术、生物医药为重点的主导产业，聚集了中芯国际、华虹宏力、上海兆芯、罗氏制药、微创医疗、和记黄埔、华领医药等一批国际知名科技企业。拥有国家、市级研发机构 150 余家，国家、市、区级研发机构 440 家，上海光源、国家蛋白质科学研究（上海）设施、上海超级计算中心、张江药谷公共服务平台等一批重大科研平台，以及上海科技大学、中国科学院上海高等研究院、中国科技大学上海研究院、上海飞机设计研究院、上海中医药大学、李政道研究所、张江复旦国际创新中心、上海交通大学张江科学园等近 20 家高校和科研院所。现有从业人员逾 40 万人，其中博士 6200 余人。

（二）主要特点

张江科学城以集聚高科技企业为主，覆盖了生物医药、信息技术和先进制造等多个领域，位于张江科学城核心区域的张江机器人谷以机器人产业研发创新为主要功能。其核心产业为高端医疗机器人、特色工业机器人和智能服务机器人，同时研发机器人关键零部件、机器人关键控制软件。当前，张江机器人谷内已入驻 ABB 微创手术机器人、傅里叶康复机器人、钛米消毒机器人、擎刚特种机器人、拓攻无人机等国内外150 家机器人细分领域头部企业，并与上海交通大学、哈尔滨工业大学、华东理工大学等高校共同打造了联合实验室。

（三）推进举措

1. 不断丰富科创生态环境

100 家专业孵化器相继在张江落地，包括蔡伦 1690、Vπ 等在内的 9 个创业工坊为创新创业者提供发展的平台；"投贷孵学"功能复合的科创服务平台与张江企业共同成长；100 多个项目获得投资，科博达等 18 个项目在海内外资本市场上市；投资基金 48 支，投资金额 30 亿元，返投倍数约 3 倍，投资"生态圈"不断扩大。

2. 大力推进政策改革创新

张江不断深化体制机制改革，加强政策制度创新，探索了一套符合科技创新和产业变革的制度体系。率先践行全面创新改革试验，颁发了首张外国人永久居留身份证；率先试点药品上市许可持有人制度、医疗器械注册人制度；率先试点外籍人才口岸签证等政策。承接市、区两级下放的 121 项审批事权，推动实现"张江事、张江办结"；建设张江跨境科创监管服务中心，物品通关时间从 2～3 个工作日缩短到 6～10 小时；建立全国首个研发用特殊物品进口"白名单"制度等，从机制层面探索张江高效运行模式，带来了令人瞩目的"张江速度"。

二、上海长兴海洋装备产业园区

（一）发展概况

上海长兴海洋装备产业园区成立于 2007 年，位于崇明区长兴岛东部，园区面积 5.83 平方千米，地处长三角一体化发展交通要塞，与长兴岛南岸的船舶海工基地相邻，背靠崇明，依托浦东，距离浦东机场约 30 分钟车程，距离陆家嘴、人民广场约 45 分钟车程。土地储备充足，规划面积 713 公顷，现有成熟可出让用地 4000 亩；周边规划生产性岸线约 21 千米，周边吸引了中船重工、振华重工等国际知名企业入驻，产业集群效应凸显；长兴产业基地是本质意义上的"浦东"，正全力打造国家海洋产业的高地、军民融合的主战场、国际创新型企业的乐园与高端制造业的集聚地。

（二）主要特点

上海长兴海洋装备产业园区聚焦海洋科技研发引领、绿能智造集聚开发、协同创新融合发展、中小企业创业孵化四大发展板块，拥有临港长兴科技园、海洋科技港二期、梧桐园标准厂房、北斗海智产业园区四大总部经济平台。

上海长兴海洋装备产业园先后被评为"国家新型工业化产业示范基地（船舶与海洋工程）""国家船舶出口基地""国家中小企业公共服务示范平台""上海市品牌园区""上海国家高技术服务产业重点培育园区"

"上海市中小企业服务机构""上海市五一劳动奖章""上海市科技企业孵化器""上海市知识产权服务集聚区"。

（三）推进举措

以长兴海洋装备产业园区为重要载体，长兴岛建设了与之配套的科研产业园，聚焦产业链薄弱环节，促进创新链和产业链深度融合。同时，推进临港长兴科技园等载体建设，积极引入具有较高技术含量的海洋智能装备制造和海洋研发服务、信息服务等现代服务业项目。

上海长兴海洋装备产业园区具备政策叠加优势，同时具备临港、张江、崇明三方政策的叠加效应。在营商环境方面，实现了"不出岛、即办事"。同时，园区践行"来的都是客，落地即家人"的服务理念，为企业提供保姆式服务。

第十三章

贵州省

第一节　2022年装备工业发展概况

2022 年，面对供给冲击、需求收缩等因素影响，贵州省始终坚定抓产业发展，着力推进新型工业化，积极落实稳经济一揽子政策和接续政策，十大工业产业规模持续扩大。市场主体稳步攀升，就业规模总体稳定，效益水平不断提升，以高质量的产业发展推动全省工业生产平稳运行。

产业规模持续扩大，9 个工业产业产值超千亿元。 2022 年，贵州省十大工业产业合计完成总产值 1.44 万亿元。其中，现代能源、大数据电子信息、基础材料、现代化工、航空航天及装备制造、酱香白酒、健康医药、新型建材、新能源汽车及电池材料 9 个产业产值突破千亿元，总产值分别为 3337.4 亿元、1997.2 亿元、1615.8 亿元、1517.9 亿元、1514.4 亿元、1402.6 亿元、1210.8 亿元、1165.3 亿元、1063.2 亿元。从产值结构看，工业行业产值巨大，达到 1.25 万亿元，占据十大工业产业总产值的 86.8%；其他关联行业的总产值约为 0.19 万亿元，占十大工业产业总产值的 13.2%。

市场主体稳步攀升，企业总数不断增长。 2022 年，贵州省十大工业产业企业数超 5000 家，其中规模以上工业企业 4747 家，关联产业 304 家，较第三季度末增加 53 家，年产值超 10 亿元以上的单位有 180 家。十大工业产业中，新型建材、生态食品、现代能源、航空航天及装备制造 4 个产业的企业数超过 500 家，分别为 1420 家、795 家、726 家、673 家，合计占比 66.8%。其他产业企业数分别为：健康医药 468 个、现代化工 467 个、基础材料 327 个、大数据电子信息 238 个、酱香白酒 175 个、新能源汽车及电池材料 122 个，企业培育增长效果显著。

营业收入平稳增长，8 个产业营业收入突破千亿元。2022 年，全省十大工业产业合计实现营业收入 1.3 万亿元。其中，装备工业行业占据绝大比例，实现营业收入 1.15 万亿元，约占十大工业产业总营收的 88.5%；其他关联行业实现营业收入 0.15 万亿元，约占十大工业产业营业收入的 11.5%。从十大产业详细营业收入情况来看，现代能源、大数据电子信息、基础材料、现代化工、航空航天及装备制造、酱香白酒、新能源汽车及电池材料、新型建材、健康医药、生态食品分别实现营业收入 0.3 万亿元、0.2 万亿元、0.15 万亿元、0.15 万亿元、0.14 万亿元、0.13 亿元、0.11 万亿元、0.11 万亿元、0.08 万亿元、0.08 万亿元。

盈利水平不断提升，白酒产业利润持续向好。2022 年，贵州省工业行业实现利润总额 1355.46 万亿元，约占十大工业产业利润总额的 96.2%；其他行业实现利润总额 53.6 亿元，约占十大工业产业利润总额的 3.8%。十大工业产业中有 9 个产业实现盈利，其中利润最高的产业是酱香白酒产业，占十大工业产业利润总额的 65%；其他 9 个产业总利润占十大工业产业利润总额的 35%。

航空、医药产业提速加快，税金保持稳定增长。2022 年，贵州省工业行业实现税金 705 亿元，约占十大工业产业税金总额的 98.5%；其他行业完成税金 10.7 亿元，约占十大工业产业税金总额的 1.5%。其中，白酒产业完成税金占十大工业产业税金总额的 48.4%，占比近一半；现代能源、现代化工、健康医药、新型建材、航空航天及装备制造、基础材料、大数据电子信息、新能源汽车及电池材料、生态食品 9 个产业合计完成税金占十大工业产业税金总额的 51.6%，其中航空航天及装备制造、健康医药产业完成税金分别较第三季度末增长 10.87 亿元和 10.85 亿元。

第二节 相关政策举措

出台政策加快工业质量提升，推进新一代技术与制造业加速融合。2022年，贵州省根据《工业和信息化部办公厅关于做好2022年工业质量提升和品牌建设工作的通知》有关要求，结合贵州省实际，制定了《贵州省2022年工业质量提升和品牌建设工作计划》（以下简称《计划》）。《计划》围绕在生物医药、新材料、装备制造、新能源等重点行业，引导制造业企业加速数字化、智能化和绿色化转型，推动5G、人工智能、大数据等新一代信息技术与质量管理融合。

支持企业利用先进管理工具和质量技术，提升产品质量和管理水平。贵州省深入开展工业企业全国"质量标杆"经验交流活动，通过"学标杆、做标杆、超标杆"的比学赶超，推动贵州省工业企业应用先进质量管理方法，提炼具有贵州特色的管理经验和方法，申报全国"质量标杆"。聚焦贵州优势工业产业，推动实施"筑基工程"和"倍增计划"。加强关键基础材料、基础工艺攻关，提高核心基础零部件、核心基础元器件的可靠性水平，促进整机装备可靠性关键指标提升。支持专业机构开展可靠性技术研究和联合攻关。总结形成一批可靠性解决方案并加以推广，提高重点行业可靠性管理水平。抓好工业企业质量效益和品牌培育成熟度诊断。2022年重点围绕贵州省大数据电子信息、现代化工、基础材料行业，选择具有代表性的30家骨干工业企业开展诊断活动。通过活动，以问题为导向，帮助工业企业识别、改进质量管理和品牌培育过程中的短板，指导工业企业制定"一企一策"解决方案并实施，不断提升质量管理和品牌培育的有效性，提升制造业关键过程质量控制能力。

加快推动装备行业智能化、数字化转型。加快航空发动机、无人机产业发展，培育以微特电机、精密铸锻件为代表的先进基础零部件和高精密结构件产业。推动先进装备制造业和新能源汽车产业数字化转型升级项目建设，做好智能制造标准应用试点工作，促进智能制造的应用和推广。以数字产业化为主攻方向，在数字经济持续快速增长的基础上，加快电子信息制造业能力升级和产品换代。开展新一轮两化融合行动，引导企业两化融合管理体系贯标。推进新一代信息技术与制造业融合，促进人工智能与实体经济深度融合。

第三节　典型园区和集群情况

一、发展概况

贵阳贵安电子信息制造业集群加速向千亿集群迈进。从 2015 年开始，贵阳就大力发展电子信息制造业集群。在以"互联网+时代的数据安全与发展"为主题的首届数博会成功举办之后，贵阳这座西部城市开启与世界的"数据对话"。2023 年，全球大数据领域精英、领军企业及重要机构将再次聚集贵阳，共同向数字经济蓝海不懈进发。9 年的时间，贵阳电子信息集群迎来巨大发展，大量优质项目实现落地、集聚、发展壮大。

贵阳发展电子信息制造集群起步早。早在 2014 年，贵阳就率先举起发展大数据的大旗。2015 年，习近平总书记在贵阳市考察大数据应用展示中心时，贵州以发展大数据作为突破口推动经济社会发展的探索便给总书记留下了深刻印象，总书记指出贵州发展大数据确实有道理。2021 年年初，习近平总书记到贵州视察，对贵州大数据发展给予了充分肯定，指示贵州要在实施数字经济战略上抢新机。2022 年，贵阳贵安电子信息制造业全年完成工业总产值 385 亿元，同比增长 27.4%，数字经济增加值占 GDP 的比重达到 49.2%，加速向千亿级产业集群迈进。以华为云为龙头的"云服务"首位产业发展成效显著。贵阳贵安通过实施"软件再出发"行动，突出抓好"一主两特"，做大基础软件、工业软件、嵌入式软件、应用软件。2022 年，以华为云为龙头的"云服务"首位产业实现营业收入 540 亿元，同比增长 166.5%。当前的贵阳贵安，正聚力发展数字产业，奋力打造千亿级产业集群，在实施数字经济战略上抢新机。

二、主要特点

电子信息制造业加速由中低端向中高端迈进，智能化、数字化不断取得新进展。贵阳贵安聚焦"芯""件""板""机""器"五大方向，以贵州云上鲲鹏科技有限公司为代表，联合推动航天电器、振华新云、振华云科、顺络迅达等一批重点企业快速发展。作为全世界聚集超大型数据中心最多的地区之一，贵阳贵安欲打造 3 个千亿级产业集群的宏伟蓝图逐渐显现，一是以项目驱动加快打造千亿级投资规模数据中心产业集群；二是以龙头企业引领加快打造千亿级电子信息制造业集群；三是以产业生态引领软件和信息技术服务产业集群发展。

贵阳加速抢占数字化新机遇。贵阳贵安把数字经济作为第一动能，抓紧建设 3 个千亿级产业集群，以"数字活市"助力"强省会"行动，为全省数字经济发展贡献省会力量。当前，贵阳正围绕"1+7+1"重点工业产业，动态完善并用好"两图两库两池"，认真做好产业细分，更加突出央企、数字经济、新能源动力电池及材料、高技术企业等重点领域，重点发挥驻外办事处的"桥头堡"作用，带动引进一批优质产业项目。从建设首个国家级大数据综合试验区，到建设首个数字经济发展创新区，贵州大数据声名远扬，营商环境品牌日渐优化，服务理念深入人心，贵阳贵安打好一系列"组合拳"，进一步提振了投资者的发展信心。

三、推进举措

贵阳开启"走出去"和"请进来"招商新模式。招商引资是数字经济发展的"源头活水"，也是打造千亿级产业集群的关键引擎，贵阳扎实推进企业招商引资工作。贵阳开启外出招商推介新模式，借助央企技术和投资资金优势强力招商，2022 年对接央企数、谋划项目深度、签约协议份数达历年之最，实现历史性突破。2022 年，贵阳市领导带头开展央企招商 20 余次，接洽央企 30 余家，推动央企招商项目 80 个，推动与接洽在谈的深化合作央企集团达 34 家，累计达成合作共识约 160 项；与航天科工、新兴际华、国药控股、光大环境、中车株洲所、中船国际工程、中电光谷等签订合作协议 27 份，明确投资金额 800 余亿元。

深耕产业链条，精准靶向招商。紧盯产业链，缺什么引什么，促进产业集群式发展。2022 年，贵阳新引进产业项目 1223 个，总投资额 3497.8 亿元。贵阳新引进工业项目 524 个、亿元以上项目 206 个、10 亿元以上项目 37 个、50 亿元以上项目 10 个；新引进"1+7+1"重点产

业项目 440 个，投资总额 2168.2 亿元。贵阳贵安融合发展核心区域和
"强省会"核心地带的贵阳大数据科创城于 2021 年开建，目前一幢幢高
楼已拔地而起。截至 2022 年 5 月 6 日，科创城已招商引进企业 487 家，
其中包括华为、满帮、中融信通、美的等重点企业。

第十四章

江苏省

第一节　2022 年装备工业发展概况

2022 年，面对复杂严峻的新冠疫情防控工作和多重超预期的困难挑战，江苏省把握稳中求进的工作总基调，积极应对各种不利因素冲击，装备工业经济总体呈现平稳运行态势。2022 年，全省规模以上工业中，高技术、装备制造业增加值比 2021 年分别增长 10.8%、8.5%，对规模以上工业增加值增长贡献率分别为 48.6%、85.2%，占规模以上工业比重分别为 24%、52.6%，比 2021 年均提高 1.5 个百分点。分行业看，电子、医药、汽车、电气、专用设备等装备工业增加值分别增长 6.3%、11%、14.8%、16.3%、6%。新能源、新兴材料、新一代信息技术相关产品产量增长较快，其中新能源汽车、锂离子电池、太阳能电池、工业机器人、智能手机、服务器产量增长迅速。

一、新能源和智能网联汽车

2022 年，江苏省汽车产业产销利润同步增长，全省 2500 多家规模以上汽车企业营业收入超过 9000 亿元，同比增长 12%，利润率约为 4.8%，低于全国汽车制造业整体利润水平。全年汽车产量同比增加 29%，增速高于全国水平。其中新能源汽车产销呈爆发式增长，产销同比分别增长 175% 和 179.7%，超全省汽车产销比例的 40%。

随着全国最大的动力电池生产基地落地江苏，汽车及动力电池成为江苏省工业增长新动能。2022 年，江苏省动力电池产能占全国近 40%，初步建成国内一流、世界先进的动力电池研发中心和战略性制造基地。在产业集聚方面，江苏省拥有锂电池及关键材料装备企业 160 家以上，国内动力电池市场占比排名前十位的企业中，共 8 家企业在江苏设置研发中心或产业基地。在技术创新方面，清陶、蜂巢锂电、中创新航等江苏省动力电池企业立足固态电池、电池安全封装等领域，在技术研发上取得多项突破。在车联网和智能网联汽车产业方面，江苏省相关企业集聚超 700 家，2022 年营业收入超 1600 亿元，覆盖自动驾驶软件算法、智能辅助驾驶系统、激光雷达等关键软硬件各领域。

二、生物医药

2022 年，江苏省生物医药产业实现产值超 5000 亿元，同比增长超 9%。2022 年，江苏省集聚生物医药企业 5800 多家，其中药品生产企业数量居全国第一、医疗器械生产企业数量位列全国第二。

分城市来看，苏州以"中国药谷"为发展蓝图，明确"做强两核、做大多极"的区域布局，具有苏州生物医药产业园（BioBAY）和苏州高新区国家级医疗器械科技产业园（Medpark）。两大核心园区聚焦领域各不相同。南京在生物医药产业基础良好，拥有先声药业、金陵药业、药石科技等各领域的顶尖企业。此外，泰州自启动中国医药城建设以来，已集聚 1200 多家国内外知名医药企业，医疗器械生产总值超 800 亿元。2022 年 11 月，江苏省苏州市生物医药及高端医疗器械集群和泰州市、连云港市、无锡市生物医药集群，两大生物医药集群同时入选工业和信息化部国家先进制造业集群名单，江苏生物医药产业发展加速迈入快车道。

三、工业机器人

2022 年，江苏省集聚工业机器人企业 2.8 万家以上，居全国首位，其中上市企业 47 家，南京埃斯顿自动化、南京熊猫电子装备等企业获得国家级标准认定。

分城市来看，2022 年，苏州市成功举办中国机器人产业发展大会，并正式进行中国机器人产业发展大会吴中基地、机器人产业苏州创新中心揭牌，标志着苏州将着力打造国家级人工智能应用与服务产业高地。此外，常州市作为全国最具影响力的机器人产业基地之一，拥有科技部机器人及智能装备创新型产业集群试点。同时，南京拥有埃斯顿自动化、熊猫电子装备等工业机器人领域重点企业，以及麒麟科创园机器人研发园、南京机器人研究院等研发平台和机构。

四、船舶与海洋工程装备

江苏省是我国船舶与海洋工程产业第一大省，造船完工量约占全国的 40%，占世界市场份额近两成。2022 年，江苏省共有船舶修造及海工装备企业 259 家，其中沿江大中型企业 43 家。江苏省造船完工量为 1739.7 万载重吨，比 2021 年增长 1.9%；新接订单量 1775 万载重吨，比上 2021 年下降 50.1%；手持订单量 4841.8 万载重吨，比 2021 年增长 2.3%。江苏省完工交付出口船舶占全省完工交付总量的 78.5%，新接出口船舶订单占全省新接订单总量的 94.9%，手持出口船舶占全省手持订单总量的 89.6%。

分城市来看，南通、泰州和扬州是江苏省三大造船基地，造船完工量占江苏省总量的 77.4%，新接订单量占江苏省总量的 85.9%，手持订单量占江苏省总量的 82.1%。2022 年，南通市、泰州市、扬州市海工装备和高技术船舶集群入选国家先进制造业集群名单。

第二节　相关政策举措

一、新能源和智能网联汽车

2022 年，江苏省工业和信息化厅联合江苏省动力及储能电池产业创新联盟和各企业，共同研究编制《动力电池产业智能化改造数字化转型工作指南》，进一步提高江苏锂电行业效率和品质，助力动力电池产业创新升级。

2022 年 6 月，江苏省制造强省建设领导小组印发《关于加快推进车联网和智能网联汽车高质量发展的指导意见》，提出实施车联网先导区建设"123"行动，围绕构建良好产业发展生态目标，以典型应用场景遴选、高质量发展先行区建设为重要抓手，力促政策创新、应用落地和产业发展先行，推动江苏省车联网和智能网联汽车技术创新、产业集聚、标准完善、基础设施建设和场景应用等处于全国领先地位。

针对产业集群发展，2022 年 9 月，江苏省政府发布《关于支持徐州市建设国家可持续发展议程创新示范区的若干政策》，加强徐州产业转型和竞争力攀升，支持徐州打造新能源特色产业集群、新能源汽车和非公路用车生产制造基地，为构建世界级新能源汽车产业集群奠定基础。

二、生物医药

2022 年 12 月，江苏省政府办公厅印发《江苏省生产性服务业十年倍增计划实施方案》，明确提出要加快突破生物医药、新能源等产业关键核心技术。同时，围绕苏州先进制造业产业集群，重点提升生物医药和新兴医疗器械产业的生产性服务能力，鼓励生物医药和新兴医疗器械企业向智慧医疗系统融合集成和一站式解决方案服务平台提供商转型。

2022 年，苏州市人民政府发布《苏州市生物医药产业创新集群建设实施方案》，提出创新医药、高端医疗器械、CXO（合同研发生产组织）、BT（生物技术）+IT（信息技术）融合、产业链配套、商贸供应链、医疗健康服务、其他专业服务共 8 个重点领域方向，为高水平构建具有苏州特色的生物医药产业创新集群提供行动指南。

三、工业机器人

2022 年 12 月，江苏省政府办公厅印发《江苏省生产性服务业十年倍增计划实施方案》，明确提出要积极培育智能服务机器人等人工智能创新产品和服务，支持南京国家人工智能创新应用先导区和苏州国家新一代人工智能创新发展试验区建设，加快培育全省"人工智能科技创新走廊"和产业集群。

同时，苏州市人民政府发布《苏州市培育发展机器人及数控机床产业创新集群行动计划（2022—2025 年）》，明确指出重点发展通用关节型、人机协作、仓储物流等工业机器人，并聚焦高精度减速器、新型传感器、机器人专用芯片等工业机器人关键零部件，针对集成应用及工业软件领域，重点发展工业机器人系统集成、操作系统和机器人云平台，进一步提升苏州机器人产业发展水平。

四、船舶与海洋工程装备

2022 年 3 月，江苏工业和信息化厅印发《江苏省"十四五"船舶与海洋工程装备产业发展规划》。2022 年 8 月，江苏省政府办公厅印发《关于进一步提升全省船舶与海工装备产业竞争力的若干政策措施》，提出促进船舶产业发展的 18 条政策措施，包括紧扣国家规划导向和重大战略布局、紧扣产业强链补链、紧扣创新引领、"智能化改造数字化转型"，促进全省船舶海工产业高质量发展。

针对产业强链工作，江苏省系统谋划，遴选链主企业进行培育，推进全省新能源船舶全产业链高质量发展工作，扎实开展船舶海工配套发展情况研究，编制《江苏省船舶行业智能化改造和数字化转型实施指南》，有序推进产业强链全面落实阶段重点工作。

第三节　典型园区和集群情况

苏州工业园区隶属江苏省苏州市，是中国和新加坡两国政府间的重要合作项目，于 1994 年 2 月经国务院批准设立，1994 年 5 月正式实施启动。截至 2022 年，苏州工业园区实现国家级经济技术开发区综合排名"七连冠"，是新时期"苏州精神"的集中体现。

一、发展概况

1994 年，中国和新加坡两国政府正式签署《关于合作开发建设苏州工业园区的协议》，开启了中外政府间合作建设开发区的先河。20 年后，苏州工业园区迎来转型升级的关键节点。国务院批复同意苏州工业园区等 8 个高新技术产业开发区建设苏南国家自主创新示范区，苏州工业园区被赋予"在开放创新、综合改革方面发挥试验示范作用"的使命与任务，为园区探索现代化建设路径指明了前进方向。自 2016 年起，苏州工业园区战略性布局人工智能产业，计划用 3~5 年时间，打造国内领先、国际知名的人工智能产业集聚中心，布局国家级人工智能创新中心，建设产业公共服务平台。2022 年，园区成为全国开放程度最高、发展质效最好、创新活力最强、营商环境最优的区域之一。园区实现地区生产总值 3515.6 亿元，同比增长 2.3%。园区拥有"2+3+1"特色产业体系，包括新一代信息技术、高端装备制造两大主导产业，生物医药、纳米技术应用、人工智能三大新兴产业和现代服务业。同时，园区累计吸引外资项目 5000 多个，博世、西门子、三星等 92 家世界 500 强企业投资了 150 余个项目，是国家首批"新型工业化示范基地"。

二、主要特点

产业体系"现代化"，重点发展"2+3+1"现代产业体系。苏州工业园区形成新一代信息技术、高端装备制造两大千亿级主导产业，拥有经省级认定的跨国公司地区总部及功能性机构 45 家，约占全省的 17%。同时，重点规划、引导和培育生物医药、纳米技术应用、人工智能三大新兴产业，前瞻布局"未来产业"新赛道。2022 年，三大新兴产业总产值超过 3600 亿元，同比增长超 20%。在现代服务业高质量发展方面，园区拟打造科学研究和技术、软件和信息技术、新型贸易、金融、高端商务、文体旅 6 个服务业产业集群，实现服务业高端要素集聚和辐射。

产业生态"完善化"，产业发展覆盖工业、信息、金融等各领域。苏州工业园区每年引进科技创新项目 1000 余项，深入实施产业链"补链、强链、延链"工程。其中，生物医药作为园区发展的"一号产业"，园区相关企业超 2000 家，覆盖产业链上中下游各环节。同时，打造了中国生物技术创新大会、苏州国际生物医药产业博览会等具有国际影响力的品牌大会，推动资源要素高效对接。

园区管理"智能化"，以"互联网+"赋能园区治理。苏州工业园区全面提升政务服务水平，围绕信息化项目管理全过程，探索构建专家服务、架构治理、顾问支撑、造价评估、绩效管理、策划宣传"六位一体"服务体系，信息化支撑能力不断增强。推动人工智能场景应用，加快工业互联网建设，有效推动产业转型升级。以"互联网+"赋能综合治理，初步建成集"感知中心、研判中心、预警中心、决策中心、指挥中心"

于一体的智慧城市运行管理中心，提升园区治理数字化水平。

三、推进举措

以科技创新为引领，吸引大批科研院校和高技术人才落户园区。2022 年，苏州工业园区围绕科技自立自强，推动苏州实验室、中国科技大学苏州高等研究院、姑苏实验室等重大项目的建设。在企业"揭榜挂帅"机制的作用下，园区吸引集聚了一批生物医药、第三代半导体高层次人才和创新创业团队，加快推进关键技术攻关、科研平台建设。新招引科技项目超 1000 个，园区科技领军人才创新创业工程累计支持各类科技领军人才 2400 余名，为加快建设开放创新的世界一流高科技园区提供科技基础。

以成果转化为方向，加快世界一流高科技园区建设。苏州工业园区投入大量资金，支持园区内科研机构开展科技成果转化活动，企业、科研机构"揭榜挂帅"等活动。园区管委会制定的《关于促进园区科技成果转化的实施细则》中明确指出，在园区企业和科研机构实施技术转移、开展技术合同登记时，将给予资金奖励。同时，针对技术转移机构的发展提出政策支持和资金支持，为园区成果转化注入强心剂。

以亲商服务为招牌，以"干部敢为"支持鼓励"企业敢干"。苏州工业园区推出网格化企业服务工作机制，根据区域、企业分布划分网络，并分级建立工作框架，加强与企业的联系与沟通，主动了解企业生产经营情况，及时收集并追踪问题诉求，聚焦企业"急难愁盼"，针对性提出解决方案。同时，提高政策执行效率，简化政策申报材料和流程，最大限度地确保符合条件企业"应享尽享"，为企业发展持续赋能。经统计，2022 年，苏州工业园区存量企业数量超过 10 万家，形成了多样性、差异化且充满活力的企业生态系统。

第十五章

广东省

第一节 2022 年装备工业发展概况

一、总体规模持续扩大，细分领域领跑全国

2022 年，广东省规模以上工业完成增加值 3.95 万亿元，同比增长 1.6%。装备工业完成规模以上工业增加值 17688.03 亿元，比 2021 年增长 3.5%，占规模以上工业增加值比重的 44.78%。其中，汽车制造业增长 20.8%，电气机械和器材制造业增长 2.8%，计算机、通信和其他电子设备制造业增长 1.1%。整体来看，装备制造是广东省的支柱产业之一，机器人、新能源汽车、高端装备制造等细分领域领跑全国。

二、创新能力居于全国前列，人才培育体系持续完善

广东省区域创新能力继续保持全国领先，连续 6 年排名第一，基本达到创新型地区水平。2022 年，广东省全省研发经费支出约 4200 亿元，占地区生产总值的比重达 3.26%。国家级高新技术企业总量超 5 万家，位居全国第一；营业收入 5 亿元以上工业企业全部设立研发机构，拥有 4 家国家级制造业创新中心和 40 家省级制造业创新中心。知识产权综合发展指数连续 10 年领跑全国，全省发明专利有效量达 53.92 万件，高价值发明专利有效量 26.07 万件，累计 PCT 国际专利申请量 25.76 万件，均为全国第一。此外，广东省正逐步加强装备制造业专业技能人才培养，通过鼓励省内高校、职业院校开设装备制造相关专业，扩大各层

次专业人才培养的规模，为广东省装备工业提供了大量高层次专业人才。

三、装备工业高端化、智能化转型成效显著

广东作为中国制造业大省，正加速推动装备制造业高端化、智能化、数字化发展。经过多年积累，广东省在数控机床、海洋工程装备、航空装备等高端装备制造方面取得较大的进步。在高端数控机床、高技术船舶与海洋工程装备、卫星及应用、轨道交通装备、高端医疗装备、新能源装备及关键制造装备、关键配套基础件等行业领域，加强重点攻关产品，引导企业开展首台（套）装备攻关，突破关键技术瓶颈，补齐高端装备产业集群重大装备短板。此外，广东省也在持续推动装备制造业企业数字化、智能化发展水平。截至 2022 年年底，广东省已累计建成 5G 基站超 21 万座，数量居全国第一；重点推动建设工业互联网产业生态供给资源池，形成一批低成本、快部署、易运维的工业互联网应用服务产品目录。数据显示，广东省已发展 543 家"省工业互联网产业生态供给资源池"企业，累计支持和带动上万家工业企业"上云上平台"。推动 2.25 万家规模以上工业企业数字化转型。累计培育了国家智能制造试点示范项目 25 个，国家级智能制造综合标准化与新模式项目 34 个，省级智能制造试点示范项目 378 个，数字化发展水平位居全国第一梯队。

第二节　相关政策举措

广东省始终坚持制造业立市不动摇，2022 年陆续出台多项政策，推动装备工业高质量发展。2022 年 5 月，广东省工业和信息化厅出台《广东省工业和信息化厅关于印发 2022 年工业质量提升和品牌建设工作计划的通知》，提出在装备制造业进一步开展广东省智能制造生态合作伙伴计划系列活动，以深入发展智能制造推动区域制造业智能化转型，推动战略性产业集群培育发展。落实支持首台（套）重大技术装备研制与推广应用政策，强化获得支持的首台（套）项目的引领示范作用，带动广东省相关企业积极开展符合国家和省首台（套）目录标准的装备产品研发。2022 年 9 月，广东省工业和信息化厅发布《广东省汽车零部件产业"强链工程"实施方案》，落实《广东省发展汽车战略性支柱

产业集群行动计划（2021—2025 年）》，顺应电动化、智能化、网联化、轻量化发展趋势，加强汽车零部件产业战略布局，深入推进稳链补链强链控链，发挥产业基础优势和龙头企业带动作用，提升近地化配套能力，加快构建自主高效、安全稳定的产业链供应链体系，提高汽车零部件产业的国际竞争力，推动广东省汽车产业高质量可持续发展。2022 年 11 月，广东省出台《广东省智能网联汽车道路测试与示范应用管理办法(试行)》，针对智能网联汽车道路测试与示范应用的申请、管理、交通违法及事故处理等方面制定详细管理办法，有效规范广东省智能网联汽车道路测试与示范应用，推动汽车智能化、网联化技术应用和产业发展。

第三节　典型园区和集群情况

自 2020 年以来，广东省提出培育发展十大战略性支柱产业集群和十大战略性新兴产业集群，目前已成为广东建设制造强省的有力支撑和推进"制造业当家"的主要动力。

一、战略性支柱产业集群

战略性支柱产业集群主要为目前已具备一定产业规模且增长速度较快的产业集群，产业集群包括：新一代电子信息产业、绿色石化产业、智能家电产业、汽车产业、先进材料产业、现代轻工纺织产业、软件与信息服务产业、超高清视频显示产业、生物医药与健康产业、现代农业与食品产业，其中装备领域为汽车产业。

广东省汽车产量在 2022 年再创新高，连续 6 年保持全国第一，新能源汽车与智能网联汽车产业发展走在全国前列。2022 年，广东省汽车制造业实现工业增加值 2442.27 亿元，同比增长 20.8%，占全省规模以上工业增加值的比重达 6.2%；实现营业收入 11987.43 亿元，同比增长 25.2%，利润总额 666.51 亿元，同比增长 15.5%；实现汽车产量 415.37 万辆，同比增长 22.0%，占全国的 15.1%，创历史新高，其中，新能源汽车产量 129.73 万辆，同比增长 142.3%，占全国总产量的 17.97%；充电基础设施建设国内领先，公共充电桩保有量 38.3 万台、充电站保有量 2.17 万座，均居全国第一，换电站保有量 248 座，居全国第二。

二、战略性新兴产业集群

战略性新兴产业集群紧跟新一轮科技革命和产业变革的方向，聚焦前瞻性、战略性的新产业新业态新动能融合集群发展方向，为广东省产业发展培育未来竞争新优势。具体包括：半导体与集成电路产业、高端装备制造产业、智能机器人产业、区块链与量子信息产业、前沿新材料产业、新能源产业、激光与增材制造产业、数字创意产业、安全应急与环保产业、精密仪器设备产业，其中装备领域为高端装备制造产业、机器人产业、精密仪器设备产业、激光与增材制造产业、新能源产业。

（一）高端装备制造产业集群

高端装备制造业是以高新技术为引领，处于价值链高端和产业链核心环节，决定着整个产业链综合竞争力的战略性新兴产业，主要包括高端数控机床、海洋工程装备、航空装备、卫星及应用、轨道交通装备等重点领域。广东省大力发展高端装备制造产业，在广州、深圳、东莞、珠海、佛山、中山、江门、阳江等地初步形成产业集聚态势，培育了广州数控、广东润星、创世纪等优势企业；在轨道交通领域，形成了中集集团、招商重工、中船集团等一批龙头企业及国内领先的骨干企业。2022 年，广东省高端装备制造产业保持平稳发展，实现营业收入 3044.75 亿元，同比增长 0.6%；增加值 718.8 亿元，同比增长 0.8%；重点产品产量稳中有进。2022 年，广东省在数控机床、海洋工程装备等高端装备制造方面取得较大的进步，金属切削机床产量 8.69 万台，同比增长 5.84%，其中数控金属切削机床产量 6.69 万台，产量保持平稳；民用钢质船舶产量 82.56 万载重吨，同比增长 15.1%，为推动全省经济社会高质量发展提供了重要装备保障。

（二）机器人产业集群

广东省是国内机器人产业的重要聚集区，产业规模处于全国第一梯队。2022 年，广东省机器人产业集群营业收入 616.4 亿元，同比增长 15.4%；实现增加值 111.4 亿元，同比增长 12.1%。工业机器人累计年产量 16.57 万台（套），占全国产量的 41.2%，同比增长 2.1%，连续三年稳居全国第一。已培育了一批国内先进的自主品牌本体、关键零部件及系统集成企业。在工业机器人方面，产量和市场需求居国内首位，并形成了较为完整的产业链，部分技术实现突破并实现国产化替代。在服务机器人方面，在教育娱乐、医疗康复、家政服务等领域已研制出一系列国内领先水平产品。受新冠疫情影响，服务机器人 2022 年产量同比下降 28.2%；在民用无人机（船）方面，企业和技术处于国际领先水平，2022 年产量同比增长 30.6%，延续良好增长势头，其中消费级无人机占全球 70% 以上市场份额，全球排名第一；在特种机器人方面，部分企业在公共安全、抢险救援、线路巡检等研发制造上具备领先优势。

（三）精密仪器设备产业集群

广东省已初步构建了产品门类品种比较齐全、具有一定生产规模和研发应用能力的产业体系，形成以广州、深圳、珠海、佛山、东莞、中山为主的产业发展格局。2021 年，广东省精密仪器设备产业集群规模稳步扩大，规模以上企业共计 1286 家，完成营业收入 1947.18 亿元，实现增加值 529.87 亿元。骨干企业群体不断壮大，高新技术企业共计 1769 家、上市企业共计 57 家、19 家企业入选工业和信息化部专精特新"小巨人"名单、7 家入选"制造业单项冠军"。2021 年，全国最受资本青睐的精密仪器设备上市企业中，广东省上榜企业（禾信仪器、华大基因、理邦仪器、迈瑞医疗、优利德、华盛昌 6 家）数量全国第一。重点领域产品科技含量不断提高，质量与可靠性水平稳步提升，形成多个细分领域优势，工业 CT 检测仪器、频谱类仪器、信号发生仪器、通信测量仪器、近红外光谱仪、基因测序仪等产品处于国内领先水平。产业外贸形势良好，广东省精密仪器设备产业 2022 年出口总额居全国第一。

（四）激光与增材制造产业集群

广东省是国内最大的激光与增材制造产业集聚区，产业规模、企业数量、有效专利量等均居全国首位。2022 年，广东省激光与增材制造产业主营收入超过亿元，占全国的 30% 以上，居全国首位。目前，广东省激光与增材制造产业已形成覆盖关键材料、器件/软件、装备系统、应用与技术服务等上中下游各环节协同发展的全流程产业链，在装备与应用等中下游产业链方面广东省具有全国领先优势。同时，涌现出光库科技、大族激光、杰普特、英诺激光、联赢激光、宏石激光、利元亨、中望龙腾、光韵达、迈普医学、瑞通生物、家鸿口腔、珠海格力等重点企业，已成为全国激光与增材制造企业聚集高地。

（五）新能源产业集群

广东省在氢能、储能、核能等领域不断巩固优势地位，持续领跑全国，截至 2021 年年底，全省新能源发电装机规模 7435 万千瓦，同比增长 22%，其中核电、气电装机居全国第一，海上风电装机居全国第二。建成 LNG 接收站及储气设施 6 座、充电站 4200 座、充电桩 17.3 万个、加氢站 42 座（充电设施保有量、加氢站数量居全国第一）。此外，新能源产业集群坚持技术创新引领，产业链与创新链融合发展水平逐步提升，据统计，集群中国家级创新资源共 11 个，包括国家重点实验室 2 个、国家工程研究中心 2 个、国家大科学装置 4 个、国家创新基地 1 个、国家质检中心 1 个、国家科技企业孵化器 1 个；省级创新资源共 23 个，包括省级重点实验室 19 个、省级制造业创新中心 2 个、省级工程实验室 1 个、省级新型科研机构 1 个。风电、氢能、储能等产业链完整，区域分工差异化协同发展，产业布局逐渐清晰，新能源优质企业队伍不断壮大，省内新能源企业实力不断增强，据不完全统计，已有上市企业 52 家、国家级制造业单项冠军 10 家、专精特新"小巨人"19 家、高新技术企业 419 家、上榜中国 500 强企业 6 家、获得省级以上质量奖企业 5 家、获评省级专精特新企业 83 家。

第十六章

福建省

第一节　2022 年装备工业发展概况

　　福建省高度重视装备工业发展，补短板、谋创新、促转型，龙头企业先行，带动全行业稳健发展，不断筑牢制造根基。2022 年年底，福建省机械装备行业共有规模以上企业 4434 家，其中大型企业 474 家，总资产 12379.3 亿元，从业人员 77.9 万人，拥有一批优势特色产品和优势产业，是全国主要的新能源汽车动力电池基地、工程机械制造基地、大中型客车制造基地、大型商用飞机维修基地、船舶修造基地及中小型电机制造基地等。2022 年，福建省机械装备规模以上工业增加值增长 16.7%，高于全省工业 11 个百分点，对全省工业增加值增长的贡献率为 48.7%；销售产值和出口交货值分别同比增长 15.1%、27.5%。实现营业收入 12832.8 亿元，同比增长 18.4%；利润总额 914.8 亿元，同比增长 29.1%。

第二节　相关政策举措

一、推动电动福建再加速

　　2022 年 4 月，福建省政府办公厅印发《福建省新能源汽车产业发展规划（2022—2025 年）》，协调推动省内 3 家新能源车企引进战略合作者。新能源汽车、动力电池产销规模不断扩大，全年省内新能源汽车产量 9.8 万辆，同比增长 43.7%。全省动力电池出货量 226GW·h（2021 年宁德时代 125GW·h、中创新航 1GW·h），同比增长 79.4%，其中宁德时代省内生产基地动力电池出货量 208GW·h，同比增长 66%，产值 1666 亿元，同比增长 68%。动力电池国内市场占有率为 48%，全球市场占有率为 37%，出货量自 2017 年以来，连续 6 年保持全球第一。2022 年全省推广新能源汽车 16.0 万辆，折合标准车 18.7 万辆，同比增长 74.8%，新能源汽车渗透率（新能源汽车在新注册上牌汽车中的比例）达到 25.9%，高于全国平均水平（全国为 25.6%）。

二、电动船舶产业成新特色

2022 年 4 月，福建省工业和信息化厅和福建省财政厅联合印发《2022 年福建省电动船舶产业发展试点示范实施方案》，在全国率先提出全产业链支持政策。2022 年 9 月，工业和信息化部等五部委发布《关于加快内河船舶绿色智能发展的实施意见》，将福建列入内河船舶绿色智能发展先行先试地区，将闽江列为示范应用流域，为福建省电动船舶产业的发展带来全新机遇。全省首艘电动推进货船"武夷 2 号"、闽江首座电动船舶公共充电站、全省电动船舶信息管理平台顺利投用标志着闽江流域首个电动船舶示范应用场景开启先行先试，有力推进闽江绿色航运发展。为加快海上风电和深海养殖装备的发展，下线亚洲最大 13.6MW 海上风电机组，全省首个深海智慧渔旅平台"闽投 1 号"落户连江定海湾。

三、培育海上风电装备和深海养殖装备成新增长点

福建省支持福州、漳州等地持续打造风电产业园，有效提升大型海上风电装备批量生产能力；支持三峡集团等单位开展大容量海上风电机组技术研究，目前亚洲最大 13.6MW 海上风电机组于 2022 年 10 月在三峡产业园下线。推动加大深海养殖装备研发力度，全省首个深海智慧渔旅平台"闽投 1 号"落户连江定海湾，"乾动 1 号"已完工、"乾动 2 号"已上船台，另有 4 台闽投系列深海养殖装备正准备建造。

四、促进智能制造和重大技术装备向广深发展

福建省制定《2022 年全省智能制造发展工作要点》，征集发布省智

能制造试点示范重点项目 90 个。推动中国智能制造系统解决方案供应商联盟在福建省设立分盟；制定省级智能制造诊断服务工作规则，遴选重点智能制造解决方案供应商 7 家；完成诊断智能制造诊断服务企业 52 家。推荐 3 个项目申报并列入国家首台（套）保险补偿项目名单；常态化开展首台（套）重大技术装备目录申报工作，编制《2022 年省首台（套）重大技术装备推广应用指导目录》238 项，认定首台（套）重大技术装备 35 台（套）。全省 7 家工厂列入国家智能制造示范工厂揭榜单位，入选数居全国第一；18 家企业的 31 个场景列入国家智能制造优秀场景，入选数居全国第二。

第三节　典型园区和集群情况

一、发展概况

近年来，福建省立足优势特色和产业基础，以龙头企业带动上下游相关企业、科研平台、行业协会分工协作、协同创新，在智能制造装备业、汽车制造、电工电器制造、高技术船舶与海洋工程装备制造等领域打造形成了具有竞争优势的典型园区和产业集群，成为推动经济高质量发展的动力引擎。

二、主要特点

（一）智能制造装备业

智能制造装备主要包括智能专用设备、数控机床和工业机器人。智能专用设备主要分布在福州、泉州、龙岩、漳州等设区市，初步形成龙岩环保装备产业集聚区，泉州、福州纺织机械集聚区，漳州智能制造关键零部件集聚区等。龙岩是全国重要的环保装备生产基地之一。数控机床主要分布在漳州、泉州、厦门、莆田等设区市，已初步形成了以漳州、泉州等台资数控机床企业集聚区，其中漳州南靖闽台精密机械产业园是福建省闽台数控机床产业融合发展的重要园区，已入驻东刚精机械、大金机械、鑫宏笙机械等机床企业约 34 家，年产值 50 亿元左右。工业机器人主要分布在厦门、泉州等地，涉及机器人制造、机器人系统集成、机器人零部件制造等。

（二）汽车制造业

汽车制造业主要分布在福州、厦门、宁德、三明、龙岩、莆田、漳州等设区市，初步形成"福宁岩莆"乘用车、"厦漳"客车、"岩明"货车和专用车三大汽车产业集群。近年来，新能源汽车产业发展较快，新能源客车、动力电池、永磁电机等关键产品技术均处于全国前列，在上汽乘用车宁德基地的带动下，新能源乘用车产业加快发展。

（三）电工电器制造业

电工电器制造业主要分布在福州、厦门、宁德、南平等设区市，形成了闽东、福州电机产业集群，福州、厦门输变电及控制设备生产基地，福州、南平电线电缆生产基地，等等。宁德福安电机电器产业集群入选国家级外贸转型升级基地，也是中国首个国家级出口电机质量安全示范区。厦门成为国内水平最高的中低压输配电设备生产研发基地。厦钨永磁电机产业园建成后将大大提高福建省电机产业的技术水平。

（四）高技术船舶与海洋工程装备制造业

高技术船舶与海洋工程装备制造业主要分布在福州、厦门、宁德、漳州等设区市，形成了以马尾造船、厦船重工、东南造船等为龙头的闽江口、三都澳和厦漳湾船舶修造产业基地，以及福清三峡国际风电产业园、漳州海上风电装备制造基地的海上风电装备"一南一北"两翼发展，呈现出高技术船舶跨越发展、海上风电装备和深海养殖装备创新发展、电动船舶全产业链发展的产业新格局。

三、推进举措

（一）智能制造装备业

以福州、厦门、泉州为中心，带动全省共同发展。依托厦门航空工业区、厦门（集美）机械工业集中区、闽江口船舶集中区、泉州台商投资区、泉州经济技术开发区、晋江经济开发区、南安经济开发区、南安滨江机械装备制造基地、洛江经济开发区、莆田高新区、三明高新区、龙岩经济技术开发区、闽台（南靖）精密机械产业园等产业集中区，支持壮大嘉泰数控、威诺数控、太古、龙净环保、上润精密仪器、厦船重工、马尾造船、厦工、龙工等企业，重点发展数控机床、工业机器人、环保设备、橡塑机械、工程机械、航空维修等产品。

（二）汽车制造业

闽东北协同发展区以福州、莆田、宁德汽车及配套零部件生产基地为重点，依托福州闽侯青口汽车工业园区、莆田涵江高新区、宁德蕉城三屿工业区、南平高新技术产业园区等产业集中区，支持壮大东南汽车、奔驰、云度、上汽集团（宁德）、福耀玻璃、万润新能源、宁德时代电机等企业，重点发展乘用汽车及零部件等产品。

闽西南协同发展区以厦门为中心，推动泉州、漳州、三明、龙岩等地区协同发展，依托厦门（集美）机械工业集中区、龙岩经济技术开发区、三明埔岭汽车工业园等产业集中区，支持壮大金龙客车、金旅客车、海西汽车、龙马环卫、正兴车轮等企业，重点发展商用汽车及零部件、专用车等产品。

（三）电工电器制造业

闽东北协同发展区以宁德电机电器产业基地、福州输配电及控制设备制造基地和南平电线电缆产业基地为重点，依托福安工业经济开发区、漳湾工业集中区、政和机电产业园等产业集中区，支持壮大太阳电缆、天宇电气、中能电气、安波电机、亚南电机等企业，重点发展电力装备、电机、电线电缆、照明灯具等产品。

闽西南协同发展区以厦门输配电及控制设备制造基地和漳州、泉州电工电器产业基地为重点，依托厦门火炬高新区、漳州台商投资区等产业集中区，支持壮大 ABB、施耐德、中骏电气、麦迪电气等企业，重点发展输配电设备、电力器具等产品。

（四）高技术船舶与海洋工程装备制造业

支持开展电动船舶示范应用，对制造电动船舶及开展电池租赁业务、充电设施建设的企业，以及申报产学研协同创新专项的电动船舶示范项目，将予以资金奖励或政策支持。建设国内领先的电动船舶研发制造基地，打造 10 个以上电动船舶示范项目。持续培育闽江口、三都澳、罗源湾、湄洲湾、厦漳湾等产业基地，发展壮大高技术船舶与海洋工程装备产业集群。发展深海采矿船、汽车滚装船、邮轮游艇、电动船舶、新型高性能远洋渔船等高技术船舶产品。发展用于海底采矿、水下打捞、海上救援、海道测量、港口航道施工、深水勘察、海工辅助、海底电缆施工等海洋重大装备。培育海上风电装备龙头企业，重点发展大容量风机、钢结构、施工运维船舶等海上风电装备产品。更新改造远洋渔船 80 艘以上，建造深海养殖装备 50 台以上。培育若干个具有较强行业影响力的船舶与海洋工程装备、风电装备龙头企业，以优势龙头企业带动产业链发展，提升竞争力，形成国内领先的产业创新体系和完善的政策保障体系。

第十七章

黑龙江省

第一节　2022年装备工业发展概况

　　经过多年的发展，黑龙江省装备制造业已具有一定规模，2022年，全省装备制造业规模以上工业企业数量近700户，产值同比增长4.9%。在先进发电装备、特种轨道交通装备、高档重型数控机床、智能机器人、海洋工程装备等细分领域拥有雄厚的产业基础和领先的技术优势，承担着国家产业安全使命和重大技术装备国产化重任。产业集群化发展步伐加快，哈尔滨、齐齐哈尔的航空航天、先进发电装备、特种轨道交通装备、高档重型数控机床，大庆、牡丹江的高端石油装备，佳木斯的防爆电机装备等已形成集群化趋势。新产品、新技术取得积极进展，关键战略领域取得重要突破，研制成功"华龙一号"为代表的第三代核电全套装备，全球功率最大、最先进的以白鹤滩为代表的百万千瓦水电机组，国家高档数控机床科技重大专项超重型数控落地铣镗床和大型复合材料筒形构件铺带机等标志性重大成果实现应用。

第二节　相关政策举措

　　一是技术创新示范政策赋能。强化企业技术创新主体地位，提升示范引领作用，组织参与技术创新示范企业认定工作，哈飞集团、哈尔滨博实、齐齐哈尔和平重工集团等23家企业被评为2022年度省级技术创新示范企业。

二是"专精特新"政策赋能。引导企业聚焦主业，走"专精特新"发展之路，组织参与"专精特新"中小型企业遴选工作，哈尔滨工大智慧、哈尔滨建成北方专用车、齐齐哈尔重型铸造等 140 余家企业被评为2022 年度省级"专精特新"中小企业。

三是数字化（智能）示范车间政策赋能。引导企业以智能制造为主攻方向，加快数字化、智能化转型升级，组织参与数字化（智能）示范车间申报工作，中国航发东安 538 车间、齐二机床马组精密车间、佳木斯电机股份电机冲片冲压车间等 12 个企业车间被评为 2022 年度省级数字化（智能）示范车间。

四是企业技术中心政策赋能。引导企业提升技术创新能力，组织参与企业技术中心认定工作，哈尔滨汽轮机厂、中国第一重型机械股份、北方双佳等 26 家企业被评为 2022 年度省级企业技术中心。

五是制造业单项冠军政策赋能。引导企业专注细分市场，进一步提升市场竞争力，组织参与制造业单项冠军认定工作，哈尔滨电机厂、哈尔滨宇龙自动化、齐重数控 4 家企业被评为 2022 年度省级制造业单项冠军企业，哈飞工业高速线材精轧机组、哈量集团齿轮量仪、佳木斯电机股份防爆电机等企业产品被评为 2022 年度省级制造业单项冠军产品。

六是绿色工厂政策赋能。以促进全产业链和产品全生命周期绿色发展为目的，以企业为建设主体，组织参与绿色制造名单申报工作，航天海鹰（哈尔滨）钛业、哈尔滨九洲集团、哈尔滨艾瑞等 11 家企业被评为 2022 年度省级绿色工厂。

七是工业设计政策赋能。积极探索和推动服务型制造发展，鼓励支持企业加快提升设计能力，向总集成总承包服务转型，组织参与工业设计中心认定工作，哈尔滨博实、中国船舶 703 所、齐二机床等 26 家企业被纳入 2022 年度省级工业设计中心（企业）培育库。

第三节　典型园区和集群情况

一、发展概况

黑龙江省依托各市（地）资源禀赋和产业特色优势，重点打造"一核两带多基地"装备产业空间布局。"一核"即哈尔滨高端装备产业核心区;"两带"即哈大齐高端装备产业带、哈牡佳高端装备产业带;"多基地"即其他市(地)根据本地资源和条件,发展特色优势产品及配套服务,打造特色产业基地,形成与核心区和产业带优势互补、错位发展的新格局。

二、主要特点

哈尔滨高端装备产业核心区发挥哈尔滨高铁动车枢纽和省会城市优势,加强与国内外高校和科研院所合作,充分吸引国内外高端装备创新团队和人才,打造国际领先的发电装备基地和全国领先的海洋工程装备基地、智能机器人基地、森林(应急救援)装备基地、节能环保装备基地、冰雪装备基地。

对于哈大齐高端装备产业带、哈牡佳高端装备产业带,哈尔滨依托产业核心区优势,释放辐射带动效能,进一步加强与周边市地合作,加快技术、资本、市场等要素集聚,发挥带动引领作用;大庆依托国家重要石油化工基地和资源型城市转型优势,打造国际先进的高端石油装备基地;齐齐哈尔依托国家老工业基地优势,打造国际领先的重型成套装备基地、高档重型数控机床基地、特种轨道交通装备基地和全国领先的冰雪装备基地;牡丹江依托地缘优势,打造北接大庆、西通吉林、东可辐射俄罗斯远东的国家级高端石油装备基地;佳木斯依托防爆电机产品在石油、化工、煤炭、制药、冶金、水利等领域的市场优势,打造全国领先的高端防爆电机基地。

三、推进举措

一是加强顶层设计规划。按照黑龙江省第十三次党代表会议报告提出的构建"4567"现代产业体系决策部署,在深入分析国际国内产业发展形势和黑龙江省产业基础、资源禀赋和比较优势的基础上,编制发布了《黑龙江省高端装备产业振兴专项行动方案(2022—2026 年)》,提出强化装备制造业战略性地位,面向国际领先水平,坚持智能制造主攻方向,以高端装备集成创新与基础支撑并重为引领,增强核心自主发展能力，提升高端装备产业核心竞争力和供给能力，积极运用新一代信息技术改造提升传统动能，推动装备制造业高端化、智能化、绿色化发展，加快构建创新引领、结构优化、安全高效、竞争力强的高端装备产业集群。

二是促进产业转型升级。鼓励企业采用先进适用新技术、新工艺、新设备、新模式实施关键环节技术改造，加快推动传统产业转型升级和新兴产业发展壮大，提升企业技术改造的积极性，对黑龙江省 52 个技术改造项目给予支持。支持智能工厂建设，强化对全省制造业数字化转型升级的示范引领作用，有效推进黑龙江省产业数字化转型升级，提升制造业核心竞争力，对黑龙江省 7 个智能工厂给予支持。支持企业研制开发首台（套）产品，对黑龙江省 46 家企业的 51 个首台（套）产品给予奖励，支持的产品技术创新性均达到国内领先水平，突破了一批技术瓶颈，填补了国内市场空白，其中中国一重、哈电集团、哈量集团、哈工大卫星激光通信、红光锅炉、齐重数控等企业的产品技术指标达到国际先进水平。通过政策激励引导，促进了制造业强链补链、产业链服务体系支撑、供应链基础建设、企业数字化赋能，以结构调整促进产业升级、推进动能转换，增强了黑龙江省产业链的自主可控能力和竞争力。

三是推进数字化智能化发展。加快工业互联网布局，重点推进工业互联网项目建设，支持黑龙江省工业互联网标志二级节点建设，实现二级节点"零突破"，带动工业企业接入超过 500 家。推动工业互联网新模式应用，加快发展数字化管理、网络化协同、智能化制造等工业互联网新模式新业态示范。2022 年，黑龙江省企业工业云平台应用率为 43.5%，同比提高 2.2 个百分点；黑龙江省企业数字化生产设备联网率为 40.6%，同比提高 59 个百分点。实施中小型企业上云行动，加速中小型企业用云上云进程，培育中小型企业数字化转型示范标杆 50 个，其中"专精特新"中小型企业 48 个。支持数字化车间建设，发挥财政资金的导向作用，对 43 个省级数字化车间兑现支持奖励，提升制造业数字化、智能化核心竞争力。

四是强化人才队伍建设。加强专业技术领军人才梯队建设，实施集"科技创新、人才培养、服务发展和成果转化"为一体的领军人才梯队建设工程，不断丰富完善建设政策措施。近 5 年共有 9 个装备制造业领军人才梯队获得基础设施资助，10 名后备带头人获得专项资助。加大博士后青年人才培养力度，积极扩大培养平台建设规模，2022 年，哈电集团佳电股份等 4 家单位新设博士后科研工作站，建龙钢铁等 11 家单位获批设立首批黑龙江省博士后创新实践基地。实施黑龙江省制造业技能根基工程，聚焦重型装备制造、冰雪装备制造、农机制造等重点领域，加大技能人才培育力度，向人力资源和社会保障部推荐 5 个国家级制造业技能根基工程培训基地候选单位，成立装备制造业"政校企"技能人才培养联盟，促进人才培养与企业需求无缝对接。

第十八章

安徽省

第一节 2022 年装备工业发展概况

一、装备工业发展态势良好

安徽省装备工业发展迅速，呈现出良好的发展态势。2022 年，安徽省装备制造业占比逐渐提升，装备制造业增加值增长 12.8%，占比由 33.8%提升至 35.2%。其中，不包含汽车、家电制造业的营业收入高达 9500 亿元，年增速达到 15%。此外，安徽省装备工业产业结构良好，持续推动装备工业向高端化发展，且已取得了显著成效。2022 年，安徽省高端装备制造业营业收入约为 4300 亿元，约占全部装备制造业的 38%。主要企业如知常光电、中联农机等揭榜国家重大短板装备，主要产品口腔 CT 机、集装箱起重机、色选机等装备在国内技术领先，市场份额位居前列。

二、装备工业领域投资持续加大，推进集群发展

2022 年，安徽省装备制造业投资持续加大，为装备工业的发展提供了强大的发展动力。据统计，2022 年，安徽省高端装备制造产业实现"双招双引"入库项目 2271 个，投资总额高达 9689 亿元。其中，通过省级专班自主招引的项目有 46 个，总投资额为 537 亿元。此外，安徽省也以合肥、芜湖为核心，构建包含马鞍山、滁州、蚌埠等六大城市为支撑，其他城市为补充的"综合+特色+专精特新"的优势互补、错位

发展的区位发展新格局，旨在通过区域间的协同作用，实现省级产业集群式发展。未来，安徽省将聚焦人工智能、集成电路等产业，构建"芯车联动"的新能源汽车和智能网联汽车的产业生态，推动装备制造业营业收入向万亿元冲刺。

三、装备工业产业核心竞争力不断增强

安徽省装备工业不仅仅在增长态势和投资规模上具有竞争优势，在核心产业上也具备发展基础与潜力。以新能源汽车为例，安徽省新能源汽车产业汇集了包括江淮、奇瑞、蔚来、大众、比亚迪等在内的多家整车企业，在 2021 年实现了 25 万辆新能源汽车的年产量突破，全国排名跃升至第五名，这表明了安徽省装备工业的发展潜力与市场前景。此外，安徽省成为全国首个获批"海峡两岸集成电路产业合作试验区"和国家首批集成电路战略性新兴产业集群，并在光伏产业设备及元器件、电子信息、平板显示等产业上具备明显优势，因此，安徽省装备工业尤其是高科技装备制造业发展势头强劲。

第二节　相关政策举措

为推动装备工业的快速发展，2022 年，安徽省先后发布了《安徽省"十四五"制造业高质量发展（制造强省建设）规划》《安徽省"十四五"智能制造发展规划》《安徽省工业领域碳达峰实施方案》《安徽省促进工业经济平稳增长行动方案》等相关政策，切实推进装备工业朝着高端化、智能化和绿色化方向发展。

一、制定优化高端装备工业发展顶层设计

为推动安徽省制造强省建设，安徽省发布《安徽省"十四五"制造业高质量发展（制造强省建设）规划》。该规划提出安徽省将以推广应用工业机器人为抓手，推动生产高效化，形成零部件企业、整机企业、成套装备企业、系统方案供应商协同发展的格局。规划进一步强调了装备工业的集聚作用，在现有的智能装备产业园的基础上鼓励引入国内外

优秀的智能装备制造企业，以加速形成产业集聚效应，着力打造出在国内具有重要影响力的全产业链机器人集群和机器人、智能装备的集成与示范应用基地。

该规划还明确了安徽省高端装备产业的发展路线，覆盖未来发展方向、发展路径及集群培育三大要点。在发展方向上，安徽省提出"十四五"期间将加大力度发展重型数控工作母机、新型焊接及热处理等基础制造装备，并积极发展轨道交通装备、工业车辆、智能电网设备、先进农业机械、高技术船舶、现代工程机械、节能环保装备等。在发展路径上，提出将加快在装备领域与 5G、工业互联网、智能控制技术应用等技术融合发展。在集群培育上，提出将依托合肥、芜湖等重点城市，形成船舶及船用装备、机床、农机、工程机械等产业链集群。

二、加强资金引导与产业支持

安徽省重视财政政策的引导撬动作用，推动装备工业向高端化、智能化、绿色化方向发展。一方面，安徽省在《关于进一步提振市场信心促进经济平稳健康运行的若干政策举措》中提出，对获得国家智能制造示范工厂、智能制造优秀场景的企业分别给予奖补 300 万元和 200 万元，对获评国家级绿色工厂、绿色供应链管理企业给予一次性奖补 100 万元。另一方面，安徽省还于 2023 年设立了专门针对高端装备工业发展的主题基金，并发布了相关的基金管理办法，如《安徽省新兴产业引导基金管理办法》《安徽省新兴产业引导基金组建方案》等。这项主题母基金的规模达到了 33.68 亿元，为工业机器人、增材制造、现代工程机械、轨道交通装备、航空航天装备等相关高端装备工业提供了重要的资金支持，有力地推动了装备工业的发展。

三、全力推进装备工业绿色化发展

为推动装备工业的绿色化发展，安徽省不仅为积极进行绿色化转型的企业提供奖励支持，还于 2022 年发布了《安徽省工业领域碳达峰实施方案》，推进装备工业进行低碳绿色技术创新和应用推广。一方面，该方案鼓励电力装备、重型机械、汽车、船舶、航空等领域绿色低碳发展需求，聚焦重点工序，加强铸造、锻压、焊接与热处理等基础制造工艺与新技术融合发展，实施智能化、绿色化改造。另一方面，该方案也持续推进抗疲劳轻量化制造等节能节材工艺的推广工作，推动装备向高性能、智能化、复合化、轻量化方向发展，以推进装备工业绿色化技术创新。

第三节　典型园区和集群情况

一、发展概况

据 2023 年中国百强产业集群报告显示，安徽省共有 7 个产业集群入围，分别是合肥新型显示产业集群、合肥智能电动汽车产业集群、合肥智能家电（居）产业集群、芜湖新能源和智能网联汽车产业集群、芜湖机器人与增材设备制造产业集群、马鞍山磁性材料产业集群、蚌埠新型高分子材料产业集群。这 7 个产业集群不仅展示了安徽省产业发展的活力和潜力，更呈现了安徽省不断推进其新兴产业朝着专业化、深度化发展的方向。其中，安徽省以其新型显示、智能电动汽车和智能家电（居）产业集群，展示了其在高新技术领域的领先地位。特别是芜湖新能源和智能网联汽车产业集群聚集了 370 家规模以上企业和 100 家规模以下企业，彰显了强大的产业发展潜力，体现了其在产业链的完整性和成熟度上的优势。芜湖的机器人与增材设备制造产业集群，经过多年发展，目前已形成全面的机器人产业链，并在 2022 年突破了 300 亿元的工业产值，这充分证明了芜湖在机器人产业领域的竞争力。

二、主要特点

（一）集聚形成完整的产业链条

安徽省已形成多条相对完整的产业链。截至 2022 年，合肥共汇集新能源汽车产业链上下游企业 120 余家。新型显示产业基地目前已集聚了超过 120 家企业，整体规模居于全国前列。此外，合肥拥有超过 846 家人工智能企业，是国内四大人工智能产业集群之一。芜湖新能源和智能网联汽车产业集群拥有完整的产业链，具有奇瑞未来工厂、比亚迪动力电池项目、孚能科技及电驱电控、车身系统等项目，涵盖从电池制造、电机生产、电控技术、芯片设计到整车生产和智能驾驶的各个环节。全面的产业链促进了区域内企业之间的密切协作和联动，优化了制造流程，有效地降低企业间的交易成本，提升了整体产业的竞争优势。

（二）拥有强大的研发实力

以合肥新型显示产业集群为例，集群中的企业在新型显示技术的研发、产能扩张上投入大量资源，推动了技术创新。这种强大的研发实力，使得合肥在全球新型显示产业中占据了重要位置，也为安徽省的科技进步和产业升级奠定了坚实基础。

（三）有利的政策环境和资源禀赋

以马鞍山磁性材料产业集群为例，该地区得天独厚的磁性材料资源为产业发展提供了重要保障。同时，安徽省以地方引导基金为指引，依靠合肥建投、兴泰控股和合肥产投三大政府引导基金平台，推动集成电路、新能源汽车、机器人等重点装备工业发展，引入京东方、晶合、蔚来等龙头企业，推动地方装备工业的发展。

三、推进举措

（一）明晰主导产业与发展规划

一方面，安徽省发布《关于推进重大新兴产业基地高质量发展若干措施》《安徽省新一代人工智能产业发展规划（2018—2030 年）》等文件，用以指引安徽省装备工业的发展方向，为各地推进集群和新兴产业园区建设提供方向性指导。另一方面，安徽省采用"龙头+配套"与"基地+基金"相结合的模式，通过定向性开发、定位性招引等方式，推进产业链的集群化发展。此外，安徽省还通过引导龙头企业落户安徽，带动周边配套设施产业的发展，形成"雁群效应"，逐步扩大产业集群化的规模，进一步发挥协同效应。例如，合肥市通过引进和发展大众、比亚迪、蔚来等知名企业，积极构建新能源汽车、智能网联汽车产业集群，通过定位性招商策略，不断吸引创新能力强、附加值高、发展潜力好的相关企业落户，有效提升产业集群的竞争力。

（二）构建重点专班与强化保障支持

一方面，为进一步整合资源、推动产业链的发展，安徽省成立了重点产业链专班，负责招商和推进项目落地等工作。为了更好地满足企业的需求，安徽省政府调整了服务机制，成立了新的部门，实行"店小二"式的服务，直接进入企业一线，通过以企业为中心的服务模式，带给企业实实在在的获得感，从而构建"以商招商"的良好循环。另一方面，安徽省在汽车、家电、电子信息、高端装备制造、人工智能等领域建立了多个产业基地，并设立了多种专项产业基金，协调土地与资金的有效配合，全力推动优势产业的发展。并通过邀请企业家出席市委常委会扩大会议等方式，更好地听取企业的声音，不断优化营商环境，为企业的发展提供了强有力的保障支持。

（三）形成"以投带引"产业集聚新模式

一是安徽省不断通过改善投资环境，以投资来推动产业发展。例如，安徽省设立新能源汽车产业专项政策，已为江淮、国轩等 23 家企业兑现研发创新资金超过 25 亿元，通过政策引导促进了产业集群的快速发展。二是安徽省通过完善"国资入股—市场退出—循环投入"的投资路径，不断引入产业凭条、创新平台、资本平台和开放平台，依托建投集团、兴泰控股、合肥产投等多家政府引导基金，通过构建产业投资引导基金、天使投资基金、科创成长基金、参与设立国家级政府产业引导基金的方式，为不同阶段、不同类型的优势主导产业提供资金支持，带动产业集群的形成与发展。例如，2020 年，在蔚来公司发展的低谷期，合肥市通过与蔚来公司达成合作，合肥建投、国投招商等战略投资者通过出资 70 亿元，持有蔚来公司 24.1%的股权。通过产业基金，带动了相关配套产业的发展，有效构建了产业集聚新模式。

企 业 篇

第十九章

比亚迪

第一节　企业业务及产品介绍

　　比亚迪股份有限公司（简称"比亚迪"）成立于 1995 年 2 月，公司现主营业务涉及汽车、新能源、手机电子和轨道交通等产业领域，包括新能源汽车、手机部件及组装、光伏业务等。2022 年，公司实现总营业收入 4240.61 亿元，其中汽车及其相关产品营业收入占总收入比例的76.57%。在汽车及其相关产品业务领域，比亚迪是全球新能源汽车行业的先行者。2022 年，比亚迪在中国新能源汽车市场占有率高达 27%，成为中国乘用车销量第一的车企。比亚迪全年累计出口近 5.6 万辆新能源汽车，目的地包括日本、澳大利亚、德国、俄罗斯等。在新能源乘用车领域，比亚迪拥有"比亚迪"和"腾势"品牌，并于 2023 年推出高端汽车品牌"仰望"，企业产品从中高端市场正式迈向百万级豪华新能源市场。其中，"比亚迪"品牌拥有"王朝"和"海洋"两大系列产品，包括纯电动和插电式混合动力两种动力形式，售价覆盖 6 万至 30 万元及以上范围。集团官方数据显示，2022 年，"比亚迪"王朝系列共销售新车 113 万辆，消费者认可度逐渐提升。"腾势"品牌拥有 MPV、SUV、轿车级都市跑车等产品，其中"腾势 D9"成为中国 MPV 市场的一匹黑马，2022 年销量冲入前三名。在新能源零部件领域，比亚迪陆续推出DM-i 超级混动、刀片电池、CTB 电池车身一体化等技术，持续优化电池安全性能，为整车业务模块竞争力的提升提供了有效支撑。

第二节　核心竞争力分析

　　经过 20 余年的发展，比亚迪已在新能源汽车、动力电池等领域建立起全球领先的技术优势和成本优势，并通过产能的快速提升，建立起领先的规模优势，逐步成为全球新能源汽车产业的领跑者。在整车方面，比亚迪新能源汽车累计销售 337 万辆，其中 2022 年比亚迪新能源汽车销量为 186.35 万辆，位居全国第一。比亚迪核心零部件全部实现独立自主研发生产，尤其是在新能源汽车核心技术三电（电池、电机、电控）领域，电控系统核心部件 IGBT（Insulated Gate Bipolar Transistor，绝缘栅双极型晶体管）方面，2021 年推出 IGBT 6.0 版本，达到国际领先水平，打破了英飞凌的市场垄断地位。比亚迪从材料研发、芯片设计、晶圆制造、模块设计与制造、大功率器件测试应用平台到整车应用，是国内唯一拥有 IGBT 全产业链的车企，在全球 IGBT 模块厂商中排名第二，市场份额超过 20%，位居全国第一。

　　比亚迪在动力电池产能方面扩张的步伐加快，进一步加强上下游产业协同。上游电池原材料方面，比亚迪已布局电池铝箔、铝塑膜、隔膜及电解液添加剂等相关优质资源；在下游整车制造领域，比亚迪刀片电池方案已实现快速装车应用，并全面覆盖纯电动车型。比亚迪推出的刀片电池和 CTB（Cell to Body，电池车身一体化）技术，电池内部体积利用率较传统电池增长了 60% 左右，整体体积能量密度达到与三元锂电池同等水平，提升了新能源汽车的续航能力和安全水平。2022 年，比亚迪新能源汽车动力电池及储能电池装机总量约为 89.84GW·h，已建成或规划建设 17 个生产基地，合计产能超 400GW·h。

　　比亚迪于 2022 年 4 月宣布全面停止燃油车的整车生产，专注于纯电与插电混动两条路线，打造"比亚迪"品牌、"腾势"品牌、"仰望"品牌和"方程豹"品牌的品牌矩阵，涵盖了六大核心技术：易四方、云辇、刀片电池、超级车身、智能座舱、智驾辅助。比亚迪多品牌矩阵覆盖从家用到豪华、从大众到个性化，全面满足用户多方位全场景的用车需求，并依托"王朝网络"和"海洋网络"两大渠道平台，完善新能源汽车产品矩阵，提供更优质的产品及服务。

第三节　2022 年经营情况

　　根据比亚迪发布的《2022 年年度报告》显示，比亚迪 2022 财年营业收入达到 4240.61 亿元，较 2021 年增长 96.20%；研发投入为 202.23 亿元，同比增长 90.3%；归母净利润突破百亿元，达到 166.22 亿元，与 2021 年的 30.45 亿元相比，增长了 445.88%，创造了历史最佳业绩。以季度来看，2022 年比亚迪第一季度到第四季度分别完成 668.25 亿元、837.82 亿元、1170.81 亿元、1563.72 亿元，其中第四季度创造最佳业绩，环比增长 33.56%，同比增长 120.40%。从业务板块来看，2022 年，汽车、手机部件与组装、二次充电电池及光伏三大业务占比分别为 76.57%、23.3%、0.13%。其中汽车业务 2022 年实现收入 3246.91 亿元，同比增长 151.78%，手机部件、组装及其他产品业务实现 988.15 亿元收入，增速仅为 14.30%，二次充电电池及光伏业务实现收入约 4240.61 亿元，同比增长 96.20%。

　　亚迪凭借刀片电池技术、混动技术、CTB 技术，使其在新能源汽车领域具备绝对技术优势，不仅使产品性能处于业内领先，也提升了企业的盈利能力。2022 年，比亚迪全年销售 1847745 辆新能源乘用车，累计出口 55916 辆，成为全球新能源汽车销量冠军，并连续十年保持中国新能源汽车销量第一。此外，2022 年比亚迪在推出了包括海豹、唐 DM-p、元 PLUS、汉千山翠限量版等多个爆款车型，产品获得了广泛的市场认可，市场占比快速提升，根据中国汽车工业协会数据显示，2022 年比亚迪在新能源汽车市场的市占率达 27%，同比增长近 10 个百分点。展望 2023 年，随着比亚迪的全球化布局加速和产品布局的持续完善，全球销量将继续呈现高速增长态势，市场份额有望再创新高。

第二十章

潍柴动力

第一节　企业业务及产品介绍

　　潍柴动力股份有限公司（简称"潍柴动力"）成立于 2002 年，由潍柴控股集团有限公司作为主发起人，联合境内外投资者创建而成。经过 20 余年的发展，潍柴动力形成了以整车、整机为龙头，以动力系统为核心技术支撑发展战略，致力于成为全球领先、受人尊敬、可持续发展的智能化工业装备跨国集团。

　　潍柴动力始终坚持产品经营和资本运作双轮驱动的运营策略，2011 年到 2016 年，公司积极进行产业链横纵向扩张，全面布局重卡黄金产业链。其中，通过战略性收购林德液压公司，构建了一条完整的液压系统产业链，战略性重组凯傲公司并收购德马泰克公司，完成智能物流产业方向的布局。2017 年至今，潍柴动力在拓展高端市场的同时，同步进军新能源与智能领域，在氢能、氢燃料电池等领域不断发力。

　　发动机业务是潍柴动力的核心业务，产品类别涵盖卡车、客车、工程机械、农业装备、发电单机、工业动力等各领域。在变速器领域，法士特集团致力于变速器的研发和生产，是中国最大的重型汽车变速器生产企业，产销量居世界第一，构建了包括"四大系列"全挡位重型卡车变速器、轿车和轻型卡车变速器在内的全系列产品矩阵。在液压领域，林德液压公司拥有全球领先的高端液压技术，公司液压产品已在国内实现批量化生产。在整车制造方面，陕西重型汽车公司在重型物流卡车领域具有深厚的积淀，经过系列创新改革后，陕西重型汽车公司的单价和利润率迅速提高，已经位于行业前列。在车桥市场上，陕西汉德车桥公司是国内车桥领域的龙头企业，产品涵盖中重型卡车桥、非公路用桥、客车桥、挂车承载轴等多个品种，一直保持行业领先地位。在物流运输领域，依托凯傲公司和德马泰克公司，潍柴动力成为富有竞争力的叉车加仓储物流解决方案供应商。潍柴动力发动机板块在国内主要有潍坊、扬州、重庆 3 个生产基地，已具备年生产 160 万台发动机的能力。

第二节　核心竞争力分析

一、产品种类多，竞争力强

潍柴动力致力于做全系列、全领域的动力供应商，持续向社会提供技术领先、绿色环保的动力产品。目前公司发动机覆盖客车、卡车、农机装备、工程机械、发电装备等多个领域，功率可覆盖 2 千瓦到 8700 千瓦，排放标准达到国四标准。其中公司在重卡发动机领域处于领先地位，2022 年约占国内重卡发动机市场份额的 32%，大中型客车用发动机市场份额稳定在 10%以上。同时，公司产业配套范围广，广泛配套于一汽解放、中国重汽、陕西重汽、东风商用、福田等国内主流整车制造厂商。

二、重视科技创新，研发实力强

潍柴动力高度重视科技创新，2022 年，公司在全面提升各细分市场占有率、稳固市场龙头地位的同时，坚定不移地加大研发投入，夯实科技创新能力，以发动机热效率为代表的重大成果再次震撼世界。2022 年 1 月、11 月先后发布全球首款本体热效率突破 51%、52%的柴油机，树立了行业新标杆；获批建设内燃机与动力系统全国重点实验室，建成国家内燃机产品质量检验检测中心、国家内燃机产业计量测试中心。新业态、新能源、新科技加快落地，新能源试验中心获得 CNAS（中国合格评定国家认可委员会）认可，成为行业首个同时通过氢燃料电池和固态氧化物燃料电池产品试验检测认可的实验室；聚焦动力电池、驱动系统、燃料电池三大核心业务,加快产品布局和核心技术突破;动力电池、驱动系统业务实现从非道路到商用车市场的突破,配套潍柴动力新能源自主研发的纯电动动力总成轻卡批量投运市场;液压动力总成、CVT动力总成差异化竞争优势凸显,加快在挖掘机、装载机、推土机、压路机、专用车及农业装备等市场开拓,为用户带来更大价值。此外,公司加速新工艺技术及智能转型,实现了从批量生产模式向小批量多品种定制化敏捷制造的转变,突破了一批先进工艺技术,为打造最具品质竞争力的产品提供了坚实保障。

三、加速布局新兴产业

潍柴动力积极迎接科技革命与产业变革的挑战,带头牵动中国氢燃料电池技术的发展,加速核心技术的突破。从 2010 年开始,潍柴动力先后投资 40 亿元布局新能源业务,立足山东半岛丰富的氢能资源,发挥自身高端装备制造及燃料电池的全产业链条优势,率先在山东省潍坊市进行了产业布局和多应用场景的成果转化,助推"氢能城市"蓝图加速落地。潍柴动力推动新能源整车整机产品落地,做大做强"电机+控制器"总成业务,实现电驱动产品全面自主化布局,攻克大功率金属电堆设计及集成关键技术。潍柴动力通过与国际技术领先厂商合作,布局燃料电池系统全产业链,战略投资美国 PSI、英国锡里斯、加拿大巴拉德等公司,战略重组德国欧德思、奥地利威迪斯、瑞士飞速燃料电池空压机等公司,实现了战略业务覆盖全球、均衡发展。目前,潍柴动力已形成完备的氢燃料电池发动机制造体系,并初具商业化规模,成为国内首家氢燃料电池重卡商业化落地企业。

第三节   2022 年经营情况分析

2022 年,面对需求收缩、供给冲击、预期转弱三重压力和地缘政治冲突等超预期因素影响。面对宏观经济和行业下行压力,潍柴动力科学谋划、精准施策,不断深化内部改革,积极拓展细分市场,持续加大研发投入,行业优势地位稳固,新技术、新产品、新业务不断突破,保持了高质量发展,彰显了强大的韧性。

2022 年，潍柴动力总营业收入 1751.57 亿元，创造利润 49 亿元，公司动力总成业务品牌价值进一步提升，销售各类发动机 57.3 万台、变速箱 59 万台、车桥 53 万根。其中，发动机出口 5.5 万台，同比增长 55.9%，变速箱出口 2.5 万台，同比增长 54.2%。大缸径发动机实现收入 29.5 亿元，同比增长 109%，高端液压实现国内收入 6.5 亿元，同比增长 14.9%。公司坚定不移地落实整车整机龙头带动战略，控股子公司陕西重型汽车公司工程自卸车销量保持行业领先，载货车销量增长 5 倍，出口销量创历史最好水平。公司聚焦发展智能农机和智慧农业业务，推动从传统农机装备制造商向智慧农业科技系统服务商转型，全年农业装备产品总销量实现大幅提升。

第二十一章

汇川技术

第一节　企业业务及产品介绍

　　深圳市汇川技术股份有限公司（简称"汇川技术"）创立于 2003 年，业务聚焦于工业领域的自动化、数字化、智能化，专注于"信息层、控制层、驱动层、执行层、传感层"核心技术，集工业自动化控制产品的研发、生产和销售为一体，是工业控制领域的高端设备制造商。公司以拥有自主知识产权的工业自动化控制技术为基础，以快速为客户提供个性化的解决方案为主要经营模式，持续致力于以领先技术推进工业文明，快速为客户提供更智能、更精准、更前沿的综合产品及解决方案，是国内工业自动化控制领域的佼佼者和上市企业，入选"2020 胡润中国 500 强民营企业"，排名第 93 位，拥有苏州、杭州、南京、上海、宁波、长春、香港等 30 余家分子公司。

　　汇川技术主要为设备自动化/产线自动化/工厂自动化提供变频器、伺服系统、PLC/HMI、高性能电机、传感器、机器视觉等工业自动化核心部件及工业机器人产品，为新能源汽车行业提供电驱&电源系统，为轨道交通行业提供牵引与控制系统。公司产品广泛应用于工业领域的各行各业，总体上与经济周期紧密相关。根据公司产品和行业应用情况，公司业务主要分为五大板块：通用自动化、智慧电梯、新能源汽车、工业机器人、轨道交通。

第二节　核心竞争力分析

一、多层次、多产品、多场景的核心技术优势

汇川技术作为中国工业自动化行业的领军企业，核心技术不仅涵盖信息层、控制层、驱动层、执行层、传感层的各类产品技术，还涵盖工业自动化、电梯、新能源汽车、轨道交通等领域应用工艺技术。持续的高比例研发投入，进一步提升了电机与驱动控制、工业控制软件、新能源汽车电驱总成、数字化、工业机器人等方面的核心技术水平，巩固了在该领域的领先地位。2022 年，公司研发人员合计 4793 人，研发投入22.29 亿元，研发费用率为 9.69%。

汇川技术掌握有：驱动层的高性能矢量控制技术、高性能伺服控制技术、大功率 IGCT 驱动技术等；控制层的中大型 PLC 技术、CNC控制技术、机器人控制技术、高速总线技术、机器视觉技术等；执行层的高性能伺服电机技术、高能效电机技术、高速电机和磁悬浮轴承技术、高精度编码器设计和工艺技术、精密传动机械设计和工艺技术等；信息层的工业互联网、边缘计算、工业 AI 等关键核心技术。其行业竞争力强。

二、国产行业龙头的品牌优势

汇川技术自 2003 年成立以来，一直坚持行业营销、技术营销、品牌营销。经过 20 年的耕耘，公司规模快速增长，已经成为中国工业控制/电梯/新能源汽车行业的龙头企业。在下游行业国产化率提升的大背景下，公司充分享受国产行业龙头的品牌红利。

2022 年，汇川技术通用伺服系统在中国市场的份额位居第一名；低压变频器产品在中国市场的份额位于前三名，位居内资品牌第一名；小型 PLC 产品在中国市场的份额位于第二名，位居内资品牌第一名；在电梯行业，公司已经成为行业领先的一体化控制器/人机界面供应商；在新能源汽车领域，公司已经成为中国新能源汽车电驱系统的领军企业；公司新能源乘用车电机控制器产品在中国市场的份额为 7%，排名

第三（前两名为比亚迪和特斯拉），公司电机控制器产品份额在第三方供应商中排名第一；公司新能源乘用车电驱总成在中国市场的份额为3%，名列前十；公司新能源乘用车电机产品在中国市场的份额为3%，跻身前十供应商之列。

三、全面国际化

2022年，汇川技术完成了以海外客户需求为牵引，以营销为龙头，以研发、制造、服务平台全面本土化为原则，体系化地构建了全面国际化的体系框架。欧洲多地、印度研发中心得到强化，匈牙利、印度制造基地启用，国内外行业线一体化运作，全球人力资源的开发和体系建设都在统一的架构下，步步为营，有效推进。

四、数字汇川与制造业数字化赋能并轨运行

汇川技术基于工业制造场景的多样性、专业性、多变性的特征，基于用得起、用得好、部署快、易升级的价值需求，完成全新一代基于模型驱动的Inocube企业数字化开发与数据治理平台，赋能汇川技术自己的数字化转型，也赋能汇川技术客户的数字化转型，这将为智能制造产业生态的构建带来决定性的影响，也将为汇川技术转型为工业软件服务提供商迈出坚实的一步。

第三节 2022年经营情况

2022年，汇川技术实现营业总收入230.08亿元，同比增长28.23%；实现营业利润43.20亿元，同比增长20.89%。研发投入22.29亿元，拥有员工2万余人，其中专门从事核心平台技术研究、应用技术研究和产品开发的研发人员达4793人。

面对工业控制市场整体需求疲软的外部行情，汇川技术积极识别结构性市场机会，通过洞察竞争对手市场、强攻堡垒客户等营销措施，抓住了新能源行业、新兴设备制造业、存量市场产业升级的机会，实现了"结构性增长"。由于公司经营策略得当，在许多细分行业的订单实现快

速增长，市场份额得到提升，优质客户数量也获得增长。公司 PLC 产品得益于"应编尽编"策略的有效实施，订单也实现了较快增长；小型 PLC 产品市场占有率提升至 11.9%，跃居中国市场第二名、内资品牌第一名。伺服产品市场占有率提升至 21.5%，继续引领中国市场。

第二十二章

埃斯顿

第一节　企业业务及产品介绍

　　南京埃斯顿自动化股份有限公司（简称"埃斯顿"）的前身为2002年2月26日成立的南京埃斯顿数字技术有限公司。2011年，南京埃斯顿数字技术有限公司采用整体变更的方式变更为股份公司。埃斯顿是国际机器人联合会（IFR）执委会委员单位（中国企业代表）、中国机器人产业联盟副理事长单位、国家机器人标准化整体组成员单位。埃斯顿拥有"国家机械工业交流伺服系统工程技术研究中心""江苏省交流伺服系统工程技术研究中心""江苏省锻压机械数控系统工程技术研究中心""江苏省电液控制系统工程技术研究中心""江苏省工业机器人及运动控制重点实验室""江苏省科技创新发展奖优秀企业""江苏省工业设计中心""国家锻压机械控制和功能部件标准化工作组""江苏省企业技术中心""国家级博士后科研工作站""江苏省企业研究生工作站"。2022年，埃斯顿获得工业和信息化部认定的国家级专精特新"小巨人"企业称号、中国机械工业联合会机械工业科学技术二等奖。

　　埃斯顿业务覆盖了从自动化核心部件及运动控制系统、工业机器人到机器人集成应用的智能制造系统的全产业链，包括运动控制器、交流伺服系统、金属成形机床数控系统、机器人专用控制器、机器人专用伺服系统、以机器人为中心的机器视觉和运动控制一体的机器自动化单元解决方案、六轴通用机器人、四轴码垛机器人、SCARA机器人及行业专用定制机器人、光伏机器人工作站，锂电池模组装配生产线、动力电池 PACK 生产线、机器人自动化焊接生产线系统解决方案等。工业自动化产品在锂电、重工、新能源汽车、光伏、电子及半导体制造、金属加工、机械设备、电梯、医疗用品、陶瓷卫浴、食品饮料等领域得到广泛应用。

埃斯顿围绕自动化部件及运动控制、工业机器人及智能制造两大核心业务模块，持续增强竞争优势，快速发展主营业务，显著提升品牌知名度，持续扩大市场规模。

自动化核心部件及运动控制系统。主要业务及产品包括金属成形机床自动化完整解决方案、全电动伺服压力机和伺服转塔冲自动化完整解决方案、电液混合伺服系统、运动控制系统（含运动控制器、交流伺服系统）、直流伺服驱动器、机器人专用控制器、机器人专用伺服系统、机器视觉和运动控制一体的机器自动化单元解决方案。产品主要应用在金属成形数控机床、机器人、纺织机械、3C 电子、锂电池设备、光伏设备、包装机械、印刷机械、木工机械、医药机械及半导体制造设备等智能装备的自动化控制领域。

工业机器人及智能制造系统。埃斯顿现有 64 款工业机器人产品，包括六轴通用机器人、四轴码垛机器人、SCARA 机器人及行业专用定制机器人，工作负载从 3 千克到 600 千克。机器人标准化工作单元产品有 20 多个类别，主要应用于光伏、锂电、焊接、钣金折弯、冲压、压铸、木工打孔、装配、分拣、打磨、去毛刺、涂胶等，其中钣金折弯、冲压、光伏等均处于行业领先地位。

在提供机器人自动化焊接生产线及压铸自动化系统解决方案的基础上，通过整合 Trio 运动控制器、交流伺服系统、工业机器人及机器视觉等系列产品和技术的优势，为动力电池新能源行业提供基于公司机器人和运动控制系统的高速高精度动力电池模组装配生产线、动力电池 PACK 生产线等，为公司机器人产品全面进入新能源行业起到了能力证明和性能标杆的作用。

第二节　核心竞争力分析

一、企业研发设计

埃斯顿拥有自主核心技术和核心部件，具备为客户提供智能装备运动控制完整解决方案的独特竞争力。埃斯顿的数控系统、电液伺服系统和交流伺服系统均为智能装备的核心控制部件，这种机、电、液的有机结合构成的系统解决方案是智能装备中极具技术含量的部分，目前为行业客户提供定制化、个性化运动控制解决方案已经成为自动化核心部件及运动控制系统产品的主要发展方向。

2022 年，埃斯顿完成研发投入 4.02 亿元，占收入比例为 10.35%。埃斯顿的研发投入持续多年保持占销售收入的 10% 左右，通过收购整合及外引内培，奠定了公司保持技术创新领先优势的坚实基础。

埃斯顿着力于构建具有全球竞争力的研发布局和多层次研发体系。公司大力吸引国内外优秀人才，目前拥有三支研发团队：机器人及智能制造系统研发团队、智能控制核心控制部件研发团队及欧洲研发中心。公司还有来自英国、德国、意大利及欧洲其他国家的智能核心控制部件及解决方案、机器人和智能制造方面的技术专家团队，公司也与多个国内外知名大学进行研发合作，强有力的技术团队是公司能够进行自主研发、不断技术创新的人力资源保障。

截至 2022 年 12 月 31 日，埃斯顿共有软件著作 258 件；授权专利 561 件，其中发明专利 206 件；已经申请尚未收到授权的专利有 142 件；研发及工程技术人员 1108 名，占员工总数的 30.83%。

二、企业生产制造

埃斯顿业务覆盖从自动化核心部件及运动控制系统、工业机器人到机器人应用的智能制造系统的全产业链，构建了从技术、质量、成本、服务和品牌的全方位竞争优势；在实现规模效应的同时，大幅度降低了制造和维护成本，提高了盈利能力，同时增强了抵御风险的能力。

第一，进一步提高核心部件自主化率，以最优的成本构架构建核心竞争力。通过充分整合国内外研发资源，以市场与客户需求为基础，率先实现了机器人控制器，伺服系统、本体设计的全方位布局，依托本体及关节模块化、高性能机器人专用伺服及新一代机器人控制器，充分发挥各个核心部件的性能，深度挖掘机器人的潜力，最大限度地满足客户对整体解决方案和一站式服务的需求，与中国新兴产业龙头企业协作迈向极限制造时代。行业定制化的智能制造生产线为公司核心部件及机器人产品的应用起到了能力证明和性能标杆的作用。

第二，质量上可以从源头控制，信息化系统贯穿从设计、生产、市场营销到服务全过程，品质得到保证。公司已建成的机器人智能工厂项目，是公司大力投入打造的国内首家由自主机器人生产机器人的自动化和信息化的智能工厂，该智能工厂的落成实现了机器人本体生产的自动化、信息化，在机器人生产中的总体装配、搬运、检测等工艺环节用自主生产的机器人生产机器人，同时使用信息化手段保证机器人产品的品质追溯和过程监控，并持续进行工艺改善。正在建设中的总部二期项目，在扩大产能的同时，将进一步提升智能化标准。通过智能工厂的建设，不仅提高自身生产制造信息化、智能化水平，提高了机器人产品的可靠性及一致性，机器人生产效率大幅提高，同时又是公司机器人和智能制造核心关键技术的验证平台。

第三，快速响应客户需求，实现细分客户快速定制。为打造高品质产品，除已投产的以自主机器人生产机器人的智能化装配流水线外，公司进一步扩大部件生产的高度自动化。自动化电子生产线可以实现电子核心部件的高效、柔性化精益制造；高精度的柔性制造系统，可以实现机器人关键机械零部件自主加工率达到 90% 以上。该柔性制造系统由多台高速、高精度的德国加工中心组成，实现工件自动识别、程序自动加载和成品的自动检测。一方面，极大地提高了机器人生产加工的效率和质量；另一方面，降低了生产成本，缩短了产品生产周期，将为更大规模机器人生产和销售提供了保障。

三、战略目标

埃斯顿始终坚持长期投入，坚持自主创新，在焊接和新能源等多个重点行业和头部客户持续取得突破，自动化业务也成功跨过了产品切换和市场策略变化的拐点，未来的发展可期。

2023 年，随着自动化行业景气度逐步回暖，产业自动化升级需求加速。埃斯顿继续坚持把实现销售增长和市场份额快速提升列为重要目标，继续保持对全产业链和研发的长期投入，提高产品性能及可靠性，不断降低成本，以实现毛利率的提升，为进一步发展奠定基础。在持续投入的同时，公司也会更加重视管理的精益化，不断提升投入产出及盈利目标。2022 年，埃斯顿提出了"Always Doing Better"的文化口号，推动管理变革，倡导效率提升、持续改进。

2022 年 10 月，埃斯顿正式全面启动管理变革，对组织架构进行全面的调整，以适应公司未来的发展；通过流程再造、销售调整、服务升级、组织优化，以构建行业领先的组织能力和以客户为中心的管理体系，为公司的长期高质量发展奠定坚实的基础。

埃斯顿继续以国产第一品牌、国际第一阵营的"2025 双一"战略为奋斗目标，坚持"All Made By Estun"的全产业链的发展思路，进一步加强核心技术和供应链自主可控的业务发展模式，充分发挥公司海内外协同效应，加大研发和市场投入，扩大规模，坚持以客户为中心，为成为受尊重和认可的国际化品牌而奋斗。

四、战略实施

（一）整合国际化资源，构建公司独特竞争优势

推动 TRIO 运动控制包含伺服系统的完整解决方案，聚焦行业头部客户与锂电、电子半导体等高端应用，打造行业应用标杆。继续优化 TRIO 机器人运动控制一体化智能单元，继续优化和改进机器人、机器视觉和运动控制一体化的新型机器自动化方案，充分利用公司既拥有核心部件又拥有机器人的优势，推出组合叠加型产品，从简单垂直整合的运动控制解决方案，转向提供以机器人为核心的自动化柔性化智能制造新方案，实现机器人、视觉、运动控制等自动化核心部件组合的集成化控制。

推进 Cloos 和埃斯顿研发、供应链的资源整合，吸收消化 Cloos 机器人在机械设计、控制算法、安全功能、离线编程仿真软件、传感器技

术及新型材料上的优势，并应用于埃斯顿现有机器人，同时合作开发下一代智能化焊接机器人平台，构建焊接机器人领域的独特竞争力。

凭借 M.A.i 在汽车零部件自动化产线领域深厚的技术积淀，进一步整合公司智能制造解决方案的优势，同时利用其海外渠道和网络，支持和服务于客户海外拓展，全面推进公司全球化业务布局，持续增强公司的竞争力。

（二）保持焊接机器人的市场领先地位

在 2021 年已经完成的焊接机器人全品类系列图谱的基础上，加快推进焊机、焊接机器人中国本地化生产；组建完成具备国际领先水平的焊接机器人研究和实验室；借助于募集资金投资项目，全面推进机器人高端激光焊接、激光复合焊接的研发及市场开拓。凭借 Cloos 在中厚板焊接市场上世界领先的焊接机器人和自动化焊接技术，为客户提供从机器人焊接单元到复杂机器人自动化焊接生产线系统解决方案，借助埃斯顿的渠道优势和成本制造优势，助力 Cloos 在高端焊接市场保持领先地位，拓展在核工业、海洋工程、钢结构、船舶等领域的智能制造应用。同时，通过吸纳 Cloos 先进焊接工艺和应用积淀，在中薄板焊接市场，充分发挥公司全产业链本土制造优势，积极发展标准化焊接机器人工作站，全面拓展产品类型，定制化适合中国市场的机器人焊接解决方案，实现 Cloos 机器人焊接应用行业及细分领域市场全覆盖。

（三）继续强化在新能源行业应用的竞争优势

整合和聚焦公司优势资源，为新能源行业提供自动化机器人完整解决方案，全面参与客户定制型产品开发，基于全系列埃斯顿工业机器人、TRIO 运动控制器、埃斯顿伺服系统、全系列埃斯顿工业机器人的完整解决方案，满足新能源行业高速、高精度、高稳定性、高性价比等要求，不断提升在新能源汽车、光伏、锂电、储能等细分行业的渗透率。通过将机器人技术与新能源生产技术相结合，在制造端可大幅提高新能源生产线的作业效率和产品质量，同时，与人工智能、云计算、大数据等智能制造技术融合，能够实现全流程的即时反馈、故障预判，顺应新能源客户建设数字化智能工厂实现极限制造的发展趋势。

（四）持续聚焦大客户战略，支持行业头部客户全球布局

埃斯顿持续加强战略大客户头部作用，并成立相应的作战团队，专职聚焦开拓国内对自动化控制和工业机器人具有巨大需求的潜力客户。通过这一组织充分协调调动各部门及国内外分子公司的优势资源合力攻坚。利用国产替代机遇，利用外资企业在生产、交货、售后服务等多方面均受到供应链影响的机遇，凭借强大的技术与服务能力，迅速抢占外资品牌原有大客户市场。2022 年，公司大客户战略目前已取得显著效果，在光伏、锂电等多个行业头部客户的渗透率不断提升，同时支持行业头部客户在海外拓展也是公司海外业务发展战略之一，未来公司机器人产品、通用自动化核心部件产品会随着客户的海外拓展进行市场布局，共同推进全球化业务布局。

（五）持续打造数字化产品竞争力，助力客户数字化转型升级

充分发挥机器人高度自主研发和行业工艺优势，结合工业数字化技术，如边缘计算、3D 轻量化，围绕数字化工艺开发了相关数字化产品，使埃斯顿机器人具备了数字化完整解决方案的能力。

（六）建设高水准的产品可靠性测试中心，提供长期发展支撑平台

埃斯顿已经完成高水准产品可靠性测试中心的初步设计，2022 年已启动中心的建设。通过建立完备的产品功能、性能测试、应用工艺测试、恶劣环境模拟试验、电磁兼容性测试、产品可靠性验证试验测试、产品加速寿命测试等模拟仿真客户应用环境，为公司产品可靠性的全面提升、缩短与国际先进水平的差距提供支撑平台。

（七）全面推动管理变革，打造以客户为中心的流程型组织

埃斯顿将围绕公司治理、战略管理、销售与服务、集成供应链等领域全面推进管理变革，全方位打造以客户为中心的流程型组织。公司将深耕行业场景，深挖客户需要，通过变革将建立 LTC（从线索到回款）的完整端到端的价值创造流程，实现对于客户订单需求的响应和技术服务的支持全过程数字化落地，实现从销售订单到生产过程跟踪再到产品交付的全流程覆盖，围绕着客户价值实现，提升为客户提供产品和技术

服务的运营效率和质量。公司将继续推动精益制造，通过全新的订单管理体系变革，实现生产制造的资源最优化使用，在保证快速响应订单交付需求和有效风险管控的同时，实现降本控费，进一步提升运营效率和竞争力。通过组织治理梳理，强化组织能力，打造对客户需求变化敏捷和流程化的组织能力与体系，真正打通端到端的能力体系建设，实现管理能力高效、高质量的提升。

第三节　2022 年经营情况

埃斯顿 2022 年实现销售收入 38.81 亿元，同比增长 28.49%，其中工业机器人及智能制造业务收入 28.55 亿元，同比增长 41.16%，埃斯顿品牌工业机器人本体销售收入增长超 70%，继续保持快速增长；自动化核心部件业务收入 10.25 亿元，继续保持平稳增长。受益于汽车动力电池、光伏等新能源行业的发展机遇，公司的工业机器人及智能制造业务保持了快速增长。2022 年,埃斯顿品牌工业机器人本体销售增长超 70%。公司仍坚持以快速扩张规模为重要目标，采取"通用+细分"市场战略，对战略性新兴行业加大投入，以确保公司业务持续增长。

埃斯顿 2022 年整体毛利率为 33.85%，同比提高 1.31 个百分点，其中，工业机器人及智能制造业务毛利率为 33.37%，同比提高 0.91 个百分点；自动化核心部件业务毛利率为 35.18%，同比提高 2.47 个百分点。埃斯顿通过优化供应链、提升国产替代、实施制造精益管理及降本增效等措施进一步消除成本对毛利率的影响。2022 年，自动化核心部件业务毛利率回升明显，工业机器人及智能制造业务毛利率逐步提升，进一步彰显公司产品竞争力的提升。

埃斯顿 2022 年实现归属母公司净利润 1.66 亿元,同比增长 36.28%；扣除非经常性损益后的净利润 9658.84 万元，同比增长 43.73%。2022 年，公司坚持"All Made By Estun"的全产业链战略，在公司推行全面精益化管理，控制费用的合理支出，销售费用及管理费用占收入比例进一步下降，公司运营能力逐步增强。

埃斯顿 2022 年经营性现金流量净额约 2706.42 万元，同比下降 91.31%。为应对芯片等短期引起的供应链问题，埃斯顿为完成订单进行的重要原材料储备支出增加较多，以保障生产的稳定和业务增长需求。另外，海外由于地缘政治因素，供应链紧张，造成交付延迟。公司通过不断优化供应链，加大国产替代、海外子公司的供应链补充等措施，降低资金占用，提高经营性现金流。埃斯顿持续多年大力投入研发，研发投入比例持续保持占销售收入 10%左右。2022 年，公司总体研发投入约为 4.02 亿元，同比增加 42.45%，占销售收入比例达到 10.35%。

第二十三章

海天精工

第一节　企业业务及产品介绍

宁波海天精工股份有限公司（简称"海天精工"）是一家专业制造数控机床的上市企业，成立于 2002 年，拥有宁波大港制造基地、宁波堰山制造基地、宁波北化制造基地、大连海天精工制造基地，共计 30 余万平方米的现代化恒温加工装配厂房，在职员工数量合计 2100 余人，是国家重大技术装备企业、国家高新技术企业、省级高新技术研发中心。

公司成立之初产品定位于高端数控机床，此类产品技术含量高、附加值高，主要竞争对手来自韩国、日本的成熟机床厂家，服务的客户主要是航空航天、高铁、汽车零部件、模具等领域，作为创新型企业，公司取得了 238 项专利，并与国内科研院校合作开发了多项技术。

公司的主营业务是致力于高端数控机床的研发、生产和销售，主要产品包括数控龙门加工中心、数控卧式加工中心、数控卧式车床、数控立式加工中心、数控落地镗铣加工中心、数控立式车床（见表 23-1）。

表 23-1　海天精工的代表产品

代 表 产 品	产 品 简 介
动柱龙门五面体加工中心	产品秉承传统龙门机床刚性强、结构对称、稳定性高等特点，通过有限元分析，优化基础部件结构，提升产品的动态性能，获取大功率、大扭矩、高效率、高精度加工的完美结合。适用于船舶、冶金、石油化工、矿山机械、电力能源、塑料机械、工程机械、重工机械等大型、重型加工领域
H 系列卧式加工中心	H 系列重切削高刚性矩形导轨卧式加工中心融入了国际先进的设计理念，更适合大型零部件的重切削加工，采用超宽的导轨结构，以广阔的加工范围而著称。产品适用于汽车、航空航天、电力、机车、塑料机械、工程机械等领域
VMCⅡ系列立式加工中心	VMCⅡ系列为 A 字形单立柱固定，工作台移动结构，基础部件高刚性，移动部件轻量化，充分贴合了用户的需求。能在一次装夹下完成铣削、镗削、钻削、攻丝等工序。标配 8000rpm 皮带式主轴，采用 1.5∶1 的减速使扭矩提升 50%，适用于通用机械、汽车、航天航空、纺织机械等行业中小型机械零件的高速精密加工
TCⅡ系列数控机床	TCⅡ系列主轴前端采用双列圆柱滚子轴承和高速推力角接触球轴承，后端采用双列圆柱滚子轴承支撑；床身采用整体式 L 形铸造，使用 45°倾斜矩形滑动导轨；使用分体式尾座，液压驱动套筒伸缩；采用 12 位液压刀塔，抵抗式集中稀有润滑系统，广泛适用于汽车零部件、五金、能源等各种机械加工行业

第二节　核心竞争力分析

海天精工专注于高端数控机床研发。中国生产高端机床的企业较少，高端机床产品技术水平高、附加值高，海天精工国内竞争对手不多，主要与韩国、日本的一些机床企业争夺市场。海天精工的下游应用主要是航空航天、高铁、汽车制造等行业，在新能源汽车、光伏等行业的带动下，推动新一轮高端机床需求。海天精工生产的高端机床目前在产品性能、可靠性和售后服务方面表现亮眼，通过良好的产品性价比抢得一定市场份额。海天精工不断加大研发投入，在数控龙门加工机床领域取得新的突破，不断完善产业链布局体系，根据上下游供给与需求，逐渐完善产品结构、丰富产品体系，形成数控龙门加工中心、数控卧式加工中心等多种产品系列，打造出自身的独门绝技。

海天精工重视售前、售中、售后服务，建立了稳定的客户关系。 海天精工通过优质的服务，与客户维持良好且稳定的关系，不断输送高质量、高性价比的产品，形成了较为广泛的客户基础。经过多年的研发投入和稳健经营，海天精工与一大批核心客户建立了长期稳定的合作关系。海天精工高端数控机床行业为客户量身定制，逐年逐步提高客户服务质量，在销售服务商的协助下，相对于国际同行具有售后服务人员充足、应对速度快的优势。同时，海天精工在不断提高自身技术水平，积极向国际顶尖公司靠拢。

海天精工不断提高研发投入，提高整体竞争实力。 海天精工积极创新打造品牌知名度，在 20 多年的努力下，发布了 238 项专利，与国内外科研院所、高校协同创新，开展广泛合作，共同研发多项技术，目前已成为国内领先的数控机床研发、生产企业。海天精工始终具备前瞻性战略性思维，站在国内数控机床市场与技术的前沿，精确把握市场。以市场、客户为导向，以技术创新为优先的策略，在不断赢得市场份额的同时，也为产品的研发、创新带来新的动力。

海天精工通过自身经营能力，拥有充足的资金优势。 2022 年，中国机床工具工业协会重点联系企业中，金属切削机床行业亏损占比为 18.8%。行业亏损导致企业销售下滑，无法投入足够的资金进行创新研发，产品结构与产品丰富度得不到更新，在一定程度上阻碍了公司的发展。然而，海天精工通过多年的稳健经营仍能保持将较大资金投入研发过程。海天精工自首次公开发行并上市以来，资产负债结构不断优化，银行授信额度充足，可以投入足够的资金进行市场开拓和新产品研发。资金优势将有助于海天精工持续巩固领先地位，研发制造出更多的优质产品。

第三节　2022 年经营情况

2022 年，受新冠疫情叠加行业下行的影响，国内市场需求转弱，行业竞争加剧。海天精工采取积极的应对策略，克服各种困难，自二季度以后，各季度收入和利润呈现出高增长态势，远远超过行业平均增速，是行业表现较为稳健的企业。

海天精工的优势产品和优势市场得到进一步巩固和提升。为贴合国家产业发展政策，公司重点发展新能源汽车等行业新赛道，培育新的业务增长点。

海天精工通过数字化体系的建立，结合科学细致管理，改进工艺，提升设备能力，优化装配工艺。依据产能数据库、SRM 等平台的建设，提升配套的成套率。通过加强质检工作，提高售后服务的效率，产品质量得到客户的普遍认可，客户满意度逐年提升。

海天精工持续进行功能部件的开发和验证，高速高精度摆头等产品批量应用，电主轴性能持续优化，核心部件的应用积累为后续产品技术升级打下扎实的基础。

在产能布局方面，海天精工 2022 年年初新设的新能源事业部逐月持续提升生产能力；2022 年 5 月，公司取得了宁波北仑小港姜桐岙地块 328 亩土地的使用权，并立即开工建设，推进公司高端数控机床智能化生产基地项目建设；2022 年 11 月，广东子公司首台机床正式下线，为后续华南区域进一步开拓市场奠定了产能供应保障。

2022 年，海天精工克服困难积极开发国外客户，海外区域销售收入同比保持高速增长，并完成了印度尼西亚参股子公司的筹建。

海天精工 2022 年全年营业收入端和利润端延续较好增长态势，实现营业收入 31.8 亿元，同比增长 16.4%，实现归母净利润 5.2 亿元，同比增长 40.3%，实现扣非归母净利润 4.7 亿元，同比增长 37.4%。

第二十四章

中联重科

第一节　企业业务及产品介绍

中联重科股份有限公司（简称"中联重科"）是一家高端装备制造企业，业务主要涉及工程机械和农业机械的研发、制造、销售和服务，目前产品涵盖 11 大类别，推出 70 个产品系列，成为国际龙头企业。历时 30 年的发展，中联重科先后在国内建立了中联科技园、中联麓谷工业园等 14 个园区。中联重科不断扩大海外业务，加速公司的国际化进程，目前在海外建设了意大利 CIFA 工业园、德国 M-TEC 工业园等六大园区，在国内外都具有显著的竞争优势。2022 年，中联重科在"装备制造+互联网""产业+金融"总体战略的指引下，积极布局工程机械、农业机械+智慧农业、中联新材三大板块，以提升公司的整体实力，增长动能，迎来新局面。中联重科在坚持高质量经营战略、严控业务风险的前提下，混凝土机械、工程起重机械、建筑起重机械三大产品竞争力持续增强。其中，混凝土机械长臂架泵车、车载泵、搅拌站市场份额仍稳居行业第一，搅拌车市场份额升至行业第二。中联重科营业收入主要由五部分构成，工程机械仍为主要收入渠道，其中起重机、混凝土机械营业收入占比超 80%，其他机械及产品营业收入占比为 11.7%、农业机械营业收入占比为 3.7%、金融服务营业收入占比为 1.45%。未来，中联重科将加快智慧产业城建设，致力于将自身建设成为世界级灯塔工厂。

第二节 核心竞争力分析

中联重科工程机械产品市场地位持续领先。中联重科始终坚持高质量发展，打造高性价比产品，主要产品质量与品牌建设能力不断加强，混凝土机械、起重机械 2022 年营业收入情况稳中有升，中联重科又推出极致 R 代塔机，实现"全域安全、30 年寿命、远程管理"三大核心技术突破，确立世界塔机技术标杆。

中联重科加速突破关键核心零部件。中联重科近年来不断提高研发投入，以增强公司整体实力。2022 年，公司聚焦感知、交互、控制、传动、车桥、液压、油缸、胶管、高强钢、薄板件等关键核心技术，不断加大资金投入以求突破，持续深化产业链的纵向打通与横向融合，提升油缸、液压阀、工程桥、减速机等核心零部件自主研发与自主可控生产能力，进而增强产品竞争力，自主创新能力得到进一步加强。

中联重科加速推进数字化转型。中联重科借助互联网和新技术赋能，围绕企业核心业务，持续在物联网、云计算、大数据、工业人工智能等核心技术领域取得突破，加快推进海外业务端对端、智能化财务体系、智能制造数字化管理等系统建设。中联重科围绕计划、制造、质量、设备、供应、物流等业务，以制造和供应端对端为重点，2022 年成功入选全国首批 30 个"数字领航"企业名单。

中联重科智能制造产业集群加速形成。中联重科不断推进高端装备生产制造智能化升级，行业领先的混凝土泵送机械智能工厂实现建成泵车整机装配线等 4 条智能生产线。中联重科产品深度融合人工智能、智能制造技术，已打造智能化、柔性化、绿色化的智能产线。持续推进150 余项行业领先的全流程成套智能制造技术应用研究，实现 113 项技术在智能产线成功搭载，不断加速赋能生产制造智能化升级，引领智能制造行业发展。

中联重科标杆产品不断取得突破，引领行业进步。2022 年，中联重科研制下线 127 款重大新产品，开展关键核心技术研究 330 项，"数字化、智能化、绿色化"项目占比近 77%。在工程起重机作业安全性、塔机可靠性、泵车臂架操控性、搅拌车轻量化、高机及挖机节能技术等方面取得了突破，推动产品竞争力大幅提升。例如，中联重科研制出的全球最大、国际领先的 2400 吨全地面起重机，刷新世界纪录，已交付用户使用，为中国大型风电工程建设提供装备保障；推出的全球 55 吨级最长五桥 70 米泵车，树立了轻量化泵车新标杆，突破了单手操控臂架布料、作业安全监控、数字化运营等多款行业首创新技术。发布的全新首款 ZS080V 滑移装载机，实现批量出口美洲、大洋洲等高端市场；研发的国内首款 4LZ-15F 自走式谷物联合收割机，突破切纵流滚筒低损脱粒、双纵轴流滚筒高通量分离等技术，产品打破国外垄断，技术水平国内领先。

第三节 2022 年经营情况

受国际形势与国内基建与房地产投资下滑等因素的影响，中联重科业绩下滑明显。2022 年，中联重科营业收入为 416.3 亿元，同比下降 38.0%。归母净利润为 23.1 亿元，同比下降 62.2%，下滑幅度较大。从主要产品来看，混凝土机、起重机作为中联重科的核心产品，销售收入降幅较大，同比降低 48%。出口保持快速增长，在一定程度上对冲国内需求不景气。由于国内工程机械市场需求收缩，销售下滑，海外市场中国工程机械刚性需求持续增加，中联重科的出口业务在 2022 年实现大幅度增长，国外收入为 100 亿元，同比增长 72.6%，且出口收入每季度呈现爬坡式增长，特别是在"一带一路"等国家保持快速增长。其中，在印度尼西亚、印度、阿联酋、沙特阿拉伯等国销售业绩同比增长超过 100%。工程起重机械出口收入规模超过 30 亿元，在其他大部分产品销售下滑的情况下，中联高机营业收入保持较好的增长势头，2022 年实现收入近 46 亿元，实现净利润 5.9 亿元，比 2021 年分别增加约 16 亿元、3.5 亿元。

第二十五章

金风科技

第一节　企业业务及产品介绍

新疆金风科技股份有限公司（简称"金风科技"）是国内最早进入风力发电设备制造领域的企业之一。金风科技是在新疆新风科工贸有限责任公司的基础上，采取整体变更设立的方式，于 2001 年 3 月 26 日成立的股份有限公司。公司持股 5%以上的主要发起人股东为新疆风能公司和中国水利投资集团公司。在改制设立发行人之前，主要发起人新疆风能公司为新疆维吾尔自治区水利厅下属国有企业，主要发起人中国水利投资集团公司为中央企业工作委员会直接监管的大型国有企业。金风科技设立时注册资本为 3230 万元，分别于 2004 年、2005 年和 2007 年三次增资扩股至 45000 万元。经过 20 余年的发展，金风科技逐步成长为国内领军和全球领先的风电整体解决方案提供商。金风科技拥有自主知识产权的直驱永磁和中速永磁系列化机组，代表着全球风力发电领域最具前景的技术路线。金风科技在国内风电市场占有率连续 12 年排名第一，2022 年在全球风电市场排名第一，在行业内多年保持领先地位。

2022 年，金风科技国内风电新增装机容量达 11.36 吉瓦，国内市场份额占比为 23%，连续 12 年排名全国第一；全球新增装机容量 12.7 吉瓦，全球市场份额为 14.82%，全球排名第一。金风科技风力发电机组及零部件销售收入为 326 亿元；2022 年对外销售机组容量为 13.87 吉瓦，其中 MSPM（中速永磁）机组的销售容量增加明显，同比增加 7847.23%，占比由 2021 年的 1.02%增加至 62.17%。

随着风电行业步入高质量发展阶段，金风科技售后服务业务覆盖风电厂全生命周期价值链，包括现场运维、备件供应、部件维修、软件升级、技改优化及发电量提升等多项服务。2022 年，公司继续加强服务业务属地化布局，成立 10 个大区域公司，协同 5 个新能源共享服务中心，打造 2 小时服务圈，为客户在属地提供全方位、最大化的服务保障。

金风科技持续推广智慧运营解决方案（SOAMTM）的行业应用和产品升级。在报告期内，SOAMTM 集成的高精度风光功率预测应用技术，在"国家电网调控人工智能创新大赛"中，成功斩获"新能源发电预测"赛道一等奖。是国内首家通过 CMMI（能力成熟度模型集成）5级认证的风电整机企业。

在老旧机组改造方面，金风科技完成风机控制技术、发电量提升技术的研发升级，完成甘肃省某 300MW 风电厂电气系统升级改造，是目前国内单体技改台数最多的改造项目。在资产管理服务方面，运用覆盖全国范围内的运维保障体系，全面提升风电资产经济运行效率及项目收益。持续推动资产管理服务产品升级，已实现涵盖风电行业全生命周期的各项业务。在售电服务方面，以分布式能源、绿电交易、碳中和咨询、储能蓄能产品、零碳园区建设服务为基础，为客户提供更清洁、更高效、更经济的能源解决方案。金风科技拥有 6 家售电公司，业务范围覆盖超过 10 个省份。目前，公司通过发电侧电力交易和售电公司电力零售，为超过 3000 家电力用户提供可靠性高、成本合理、使用便捷的绿色能源。

2022 年，风电厂投资与开发业务进展顺利，结合"十四五"新能源开发政策，陆上与海上、集中式与分散式并举，着力布局大基地项目、乡村振兴等多元化业务类型，以系统性方案带动资源获取，斩获新疆、甘肃、内蒙古、黑龙江、天津、浙江、湖南等 13 个省、自治区、直辖市的项目资源。

金风科技国内风电资产已覆盖全国 24 个省份。2022 年，国内机组平均发电利用小时数为 2456 小时，高出全国平均水平 235 小时；国际机组平均发电利用小时数为 3087 小时。公司国内外合并报表范围发电量 143.82 亿千瓦时，上网电量 140.11 亿千瓦时。

金风科技将绿色能源与水务环保相结合，推动绿色低碳水厂建设，提升水务运营综合效能，拥有数字化智慧水务运营、污水处理技术创新、污泥资源化利用及工业水处理相结合的多点支撑的战略布局和业务规划。

在工业水业务领域，金风科技已开发形成 MBBR（移动床生物膜反应）500、800、1000+系列产品谱和工艺技术包，并获取多个项目订单。

第二节　核心竞争力分析

先进的产品及技术。金风科技所生产的直驱永磁发电机组具有发电效率高、转速范围宽、励磁方式结构简单、机舱结构设计便于维护、运维成本低、并网性能良好、可利用率高等优越性能。中速永磁机组在继承了直驱永磁机组的并网友好性、高可靠性等优点的基础上，还具备灵活运输、便捷吊装、舒适运维等特点。金风科技拥有国内外八大研发中心，3000 余名拥有丰富行业经验的研发技术人员，为公司新产品研制、技术创新做出了积极的贡献。金风科技通过把握更前端的技术趋势和路线，不断开发和完善各产品平台，力求覆盖更广泛、多元的使用场景，保证了产品的市场覆盖率。

良好的品牌和口碑。金风科技高度重视风机产品质量，坚持走质量效益型道路，结合 20 余年的风机研发和制造经验，保障风机在全寿命周期的高质量和高稳定性，降低风机在生命周期内的度电成本。得益于产品先进的技术、优异的质量、较高的发电效率、良好的售后服务及为客户提供整体解决方案的能力，金风科技经过多年的行业沉淀，建立了较好的口碑，并具备一定的行业影响力，得到政府、客户、合作伙伴和投资者多方的高度认可。

整体解决方案提供商。依托先进的技术、产品及多年的风电开发、建设、运行维护的经验优势，除风电机组销售外，金风科技积极开拓风电厂服务及风电厂开发整体解决方案服务，满足客户在风电行业价值链多个环节的需要，通过多年的发展已成为公司盈利的重要补充，并成功通过了市场的验证，同时也提升了公司的综合竞争实力及特色竞争优势。在节能环保领域，公司持续积累水务环保资产，培育智慧水务整体解决方案，致力于成为国际化的清洁能源和节能环保整体解决方案的领跑者。

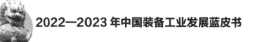
积极推进国际化进程。作为最早走出国门的国内风电企业之一，金风科技多年来积极推进国际化战略，秉承"以本土化推进国际化"的宗旨，不仅在大洋洲、欧洲等重点目标市场取得多项突破，同时在非洲、亚洲等新兴市场积极布局，参与国际市场竞争，开拓成果显著。截至目前，公司国际业务已遍布全球六大洲、38 个国家，销往海外的风电机组占中国风电机组出口总量的近 50%。公司在全球布局八大海外区域中心，全面实现资本、市场、技术、人才、管理的国际化。

第三节　2022 年经营情况

2022 年，在双碳目标的推动下，中国风电行业继续保持高质量、规模化的发展趋势，风电整机公开招标规模创新高，风机大型化进程提速及产品更新迭代周期缩短。面对激烈的市场竞争，金风科技不断降本增效、优化产品结构，并推进各项业务稳步发展。

第二十六章

迈瑞医疗

第一节　企业业务及产品介绍

深圳迈瑞生物医疗电子股份有限公司（简称"迈瑞医疗"）成立于1991 年，总部设在中国深圳，在北美洲、欧洲、亚洲、非洲、拉丁美洲等地区的约 40 个国家设有 51 家境外子公司；在国内设有 21 家子公司、30 余家分支机构；已建立起基于全球资源配置的研发创新平台，设有十大研发中心，分布在深圳、武汉、南京、北京、西安、成都、美国硅谷、美国新泽西州、美国西雅图市和欧洲，形成了庞大的全球化研发、营销及服务网络。

迈瑞医疗曾于 2006 年登陆纽约证券交易所（New York Stock Exchange，NYSE），2016 年从美国退市，2018 年在深圳证券交易所创业板上市（股票代码：300760）。目前，迈瑞医疗已成为中国最大、全球领先的医疗器械和解决方案提供商。

迈瑞医疗主要从事医疗器械的研发、制造、营销及服务，主要业务涵盖生命信息与支持、体外诊断及医学影像三大板块，产品实现从低端到高端的全覆盖，在多个领域达到全球领先水平，并在近年推出"三瑞"IT 解决方案，助力医院构建智慧诊疗生态系统，从设备提供商发展为综合解决方案提供商。此外，公司仍在不断培育新的收入增长点，发展包括动物医学、骨科、微创外科等种子业务。

生命信息与支持领域。公司产品包括监护仪、呼吸机、除颤仪、麻醉机、手术床、手术灯、吊塔吊桥、输注泵、心电图机，以及手术室/

重症监护室（OR/ICU）整体解决方案等一系列用于生命信息监测与支持的仪器和解决方案的组合，以及包括外科腔镜摄像系统、冷光源、气腹机、光学内窥镜、超声刀、能量平台、微创手术器械及手术耗材等产品在内的微创外科系列产品。主要产品已逐渐步入全球引领阶段，监护仪、输注泵、麻醉机、除颤仪、灯床塔的市场份额均已达到中国第一，其中监护仪和麻醉机的市场份额在全球排名第三。

体外诊断。 公司产品包括化学发光免疫分析仪、血液细胞分析仪、生化分析仪、凝血分析仪、尿液分析仪、微生物诊断系统等及相关试剂，通过人体的样本（如血液、体液、组织等）的检测而获取临床诊断信息。目前，血球业务和生化业务市场份额均已成为全国第一。

医学影像。 公司产品包括超声诊断系统、数字 X 射线成像系统和 PACS（影像储存和传输系统）。在超声诊断系统领域，为医院、诊所、影像中心等提供从高端覆盖到低端的全系列超声诊断系统，以及逐步细分应用于放射、妇产、介入、急诊、麻醉、重症、肝纤等不同临床专业的专用解决方案。在数字 X 射线成像领域，公司为放射科、ICU、急诊科提供包括移动式、双立柱式和悬吊式在内的多种数字化成像解决方案。公司目前超声业务的市场份额已上升至全国第二、全球第四。

表 26-1 为迈瑞医疗三大业务板块、主要产品及市场份额情况。

表 26-1　迈瑞医疗三大业务板块、主要产品及市场份额情况

业 务 板 块	主 要 产 品	市场份额排名
生命信息与支持业务	监护仪	全球第三
		中国第一
		美国第三
	输注泵	中国第一
	麻醉机	全球第三
		中国第一
		美国第三
	除颤仪	中国第一
	呼吸机	中国第一
	手术灯、床、吊塔	全球第七
		中国第一

续表

业 务 板 块	主 要 产 品	市场份额排名
体外诊断业务	血液细胞分析	全球第三 中国第一
	生化分析	全球第七 中国第一
医学影像业务	超声、DR	中国第二 中国 POC 市场第一 美国 POC 市场第三 全球超声市场第四

资料来源：迈瑞医疗 2022 年年度报告，赛迪先进制造研究中心整理，2023 年 6 月。

第二节　核心竞争力分析

（一）注重研发创新，研发投入成效明显

迈瑞医疗主要采用自研发模式，研发中心遍布全球，发挥全球资源配置优势。公司总部位于深圳，目前已建立起基于全球资源配置的研发创新平台，共有 3927 名研发工程师，分布在深圳、武汉、南京、北京、西安、成都、美国硅谷、美国新泽西州、美国西雅图市，以及欧洲各地。2022 年，武汉研究院项目的建设工作进展顺利，拟建成公司的第二大研发中心，开启迈瑞医疗自主创新与发展的新征程。公司通过十大研发中心调配全球优质资源，充分利用海外领先技术、创新能力和国内高效的工程技术实现能力，建立起高效的全球研发体系。

迈瑞医疗研发投入长期稳定在总营业收入的 9%左右，助力迈瑞医疗技术实现领跑式发展。迈瑞医疗最新年报显示，2022 年迈瑞医疗研发投入达 31.9 亿元，同比增长 17.06%，占同期营业收入的比重达 10.51%。长期稳定的高研发支出带动公司产品和技术的更新迭代[①]。

迈瑞医疗产品不断丰富，技术持续迭代，尤其高端产品不断实现突

---

① 迈瑞医疗. 2022 年年度报告，2023：60.

破。2022 年，在生命信息与支持领域，迈瑞医疗推出了"瑞智联"生态-智慧急救解决方案、易监护 2.0 生态系统、腹腔镜配套器械及耗材、TMS30 和 TMS60 Pro 遥测产品、SV70 无创呼吸机、BeneHeart D 系列下一代除颤监护仪等新产品。在体外诊断领域，迈瑞医疗推出了小型生化免疫流水线 M1000、全新一代高端凝血分析仪 CX-9000 及配套试剂、全自动生化分析仪 BS-600M、全自动血液细胞分析仪 BC-760 & BC-760CS、可溶性白细胞分化抗原 14 亚型及白细胞介素六化学发光试剂等新产品。在医学影像领域，迈瑞医疗推出了高端全身机 Resona R9 铂金版、高端妇产机 Nuewa R9 铂金版、专业无线掌上超声 TEAir、POC 超高端平板彩超 TEX20、专业眼科彩超"决明 ZS3 Ocular"、无创定量肝超仪"飞蓟 Hepatus 6/5"等新产品。2023 年，公司还将推出迈瑞首台超高端超声产品，布局超声新领域。至今，公司已实现产品技术从跟跑到并跑再到领跑的跨越式发展。

除了产品不断丰富，迈瑞医疗也在不断加强核心技术攻关，积极承接国家重大科研项目。"十四五"期间，公司主导深圳市科技创新委员会技术攻关重点项目《高性能电动呼吸模块关键技术研发》，联合中国科学院深圳先进技术研究院、深圳市第二人民医院等单位一起，在变速涡轮控制算法、自适应人机同步、自适应通气模式等关键领域取得突破，达到国际一流水平，并在呼吸机的核心部件——高性能医用微型涡轮的研发和制造上取得成功，使其实现国产自主可控。目前，该项目研发的无创呼吸机已完成注册，并在国内和欧盟地区上市销售。

迈瑞医疗注重通过专利来保护自主知识产权，截至 2022 年 12 月 31 日，共计申请专利 8670 件，其中发明专利 6193 件；共计授权专利 3976 件，其中发明专利授权 1847 件。

（二）先进的质量管理和智能制造体系

1. 高标准的质量管理体系

自成立以来，迈瑞医疗始终坚持产品质量标准，持续优化管理职责、生产控制、纠正预防、设计控制等模块，产品成功打入欧美等发达国家市场。报告期内，公司质量体系顺利通过各类审核共 90 次。1995 年，迈瑞医疗成为行业内首批通过德国 TÜV 南德意志集团的 ISO13485 医疗器械质量管理体系认证的企业。

2000—2003 年，迈瑞医疗的监护仪、超声、检验产品先后获得欧盟 CE 产品认证。2004 年，迈瑞医疗的监护仪首次获得 FDA 510（K）产品认证，进入美国市场。迈瑞医疗分别于 2012 年、2015 年和 2017 年连续 3 次通过 FDA 的检查。2018 年，迈瑞医疗深圳总部通过了澳大利亚、巴西、加拿大、日本和美国五国联合推进的医疗器械单一审核方案（MDSAP）的质量体系审核；子公司杭州光典通过了美国 FDA 的现场审核。

2019 年，迈瑞医疗的高端彩色多普勒超声系统 Resona 7 获得由欧盟公告机构 TÜV 南德意志集团签发的 CE 证书，是国内首获欧盟新医疗器械法规 MDR CE 认证的医疗器械制造商。2020 年，公司的 β2-MG Ⅱ 生化试剂产品获得由 TÜV 南德意志集团签发的 CE 证书，也是国内首批获得欧盟新体外诊断器械法规 IVDR CE 证书的制造商。2021—2022 年，公司有多款产品通过了欧盟公告机构 TÜV 南德意志集团的 MDR 和 IVDR CE 扩证审核，已获取相应的证书。

2. 高效的智能制造体系

迈瑞医疗在产品设计、工艺研发、加工制造、质量检测等流程上统一协调，严格执行质量管理标准，实现产品质量一致性和全程可追溯。公司拥有总面积超过 30 万平方米的制造基地，满足了全球销售的生产需求。公司还引入医疗产品创新（MPI）流程，通过全生命周期的管理和电子平台，全面提升研发效率，实现研发和制造联动，使制造基地通过智能化管控，让每个环节的管理可视化、标准化、可溯源。

（三）全球深度覆盖、专业服务的营销体系

截至 2022 年 12 月 31 日，迈瑞医疗有营销人员 4017 人。公司在国内超过 30 个省市自治区均设有分公司，在境外约 40 个国家拥有子公司，产品远销 190 多个国家及地区。公司已成为美国、英国、意大利、西班牙、德国、法国等国家的领先医疗机构的长期合作伙伴。

在北美洲，迈瑞医疗拥有专业直销团队，已与美国四大集团采购组织 Vizient、Premier、Intalere 和 HPG 合作，项目覆盖北美洲近万家终端医疗机构；除此之外，公司在美国还服务于近八成的 IDN 医联体客

户，并与多家大型 IDN 医联体建立了长期合作关系，其中包括 HCA Healthcare、Kaiser Permanente、Tenet Healthcare、Christus Health 等。在欧洲，公司采用了"直销+经销"的销售模式，产品持续进入欧洲高端医疗集团、综合医院及专科医院。在发展中国家，如拉丁美洲地区，公司采用了经销为主的销售模式，建立了完善且覆盖面广的经销体系，产品进入了多家综合性和专科类医院。

（四）全方位、全时段、全过程售后服务体系

"客户导向"是迈瑞医疗的核心价值观之一。公司建立全方位、全时段、全过程售后服务体系，积攒丰富的客户服务经验；在不断向市场推出精良产品的同时，深挖客户需求，了解客户满意度，积极处理客户投诉，优化服务机制，保障客户信息安全；努力为客户提供安全、放心、创新的产品和服务，不断满足客户对医业业务的需求。

迈瑞医疗拥有明确的售前支持流程，包括现场勘查、现场规划布局方案、现场流程优化等服务，确保销售和后续服务交付工作的正常进行。公司借助业界领先的客户关系管理平台、远程支持平台和数据监控中心对服务全过程进行管理，在合法合规的前提下，主动预防故障的发生，保证服务质量。公司通过全面的临床应用培训、设备维护及保养指导，协助用户建立质控体系，保障设备高效运行；通过学术交流和高峰论坛，协助医护人员走在临床应用领域的最前沿；根据医院科室的实际需求及医疗行业发展趋势提供科室业务运营咨询，提升医疗服务品牌。

迈瑞医疗在境外设立了三级技术支持架构，全球呼叫中心国际业务覆盖 22 个国家接受客户服务申告，100 余个驻地直属服务站点为客户提供现场服务和技术支持。此外，迈瑞医疗海外子公司为当地终端客户和渠道资源提供售后技术培训。

迈瑞医疗在国内构建了由 31 家分公司、50 余家驻地直属服务站和 900 余家优质授权服务渠道商共同组成的完整的"总部-分公司-直属服务站-服务渠道商"四级服务网络构架。迈瑞医疗开通客户呼叫中心 400-700-5652（7×24 小时）全天候服务热线，拥有专家坐席 100 余名，并搭建了完备的四级备件库。迈瑞医疗拥有由 600 余名直属工程师、200 余名临床应用工程师及 4700 余名经原厂培训、考核及认证的专业服务

渠道商组成的服务团队。

（五）稳定、专业的管理团队

秉承"普及高端科技，让更多人分享优质生命关怀"的使命，迈瑞医疗在多年的发展过程中，形成了以"客户导向、以人为本、严谨务实、积极进取"为核心价值观的独具特色的企业文化。公司拥有稳定的、平均年龄低于 50 岁的核心管理层团队，其中多人在迈瑞医疗多个岗位历练 10 年以上，积累了丰富的医疗器械行业研发、营销、生产、管理、并购等相关经验和卓越的国际化运营能力，对行业发展有深刻的认识。经过多年的创业发展，迈瑞医疗管理层基于企业的现实情况、行业发展趋势和市场需求，及时、有效地制定符合公司实际的发展战略，成员之间沟通顺畅、配合默契，对公司未来发展有着共同的、务实的理念，将继续带领公司朝着全球前二十大医疗器械公司的目标迈进。

第三节　2022 年经营情况

2022 年，迈瑞医疗主营业务收入持续增长，主要受益于医疗新基建加速、医疗器械市场扩容、国内医疗器械市场国产化进程加速、中国和发展中国家医疗器械市场增长迅速，以及公司在研发、生产、营销等方面的竞争优势，具体如下。

（一）生命信息与支持业务

迈瑞医疗的产品包括监护仪、呼吸机、除颤仪、麻醉机、手术床、手术灯、吊塔吊桥、输注泵、心电图机等，迈瑞医疗表示，得益于国内医疗新基建的开展和海外高端客户群的突破，生命信息与支持业务在 2022 年实现了快速增长，增速相比 2021 年显著提高。生命信息与支持类产品，2022 年实现营业收入 134.01 亿元，同比增长 20.15%，占据总营业收入的 44.14%。在 2021 年消化了新冠疫情带来的高基数影响后，同比增速恢复到 20% 的正常情况，近 5 年复合增长率为 26.7%，2022 年毛利率为 66.33%，且保持稳定（见表 26-2）。

表 26-2　2018—2022 年迈瑞医疗生命信息与支持业务营业收入、
同比增速及毛利率情况

年　　度	生命信息与支持业务营业收入/亿元	同比增速	毛利率
2018 年	52	23.33%	65.71%
2019 年	63	21.38%	65.56%
2020 年	100	54.18%	67.98%
2021 年	112	11.47%	66.39%
2022 年	134	20.15%	66.33%

数据来源：迈瑞医疗 2018—2022 年年报，赛迪先进制造研究中心整理，2023 年 6 月。

（二）体外诊断业务

迈瑞医疗的产品包括化学发光免疫分析仪、血液细胞分析仪、生化分析仪、凝血分析仪、尿液分析仪、微生物诊断系统等及相关试剂，通过对人体的样本（如血液、体液、组织等）的检测而获取临床诊断信息。2022 年，体外诊断产品实现营业收入 102.56 亿元，同比增长 21.39%，占总营业收入的 33.77%。2022 年，国内体外诊断业务受新冠疫情的影响，增长放缓，但同时海外市场恢复显著，营业收入同比增长超 35%，拉动体外诊断业务整体实现较快增长（见表 26-3）。

表 26-3　2018—2022 年迈瑞医疗体外诊断业务营业收入、
同比增速及毛利率情况

年　　度	体外诊断业务营业收入/亿元	同比增速	毛利率
2018 年	46	23.66%	64.12%
2019 年	58	25.69%	62.53%
2020 年	66	14.31%	59.73%
2021 年	84	27.12%	62.51%
2022 年	102.56	21.39%	60.35%

数据来源：迈瑞医疗 2018—2022 年年报，赛迪先进制造研究中心整理，2023 年 6 月。

（三）医学影像业务

迈瑞医疗医学影像类产品 2022 年实现营业收入 64.64 亿元，同比增长 19.14%，占总营业收入的 21.29%，其中核心的超声业务同比增长超过 20%。2022 年，迈瑞医疗医学影像业务毛利率约 66.34%，主要得益于全新高端超声 R 系列和全新中高端超声 I 系列迅速上量带来的海内外高端客户群的突破，助力医学影像业务 2022 年实现了快速增长（见表 26-4）。

表 26-4　2018—2022 年迈瑞医疗医学影像业务营业收入、
同比增速及毛利率情况

年　　度	医学影像业务营收/亿元	同 比 增 速	毛 利 率
2018 年	36	22.55%	71.00%
2019 年	40	12.30%	68.42%
2020 年	42	3.88%	66.18%
2021 年	54	29.29%	66.34%
2022 年	64.64	19.14%	66.34%

数据来源：迈瑞医疗 2018—2022 年年报，赛迪先进制造研究中心整理，2023 年 6 月。

（四）其他业务

迈瑞医疗除了提供常规医疗产品以外，在 2020 年开始试水智慧医疗领域，先后推出了"瑞智联""瑞影云++""瑞智检"三大智慧医院 IT 解决方案。

截至 2022 年年底，"瑞智联" IT 解决方案实现签单医院数量累计 389 家，每年新增装机数量都在快速增长；"瑞影云++"实现累计装机超过 5200 套，2022 年新增装机超过 2700 套，装机提速显著；"瑞智检"实验室解决方案在全国实现了 146 家医院的装机，其中 75%为三级医院，2022 年新增装机 146 家，同样进展迅速（见表 26-5）。

表 26-5　2020—2022 年迈瑞医疗智慧医疗业务新增装机及累计医院签单情况

智慧医疗系统	2020 年新增装机/套	2021 年新增装机/套	2022 年新增装机/套	累计签单医院数量/家	核 心 功 能
瑞智联	50	150	200	389	床旁设备智能互联
瑞影云++	200	1100	2700	—	影像云服务
瑞智检	—	60	130	146	检验设备智能互联

数据来源：迈瑞医疗 2020—2022 年年报，赛迪先进制造研究中心整理，2023 年 6 月。

新"三瑞"生态系统，叠加迈瑞医疗丰富的产品线和性价比优势，使迈瑞医疗从医疗器械产品的供应商蜕变成为提升医疗机构整体诊疗能力的整体解决方案提供商，也更加符合医院医疗新基建的需要。虽然短期内很难贡献利润，但是可以完善迈瑞医疗在院内生态体系的构建，持续提升硬件产品的临床价值，拉动硬件产品的销售，形成更强的客户黏性和更低的更换成本。

热 点 篇

第二十七章

《“机器人+”应用行动实施方案》发布

第一节 《“机器人+”应用行动实施方案》的发布具备成熟条件

　　"十三五"以来，中国机器人产业迎来高速发展期，产业体系逐步完善，产业链应变能力和协同发展能力持续提升。《"机器人+"应用行动实施方案》(以下简称《方案》)在产业界的"千呼万唤"中正式发布，《方案》的出台，条件成熟、时机适宜。

　　一是中国机器人应用规模不断攀升。中国已连续 9 年成为世界最大的工业机器人市场。根据 IFR 报告数据显示，2012—2021 年，中国市场工业机器人消费量由 2.6 万台快速增长至 27.1 万台，累计增长 9.4 倍，年均增长约 30%。中国工业机器人消费量占全球总量的比重已超 50%，2022 年，中国工业机器人产量达 44.3 万台。随着医疗、养老、教育等行业智能化需求的持续释放，服务机器人产业规模也在快速扩张，2022年，服务机器人产量达 645.8 万套。

　　二是中国机器人应用场景不断拓展。在工业机器人领域，中国制造业机器人密度达到 322 台/万人，是全球平均水平的 2 倍以上。工业机器人应用从 2013 年的 25 个行业大类、52 个行业中类扩展到 2021 年的60 个行业大类、168 个行业中类。在服务机器人领域，以扫地机器人、烹饪机器人、陪伴机器人、康复机器人等为代表的服务机器人走入人们的生活，在教育娱乐、清洁服务、医疗康复等领域实现规模应用。特种机器人领域，空间机器人、水下机器人等特种机器人在空间探索、海洋资源勘查开采、极地科考等多个国家重大工程领域实现创新应用，帮助人类征服"星辰大海"。

三是中国机器人应用前景空间广阔。随着新一轮科技革命和产业变革的加速演进，人工智能、5G 等新技术与机器人技术深度融合，机器人跨行业、跨领域的融合应用不断增多，新技术、新产品、新模式、新业态持续涌现。各行各业数字化转型、智能化升级步伐明显加快，对机器人产品提出了大量且迫切的需求。中国自主品牌机器人企业迎来重要战略机遇期。

第二节 《"机器人+"应用行动实施方案》的特色亮点

《方案》坚持以人民为中心的发展思想，面向人民对美好生活的向往及经济社会数字化发展的需要，坚持应用牵引、典型引领、基础支撑，以推进中国机器人产业自立自强，为加快建设制造强国、数字中国，推进中国式现代化提供有力支撑。

一是支持机器人应用领域深入拓展。中国机器人应用深度、广度有待进一步拓展，机器人产品的需求适应性较弱，自主品牌机器人应用拓展仍存阻力。《方案》遴选了十大重点领域，从产品研制、技术供给、场景应用等方面，深化重点领域机器人应用，着力提升机器人应用水平。开展行业和区域"机器人+"应用创新实践，指导和支持有条件、有需求的地区围绕特色优势产业，开展本地区"机器人+"应用行动。

二是强化机器人产业链协同。中国机器人产业存在基础能力和产业链供应链水平尚需提升、机器人应用供需对接不畅、机器人供应链韧性不足等问题。《方案》从构建机器人产用协同创新体系、建设应用体验和试验验证中心、打造供需对接平台等方面，着力破解机器人产业链供应链堵点。更加强调机器人企业、用户企业、高校和科研机构等产用部门的协同，携手共筑"机器人+"应用基础支撑能力。

三是完善机器人应用生态。中国机器人产业发展环境亟待优化，存在低价竞争、高端供给缺乏等问题，机器人应用生态体系仍不完善，机器人行业自律和机器人产业发展支持政策有待加强。《方案》提出完善机器人应用标准体系，加强跨行业应用领域标准化工作的协调，推动跨行业标准互采。针对特定行业准入要求，加强机器人特色安全要求和检测方法标准研究。

第三节　深化制造业领域的机器人应用对产业发展的影响

机器人被誉为"制造业皇冠顶端的明珠"，机器人产业发展是衡量一个国家科技创新和高端制造业水平的重要标志。

一方面，机器人支撑智能制造深入发展，驱动制造业转型升级。机器人在传统行业的应用不断深入。工业机器人已成为智能工厂建设的重要组成部分。以工业机器人为核心的智能制造系统已成为制造业数字化转型的重要内容，能够帮助制造企业提高生产效率，降低生产成本和能源消耗。

另一方面，机器人应用深入拓展，逐步成为制造业高质量发展的内在动力。工业机器人传统行业应用不断深入，逐渐向家具、食品、冶金、建筑、纺织、铸造、锻造、陶瓷卫浴等传统行业延伸，有效解决劳动密集型企业用工难，以及恶劣环境高风险作业等行业痛点。工业机器人高端化应用持续拓展，工业机器人智能作业技术及系统成功应用于航空、航天、造船、汽车、发动机等多个高端制造行业。工业机器人向精密加工场景渗透，从搬运、上下料等简单操作，向装配、打磨、抛光等高精度、高灵敏性的精密加工场景拓展。

第四节　构建机器人产用协同创新体系

推广应用机器人创新产品成为机器人产业健康发展的难点和重点。《方案》提出构建机器人产用协同创新体系，凝聚机器人产学研用多方力量，解决机器人应用推广难题。

一方面，在成熟应用领域，降低用户企业机器人创新产品使用成本。出于对机器人产品自身性能、指标及可靠性的考量，用户企业偏向选择成熟产品，存在指定使用品牌机器人整机和核心零部件的现象，不愿承担产品验证试用的成本。《方案》提出支持用户单位参与机器人产业链核心技术攻关，深入挖掘和释放潜在应用需求，共同开发先进适用的机器人产品和系统解决方案。

另一方面，在新兴和潜在应用领域，提升用户企业应用机器人的经济效益。由于缺乏适用性产品和解决方案，新兴和潜在应用领域用户企业难以承担前期定制化解决方案开发的创新投入，不愿意做"第一个吃螃蟹的人"。《方案》提出开展覆盖产品设计、技术开发、工艺优化、批量生产和示范推广全过程的"一条龙"应用创新。

第二十八章

国外发展智能网联汽车的经验及启示

随着具备智能驾驶功能车辆市场渗透率的不断提高,智能网联汽车已逐步成为主要国家创造新的万亿级产业的重要抓手。以美、日、欧为首的汽车强国和地区在智能网联汽车领域部署较早,利用积极的产业政策,在提升研发能力、储备技术路径和发展产业生态方面,积累了很多有益经验,打造出产业在全球的独特竞争优势。而中国仍存在城市级立法探索不足、示范区测试同质化、产业基础技术待突破等问题。中国智能网联汽车产业发展应在立足中国国情和产业优势的基础上,积极借鉴美、日、欧的经验,在标准体系建设、关键基础软硬件供给和测试示范区建设三方面持续发力,把握换道超车历史契机,坚定不移地实现汽车强国建设。

第一节　国外智能网联汽车发展壮况

美、日、欧利用积极性产业政策,实现了智能网联汽车研发能力、技术路径、产业生态的快速提升。

一是执行灵活的政策法规制修订机制,鼓励技术创新和快速迭代,实现了技术牵引倒逼下的开放的智能网联汽车法规标准环境。为应对智能网联技术升级引发的汽车空间布局、安全要求等变化,美国交通部强调当企业为发展自动驾驶技术而不符合现行汽车安全标准时,可申请豁免,并根据技术发展情况修订完善 FMVSS(美国联邦机动车安全标准),对人员安全和空间布局要求做出调整。基于这项政策,通用汽车子公司

Cruise 向美国交通部提出取消全自动驾驶汽车中手动驾驶控制系统的申请，并成功获批。美国政府以灵活开放的政策法规修订机制，给予自动驾驶车企广阔的发展空间，形成了技术创新与法规修订相互促进的正向循环，持续推动产业发展。该标准的修订促使 Cruise、Zoox、Waymo 等美国汽车企业的全自动驾驶产品顺利在现实道路上开展应用测试。

二是针对自动驾驶路测，从伦理道德和道路法规两个角度切入，为自动驾驶车辆上路行驶提供道德法律依据。欧洲国家依据本国国情，出台了自动驾驶领域的伦理道德规范、道路测试规范、道路行驶法规等规范。法国于 2019 年颁布的《出行指导法》中规范了自动驾驶车辆上路的法律和监管框架。法案颁布后，当地开展了 50 多项自动驾驶测试项目，覆盖驾驶机器人、公共出行和私家车等多场景。德国率先发布《自动驾驶技术伦理道德标准》，该标准明确了人类在自动驾驶汽车事故中的优先级，为企业设计开发自动驾驶系统提供了伦理指导。美国至少已有 41 个州提议修订自动驾驶相关法案，已正式生效的法案共 64 个，加利福尼亚州已成为全球最大的自动驾驶汽车试验场。

三是政府鼓励智能网联汽车产业生态发展，以核心企业为主体的全自研和以深度合作方式构建软硬件协同发展的研发生态。为支持智能网联技术的发展，欧盟启动欧洲地平线框架计划，预计投资 955 亿欧元用于车辆关键技术攻关等领域。此外，美国交通部通过"自动驾驶系统示范补助计划"，为自动驾驶技术研究提供 3000 万美元的资助。在政府创新项目和补助计划的支持下，国外龙头企业在自动驾驶技术创新研发上持续发力。美国特斯拉公司自研感知、规划与控制算法，并结合其自研的自动驾驶芯片与域控制器构成软硬件一体化系统，以数据驱动实现自动驾驶算法的更新迭代，以软硬件结合的方式形成数据闭环，确保产品在后续 OTA 升级时自主可控。在软硬件一体化系统和数据闭环的双轮驱动下，2021 年，特斯拉自动驾驶系统共推送 8 次大规模更新，是国内同赛道车企的 1.5 倍以上，进一步稳固了特斯拉在自动驾驶领域的龙头地位。不同于特斯拉的发展思路，为适应汽车产业的新发展模式，宝马、大众等欧洲传统车企以合作共赢的姿态，发挥自身制造优势，与英伟达、Mobileye、高通等芯片厂商建立深度合作关系，实现自研操作系统与外采芯片的有机结合，强强联手提升产品市场竞争力。此外，日本丰田与日本电装、瑞萨建立自动驾驶合作联盟，以自身的"软实力"结合两企业在感知硬件和芯片领域的"硬优势"，助力自动驾驶软硬件协同升级。

四是以应用驱动技术发展，政府推出依据区域特征和车辆应用场景的定制化技术发展路线，加速智能网联汽车商业化落地。美国交通部发布《自动驾驶汽车综合计划》，明确表示将重点开展五大优先领域应用，针对港口自动驾驶重卡、低速无人小货车、高速公路长途自动驾驶货车等，覆盖不同类型的自动驾驶汽车制订相应的技术发展路线。例如，高速公路自动驾驶货车将允许开展 L4 级以上自动驾驶实验测试。同年，美国搭载 L4 级自动驾驶系统的物流卡车完成了世界首次零事故的长途送货任务，为自动驾驶技术在物流领域的应用提供范例。此外，日本政府结合本国自动驾驶产业链各环节发展现状推出 SIP-adus 计划，计划中的东京沿海地区示范项目拟联合日本国内外汽车制造商、零部件制造商、大学等 22 个机构，形成从战略性政策引导到研究院孵化，再到技术开发和成果转化的一套完整的技术发展路线，助推日本自动驾驶产业形成资源集聚。不同于美国和日本，欧洲针对高速公路与运输走廊、限定区域、城市混合交通和乡村道路四类应用场景，差异化部署交通路网基础设施，实现了人—车—路—云一体化。截至 2021 年 2 月，共完成 40 多万公里的欧洲公共道路测试，包括高速公路、城市道路、乡村道路等各类应用场景。

第二节　中国智能网联汽车发展状况

中国智能网联汽车发展迅速，但与美、日、欧等国家和地区相比，还有待提高。

一是现有政策法规与技术发展不同步，标准体系仍需完善。欧洲率先针对自动驾驶技术伦理道德问题推出实施细则，明确事故责任归属问题，并通过修订整车型式认证法规，规范自动驾驶车辆软件更新要求。但中国在道路法规和事故责任主体认定领域暂缺乏具体实施细则，在最新修订的《中华人民共和国道路安全法》中，仍缺乏针对自动驾驶功能车辆的安全法规，导致具备自动驾驶功能的智能网联汽车及相关产品面临落地难题。此外，美国已有 30 余个州颁布了自动驾驶相关的政策法规，而国内仅有深圳、广州、北京发布了地方管理条例，自动驾驶先行先试的城市级立法探索不足。在标准体系制定方面，欧、美已制定并发布 50 余项自动驾驶车辆相关标准，涉及网络安全、通信协议、自动驾驶技术、关键软硬件技术等各方面。根据最新的国家车联网产业标准体系建设情况统计，目前，中国已发布的标准仅有 15 项，预研标准占比超过一半以上，在电磁安全、车用软件等重点领域标准供给不足（见图 28-1 和表 28-1）。

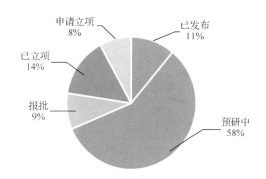

图 28-1　中国智能网联汽车标准体系情况分布

数据来源：赛迪先进制造研究中心整理，2023 年 6 月

表 28-1　国际智能网联汽车（部分）标准类别对比

国家及地区	基础定义	先进驾驶辅助	通信架构	关键软硬件性能标准	自动驾驶	数据安全
中国	√	√				
美国	√	√	√	√	√	√
欧洲	√	√	√		√	√

数据来源：赛迪先进制造研究中心整理，2023 年 6 月。

二是测试示范区规模较小，存在测试道路及场景同质化现象。在全国 17 个智能网联测试示范区中，仅北京和上海地区的开放里程数超过 500 公里，测试里程最长仅为 656 公里。另外，测试示范区道路碎片化明显，以北京地区示范区为例，共 1028 公里的开放道路被划分为 6 部分，最长 322 公里，最短仅有 10 公里。对比美国，包括加利福尼亚州、得克萨斯州在内的多数州不指定测试道路，企业可根据需要选择不同道路场景开展测试，确保了自动驾驶汽车测试的连续性。此外，当前国内示范区的测试场景集中在直道、弯道、交叉路口等普遍场景，测试环境同质化明显。例如，缺乏拥堵路段、隧道、上下坡等特定场景，缺少乡村道路、城市复杂道路场景等，未针对中国部分地区交通特色和痛点形成测试场景，导致测试效果不显著。

三是芯片、操作系统等关键基础软硬件受制于人，产业基础技术亟待突破。在硬件方面，自动驾驶芯片对外依存度较高，国产替代难。据统计，2022 年 8 月，在销量前十位的国产 L2+级乘用车中，80%以上的车型搭载英伟达、Mobileye、高通等进口自动驾驶芯片。调研发现，制约国内厂商选择国产自动驾驶芯片的主要原因是算力和软硬件兼容性问题。国外芯片算力约为国内的 2.5 倍以上，且海外厂商芯片产品与感知硬件的兼容性高，具备全套测试环境和开源算法平台，因此难以迅速实现芯片的国产替代。在软件方面，车载操作系统基于国外底层系统开发，缺少自主内核。数据显示，目前基础型车载操作系统市场中，美国黑莓 QNX 约占 43%份额，Linux 和安卓约占 35%。国内厂商搭载的智能操作系统大多是基于 Linux 和安卓开源系统进行深度定制化开发，缺少满足车用实时和安全要求的自主内核，严重依赖国外商用或开源内核。

第三节　对策建议

一、加强顶层设计，完善道路立法、数据安全规范和标准体系

一是从国家层面完善道路立法，规范责任主体。加强部门间协同联动，参考他国立法经验，规范事故责任主体，推动符合中国国情的道路法律尽快落地，以振奋智能网联汽车市场参与者。

二是注重网络安全，严格管理数据安全，特别是道路数据安全。注重车内网络安全防护，认证第三方评测机构对车内网络及信息安全进行测试评估。评定内资企业地图测绘资质，基于路侧信息数据加快推动高精度地图绘制工作。

三是细化技术指导路线，加快关键核心技术标准规范发布。推动产学研用协同合作，针对不同场景从国家层面制定对应的发展目标，研究出台智能网联汽车技术指导白皮书。指导相关机构面向智能网联汽车产业链感知、决策、执行、联网、地图、云端、后服务七大环节定期推出技术发展蓝皮书，为企业进军智能网联汽车产业提供指导意见。

二、以政府为纽带，发挥科技公司和传统车企优势促进合作，推动产业链协同攻关

一是扩大研发经费支持，激发企业创新活力。2021年，中国汽车制造业R&D经费投入强度仅1.61%，低于全国总体投入强度。地方政府设立智能网联汽车重大专项，以"揭榜挂帅"的方式，支持智能网联汽车关键核心技术企业创新发展，做大做强。

二是加强跨专业领域人才培养，培养智能网联汽车领域战略科学家。建立校企联合培养机制，针对智能网联汽车关键核心技术开展联合攻关，坚持实践标准，培养能担大任的智能汽车领域的战略科学家。激发高校创新源动力，设立全国智能网联汽车大学生创新大赛和开放数据集程序挑战赛等赛事，为智能网联技术发展提供后备人才。

三是以"链长"企业为主导，建立产业生态圈。参考日本产、学、研合作经验，车企担负"链长"责任，与车用芯片、操作系统、感知硬件等关键软硬件协同发展，建立跨行业的联合与合作，形成良好的产业发展生态，促进产业协同和产业集群化。

三、拓宽应用场景，规范测试和车路协同示范运营场地设施建设

一是加快出台示范区建设标准，提升园区安全运营能力。针对示范区内路侧设施、云控平台、5G基站等硬件建立统一标准，面向不同测试场景部署相应基础设施，避免造成功能冗余或浪费。提升远程监管能力，督促测试园区设置远程监管平台，运用高性能网络对示范区内数据实现实时传输，及时处理事故并优化更新自动驾驶系统架构。

二是扩大测试示范区规模，因地制宜打造不同场景的应用园区。在

现有 17 个测试示范区的基础上进一步扩大测试道路范围，扩充测试场景，打造城市级车路云融合示范环境。加强智慧交通和云控平台建设，实现车端—边端—云端的信息交互，为后续全国范围内推广应用提供数据基础。

三是引导企业延伸产业链、服务链。针对矿区、机场、公共交通、无人物流配送等特定场景，引导企业从产品向服务延伸，追踪客户需求并提升功能服务，根据市场动态研发升级新产品，助力智能网联汽车商业化应用从尝试走向成熟。

第二十九章

船用氢燃料商业化助力中国挺进产业"蓝海"

　　氢能是公认的消除航运中温室气体排放的未来燃料之一。鉴于绿色氢、氨和甲醇等清洁燃料船舶尚未大规模供应，百亿级氢动力船舶产业蓝海尚待挖掘。当前，各国政府竞相布局氢能源计划，助推氢能技术应用，并加快氢动力船舶生产步伐。目前，欧盟、日本和美国等发达国家和地区掌握了氢能和燃料电池相关核心技术，开展包括氢动力船舶在内的多项示范项目，已抢先向氢动力船舶制造与产业化、商业化的道路推进。中国氢动力船舶行业起步较晚，正积极探索氢燃料电池在船舶领域的应用。为加速布局氢动力船舶产业链，实现"弯道超车"，中国需要完善顶层设计、开展产业协同、完善氢能及氢动力船舶应用规范及配套。

第一节　国外氢动力船舶装备制造与产业化状况

一、欧盟最早实施氢能源战略部署

　　为应对气候变化并摆脱对外能源依赖，欧盟较早制定国家氢战略。2020年，欧盟发布《欧盟氢能战略》，包括制氢、储氢、运氢的全产业链及现有天然气基础设施、碳捕集和封存技术等投资，预计总投资超过4500亿欧元。在氢动力船舶技术开发方面，将燃料电池和储能技术作为战略高新技术，政府通过多个投资项目促进氢能技术研发和氢能船舶等终端应用，氢动力燃料电池船舶方面的研究示范最为领先。其中，德国凭借质子交换膜燃料电池（PEMFC）技术优势，氢燃料电池在 212A 级和 214 级海军潜艇上的应用较为成熟，并于 2009 年推出世界首艘内河氢动力船 Alsterwasser。挪威作为后起之秀，在海洋氢动力燃料船舶、海上工程船研究领域保持领先地位，目前挪威船企联盟充分合作开发氢动力零排放高速船项目。在氢动力船舶配套建设方面，欧盟计划到 2030 年建成一个开放的氢市场，建立港口、码头加氢站网络和大型储氢设备满足氢动力船舶的配套需求。此外，德国、挪威、法国政府推动建立能源仿真实验室，并在能源基金框架下加大对氢能技术与基建的补贴。如 2020 年德国投资 3.1 亿欧元扩大绿氢基础学科研究，挪威制定了 Klimasats，PILOT-E 和 EnergiX 等专项补助计划投资氢动力燃料电池船舶、清洁港口建设等项目。

二、日本构建氢动力船舶全产业链式发展

在氢动力船舶发动机研发方面，日本国土交通省发布《日本航运零排放路线图》，提出设计液化氢燃料动力船，推进面向远距离、大型船舶使用的氢燃料发动机及附带燃料罐、燃料供给系统的开发和实用化进程。2021 年 8 月,川崎重工、洋马动力和日本发动机公司联合成立 HyEng 公司，致力于开发船用氢动力发动机系统（基础技术）、为氢燃料供应系统制定国际标准和规则、集成氢燃料供应系统、维护和运营氢燃料发动机示范设施等。同时联合九州大学、广岛大学开发关键基础共性等技术，并为发动机性能测试、运行数据分析等提供支持。在氢动力船舶产业链推进方面，在日本绿色创新基金的支持下，建立经济和稳定的氢能源供应链。为推动氢能源社会化应用，川崎重工、日本岩谷材料、壳牌日本公司和日本电力开发公司共同组建"零碳氢能源供应链技术研究协会"（HYSTRA），开展氢能源实用技术、液氢运输存储等技术研发，建造世界第一艘能在常压、零下 253 摄氏度低温条件下的液氢运输船"SUISO Frontier"。完成了液化氢"制造—运输—卸载—存储"的全产业链实证实验，预计在 2025 年完成商业化实证实验，并于 2030 年达成氢能源供应链商业化目标。

三、美国以氢能技术为先导反哺氢动力船舶应用

美国政府重点关注绿氢技术、氢能燃料电池等技术研发及市场推广，以《美国氢能技术路线图》和《氢能计划发展规划》为指导设定了发展氢能的技术和经济指标，并不谋求氢动力船舶制造能力但力求掌握源头核心环节。在加速氢能市场化方面，美国瞄准产业链源头控制成本推动量产，培育优质企业在液氢生产规模、价格等方面一直占据绝对优势。2021年，美国能源部启动"氢能攻关"计划，旨在未来10年使可再生能源、核能和热能转化制造清洁氢能的价格降低80%，至1美元/千克，清洁氢能产量增加5倍，进一步减少碳排放。同时，美国政府近期批准了高达80亿美元的资金用于墨西哥湾、大平原等4个氢枢纽的开发建设，发展区域氢中心，以建立并扩大氢能价值链。在推动氢动力船舶技术创新方面，政府及军方作用于氢能研发的各个环节，着力于加快"制氢—运氢—储氢—用氢"全链条技术商业化，反哺氢能在氢动力船舶领域的应用。例如，美国国家航空航天局对涉及氢的太空技术启发了氢动力船舶技术，现有大型球形储氢罐等核心技术及航天飞机用的氢燃料电池均由美国宇航局开发，美国在固体氧化物燃料电池（SOFC）中构造的系统应用于军舰。

第二节　国外发展氢动力船舶的经验

国外发达国家及地区发展氢动力船舶具有以下经验：

一是政府主导推动行业建立船级社、氢能技术企业和船舶制造企业协同机制。整体而言，欧、美、日等建立以政府支撑研究机构为主导、产业企业联盟为研发主力的发展模式。以企业为主体，以技术升级需求为导向，推动氢动力船舶产业链上下游协同，分别开展船用氢燃料电池新技术研发、氢动力船舶试验验证、示范应用、商业推广。在本国产业协同上，日本的氢燃料站联盟（Japan H2 Mobility）横跨政府、产业、金融和学术界，囊括产业链各环节，树立了氢能产业协同推进的样板。日本的 HYSTRA 协会、挪威的 TECO 与 Umoe Mandal 联盟均采取由清洁技术公司、船厂分工突破和共同研发的方式，全面推动氢动力船舶技

术端升级应用。在国际产业协同上，氢能技术研发团队联合船舶制造、运输应用构成广泛的供应链合作。例如，美国燃料电池公司 Bloom Energy 联合法国大西洋船厂和地中海油轮三方共同调试 SOFC 辅助动力系统，推进船用大功率燃料电池运营。

二是设立产业支撑平台，促进氢动力船舶相关配套完善和跨行业、跨专业合作。在氢能及氢动力船舶的重点领域和关键环节，构建多层次支撑平台，完善产业配套。一方面，依托新平台制定并完善氢动力船舶技术标准和应用规范。例如，日本成立氢燃料发动机商业化公司 HyEng，开展关键基础共性技术研究，制定行业技术标准和规则规范；JPNH2YDRO（原宾果研究院）专门开发氢动力船舶并制定相应领域标准。另一方面，牵头搭建配套基础设施建设，加速氢动力船舶的应用。日本组建零碳氢能源供应链技术研究协会（HYSTRA）专门推动氢能源在日本实现社会化应用，尤其推进大型船舶用氢燃料发动机，包括船用主机、辅机、发电机等产品的开发和实用化进程。根据国际能源署（IEA）数据，日本加氢站数量扩大至 137 个，位居世界第一。德国政府开展20 个"能源转型仿真实验室"项目，助推12 家企业进行工业级氢能技术测试，加速氢能在船舶交通、供暖等多个领域的综合利用。

三是发挥绿色主题基金对氢动力船舶研发的支持作用。德国、挪威和日本等氢动力船舶制造强国政府在能源、工业等各领域均设立绿色创新基金，从需求端强力支持企业获得技术和资金，鼓励投资、加速创新和应用。从使用规模上，多协会参与创建高额度基金广泛用于成员国加速氢动力船舶的技术研发与使用。例如，国际航运工会等 9 大航运组织支持联合国国际海事组织成立 50 亿美元的研发基金，基金由航运组织与成员国政府共同使用，支持日本、新加坡、希腊和瑞士等主要航运国家开展船舶零碳技术应用研发。从使用模式上，研发资金由公共管理组织支持企业和研究机构、大学等研发主体进行氢动力船舶技术研发、示范及社会推广。例如，日本政府通过新能源产业技术综合开发机构（NEDO）向企业拨款 350 亿日元（约合 17.4 亿元人民币）预算资金，用于氢动力船舶、氢燃料发动力等下一代零排放船舶开发项目，利用技术优势率先制定国际规则。

第三节　相关建议

中国高度关注氢动力船舶创新发展，产业进入发展初期。目前国产船用燃料电池系列（TWZFCSZ）已获得中国船级社权威认证，开启了中国船用氢动力燃料电池的商业化道路。但中国现有船用加氢储氢等关键技术仍处于前期探索阶段，示范应用和配套设施比较薄弱，氢动力船舶要真正驶向"蓝海"，还需要多方协力推动。

一是提前做好战略规划，兼顾自主创新与对外合作。对内，完善顶层设计，结合中国氢动力船舶产业发展规划布局，鼓励地方合理开展区域示范，推动多元化技术应用。明晰适应国情的氢动力船舶应用场景，可按照先内河/湖泊、再近海、最后远洋的发展次序，梯次推进技术攻关、装备研制和应用示范。对外，深入分析研判，密切关注欧盟、日本、美国、韩国等在氢能等清洁动力领域新技术、新装备的研发及应用动向，警惕未来可能出现的竞争挑战，寻求潜在的技术合作机会。

二是开展跨行业、跨专业协作，集聚优势资源推动技术研发。一方面探索建立产业链协同模式。系统发挥船级社、造船企业、科研院所、高校的差异化优势，以行业联盟为引导，以企业为主体，以平台为支撑，协同实施氢动力船舶装备技术研发、设计制造、示范应用和产业化推广。另一方面，打造创新支撑平台。构建多层次、多元化创新平台，加快建设重点实验室、前沿交叉研究平台，牵头搭建氢能产业知识产权、氢能产品检测及认证综合服务等支撑平台，制定并完善相关船舶应用规范标准。

三是统筹推进应用规范及配套设施，强化资金支持。一方面，联合制造业、交通运输业等相关部门开展能源需求演变态势论证，统筹氢能综合应用格局、基础设施建设等专项规划。同步支持传统船舶开拓针对氢动力载运装备的检测、维修、培训等业务。另一方面，完善补贴制度及资金支持，多样化融资渠道，通过高新技术船舶专项等补助计划或主题基金持续投资船舶电池、储氢等清洁能源项目，促进技术研发、成果转化和氢能产业链建设。

第三十章

推动中国风电装备产业迈向全球价值链中高端

　　风电装备产业是促进制造业转型升级、保障能源安全、助力实现碳达峰、碳中和目标的重要力量。当前,中国风电装备产业在政策引领和市场需求双轮驱动下实现快速发展,并在细分领域取得领先优势,呈现领跑、并跑、跟跑并存的发展格局,产业竞争实力、跃升空间和市场机遇兼备。为推动中国风电装备产业迈向全球价值链中高端,赛迪研究院建议,从产业集群和产业生态建设、创新发展模式及核心技术攻关三方面持续发力,推动中国风电装备产业再上新台阶。

第一节　中国风电装备产业发展格局

一、风电整机装备凭借产品新、成本低、市场广的特征,成为"领跑者",占据全球风电整机市场主导地位

　　大容量机组实现全球领先,新技术广泛应用,降本增效潜力提升。中国企业率先发布了全球最大的 16 兆瓦海上风电机组,高于国外龙头企业维斯塔斯 15 兆瓦的水平。智能机器人、远程运维平台、大数据分析等新技术,正被广泛运用在风电产品中,助力风电装备产业降本增效。例如,中国企业通过构建整体数字化解决方案,风机生产平均时长由3.5 小时缩短为 2 小时左右,产品不良率由 0.26%下降至 0.14%,企业年产量提升 2～3 倍。

成本优势凸显，规模效应显著，实现大型化和规模化同频共振。据测算，2021 年，中国陆上风电平准化度电成本（LCOE）为 0.028 美元/千瓦时，低于全球 0.033 美元/千瓦时的水平。海上风电加权平均 LCOE 为 0.079 美元/千瓦时，低于亚洲 0.083 美元/千瓦时的水平，略高于全球 0.075 美元/千瓦时的水平[①]。中国已分别连续 9 年和 4 年实现陆上和海上风电新增装机容量全球第一。其中，2021 年，全球风电新增装机容量前 15 名中，中国厂商占据 10 位，新增装机量全球占比达 53.42%[②]。大容量机组、大规模开发将成为风电产业发展新趋势。例如，从 2021 年，起中央财政不再补贴新核准陆上风电项目，倒逼中国陆上风电项目成本下降，大容量机组占比显著上升，新增陆上风电设备招标规模显著提升（见表 23-1）。

表 23-1　2020—2021 年中国风电装备产业指标对比

项　　目		2021 年	2020 年	变化百分点
新增装机容量 占比	2.0～2.9 兆瓦	19.73%	61.1%	−41.37%
	3.0～4.9 兆瓦	56.64%	33.0%	23.64%
陆上风电 LCOE/（美元/千瓦时）		0.028	0.0346	−19.08%
新增陆上风电设备招标容量/吉瓦		51.37	31.10	65.18%

数据来源：赛迪先进制造研究中心整理，2023 年 6 月。

二、风电零部件凭借技术积累及规模优势，成为"并跑者"，在全球风电零部件细分领域形成特色优势

叶片、齿轮箱、海缆等成本占比较高的零部件领域，自主品牌产品达到国际先进水平。例如，在叶片领域，中国企业已发布了 123 米全球最长风电叶片。在海缆领域，中国企业首创±400kV 柔性直流海缆，并与 TenneT 等国外公司联合开展±525kV 直流海缆的研发。在齿轮箱领域，目前部分企业长期为西门子歌美飒、维斯塔斯、GE 等国外龙头企业提供齿轮箱和偏航变桨产品，并且占据全球风电齿轮箱主要市场份额。

---

① 数据来源：国际可再生能源机构（IRENA）。
② 数据来源：全球风能理事会。

在塔筒、铸件等风电结构件领域，自主品牌具备规模及价格优势，占据市场主导地位。例如，在风电塔筒领域，根据欧盟调查，中国出口风电塔筒占欧盟进口额的 85%。中国出口欧盟风电塔筒单价为 1130 欧元/吨，低于欧盟 1538 欧元/吨的平均单位成本[①]。在风电铸件领域，中国产业集中度较高，集中了全球风电设备铸件 80%以上的产能。

三、部分核心零部件及原材料与国际先进水平存在一定差距，仍是"跟跑者"，亟待加快关键核心技术攻关

轴承、IGBT 等部分国产核心零部件及元器件难以满足高端、大功率风电整机需求，对外依存度较高。大功率风电机组主轴轴承自主可控能力仍有较大提升空间。例如，中国投运的 10 兆瓦海上风电机组主轴轴承由舍弗勒等海外企业提供。2022 年 7 月，中国 12 兆瓦海上风电主轴下线，但尚未实现规模量产。风电变流器、柔直换流阀的核心元器件 IGBT 高度依赖进口，市场由英飞凌、富士、三菱等国外企业占据。2020 年，三家企业合计占据 IGBT 模组市场 56.7%的份额。

部分关键原材料生产制造能力不足。例如，国外已实现高压直流电缆绝缘材料 70～130 吨单次连续挤出，国内还处于小于 35 吨的水平。在叶片芯材领域，主要材料巴沙木来源于南美洲，受市场波动影响较大，市场价格由 2018 年的 5809 元/立方米最高上涨至 2020 年的 15505 元/立方米。全球结构泡沫芯材市场由瑞典 DIAB 公司、意大利 Maricell 公司等海外供应商主导。

第二节　中国风电装备产业前景广阔

一、从国际竞争看

世界各国加快风电产业部署，新兴市场具备强大发展潜力，全球风电产业有望迎来新一波投资浪潮。

---

① 数据来源：欧盟委员会实施条例。

复杂动荡的国际局势及绿色低碳转型需求催化欧美发达国家风电市场加速拓展。欧洲风电技术趋于成熟，已进入平价上网阶段。2022年，受俄乌冲突影响，欧洲天然气与石油的供应存在较大风险，欧洲各国陆续进行能源政策的升级，进一步加速风电产业的发展。例如，2022年4月，英国调整《能源安全战略》，将海上风电2030年发展目标从40吉瓦提高至50吉瓦。法国政府重申能源转型计划，2050年海上风电装机容量达40吉瓦，陆上风电装机容量增加一倍。美国海上风能潜力巨大，但海上风电市场发展缓慢。2021年，拜登总统发布行政命令，通过加速在公共土地和水域部署可再生能源，迅速采取跨部门行动推进海上风电建设，来解决气候危机，并为美国创造就业机会。并提出到2030年，美国海上风电装机容量增加30吉瓦，相当于在2020年的水平上增加1000倍。

随着经济快速增长而不断扩大的电力消费及能源安全需求，驱动新兴市场国家成为全球风电增长的重要力量。随着新兴市场及发展中国家人口的快速增长，城市化稳步发展，基础设施建设需求旺盛，但能源供给对外依存度较高。越南、巴西、印度等新兴市场国家积极加快风电产业部署，以减少对化石能源的依赖，满足其能源安全和气候承诺的需求。例如，2021年，越南占据除中国外的亚太市场57%的陆上风电市场份额；巴西风电装机容量达20GW，相当于拉丁美洲所有风力发电容量的70%。

二、从国内政策看

中国较为完备的风电产业链是风电产业做大做强的重要基础。

中国通过持续制定产业政策引领风电产业快速发展，产业链逐步成熟。在自主创新方面，早在2005年，国家发展和改革委员会发布《国家发展改革委关于风电建设管理有关要求的通知》，提出不满足风电设备国产化率70%以上要求的风电场不允许建设。在相关政策的支持下，中国风电规模化开发进程加速，国内企业市场占有率从2006年的不足50%提高到2008年的68.4%。2020年以来，随着中国"双碳"目标的确立，国家陆续出台相关政策，加速推进风电产业关键核心技术突破。例如，2022年，国家发展和改革委员会、国家能源局发布《关于促进新时代新能源高质量发展的实施方案》，提出推进先进风电设备等关键技术突破,加快推动关键基础材料、设备、零部件等技术升级。工业和信息化部等五部门联合发布《加快电力装备绿色低碳创新发展行动计划》,对风电装备核心部件科技创新、应用创新等方面做出部署。在数字化发展方面,中国对风电产业数字化发展给出了明确的指引和发展方向。例如,《"十四五"数字经济发展规划》加快推动智慧能源建设应用,促进能源生产、运输、消费等各环节智能化升级。《"十四五"能源领域科技创新规划》将"风电机组与风电场数字化智能化技术"等能源系统数字化智能化技术列为重点任务。《"十四五"现代能源体系规划》提出加快能源产业数字化智能化升级,推进智慧风电建设。

第三节　加快推动中国风电装备产业迈向全球价值链中高端

一、在领跑领域发挥领先优势,打造风电装备世界级先进制造业集群和产业链供应链生态体系,促进产业链供应链融通发展

一是锻造风电整机长板优势,培育一批世界级风电装备先进制造业集群。依托中国风电装备优势开发区、产业园区,建设国家新型工业化产业示范基地,引领带动区域风电装备产业差异化、特色化发展。打造具有竞争力的世界级风电装备产业集群,推动企业、科研单位、金融机构等分工合作,鼓励骨干企业做大做强,培育一批专注细分领域的专精特新"小巨人"企业和单项冠军企业。

二是建设产业链供应链生态体系。推进产业链供应链上下游合作,构建龙头企业引领支撑,大中小微企业专业化分工协作、共同发展的产业生态体系。鼓励风电装备产业体系完备的城市积极申报产业链供应链生态体系试点。建设全国风电装备产业大市场,畅通国内市场循环,推进落实"全国一张清单"制度,落实违背市场准入负面清单案例归集和通报制度,开展风电装备市场竞争状况评估,建立公平竞争政策与产业政策协调保障机制。

二、在并跑领域打造特色优势，推动风电装备实现智能化生产，加快风电装备生产方式与服务模式创新变革

一是打造风电装备智慧供应链体系。推进风电装备产业智能化转型，开展智能制造试点示范，遴选一批智能制造示范工厂，遴选一批应用成效突出、具有较强影响力的标杆企业，凝练一批智能制造典型场景，提升风电装备产业智能制造应用水平。支持智能制造应用水平高、资源配置能力强的风电装备龙头企业建设风电装备产业供需对接平台，促进产业链上下游企业间资源共享、信息互通、优势互补，打造生产深度协同的智慧供应链体系。

二是推进风电装备企业加快服务型制造转型和模式创新。加速风电装备服务型制造转型，开展风电装备行业服务型制造示范遴选，完善数字基础设施，建设公共服务平台和共性技术平台，鼓励风电装备供应链服务企业发展，支持风电装备企业延伸价值链。积极参与风电装备服务型制造相关国际标准和规则的制定，推动产品和服务标准、认证等国际互认。

三、在跟跑领域加快科技自立自强步伐，在风电装备重点领域强化技术攻关和迭代，持续优化行业创新生态

一是加快变流器关键功率模块等环节关键核心技术攻关。实施风电装备产业基础再造工程，突破超大型海上风电机组、新型固定支撑结构、主轴承及变流器关键功率模块等风电装备产业基础关键环节。

二是构建风电装备产业协同创新网络。聚焦关键共性技术及前沿技术，推动建设风电装备国家制造业创新中心等创新平台。围绕风电整机装备、核心零部件等领域部署创新载体，支持风电装备骨干企业联合上下游企业及科研院所围绕产业链部署创新链。

三是用好用活现有的有利于风电装备发展的政策体系。发挥首台（套）装备、首批次材料示范应用等政策引领作用，定期发布风电装备产业首台（套）装备、首批次材料产品推广应用指导目录，支持各地加大国产风电装备政府采购力度，引导行业组织、研究机构搭建供需对接平台。

第三十一章

加速中国氢燃料电池汽车产业发展

以"绿色冬奥"为理念，北京冬奥会共投入超过 1000 辆氢能源汽车，配备 30 多个加氢站，打造了全球最大规模的制、储、运、加、用全链条"零排放"氢能交通示范，氢燃料电池客车和氢燃料火炬"飞扬"等"氢元素"成为北京冬奥会的亮点之一。赛迪研究院先进制造业研究中心认为，在能源转型的背景下，应进一步扩大冬奥会氢能示范带来的发展契机，落实《氢能产业发展中长期规划（2021—2035 年）》顶层设计，从持续推进应用示范、稳步提升产业链自主可控能力和着力培育优质企业等方面，加快推动中国氢燃料电池汽车产业高质量发展。

第一节　中国氢燃料电池汽车产业基础逐步夯实

一、布局产业政策，氢燃料电池汽车发展环境向好

近年来，国家出台多项促进氢燃料电池汽车产业发展的政策，为氢燃料电池汽车产业发展注入了强劲动力。

一是持续推动关键核心技术研发。2020 年，国务院办公厅发布的《新能源汽车产业发展规划（2021—2035 年）》和 2022 年国家发展和改革委员会、国家能源局发布的《氢能产业发展中长期规划（2021—2035年）》相继提出，要开展燃料电池关键核心技术研究，支持新型燃料电池等技术发展，逐步建立燃料电池电动汽车与锂电池纯电动汽车的互补发展模式。

二是有序引导氢燃料电池汽车示范应用。2020 年 9 月，工业和信

息化部等五部委联合发布《关于开展燃料电池汽车示范应用的通知》，提出将通过"以奖代补"的方式对示范城市群给予奖励。2022 年，国家发展和改革委员会、国家能源局发布的《"十四五"现代能源体系规划》也提出开展燃料电池多元化示范应用等一系列科技创新示范工程（见表 31-1 ）。

表 31-1　中国部分氢能发展政策

时　间	部　门	相　关　政　策
2020 年 4 月	国家能源局	氢能写入《中华人民共和国能源法（征求意见稿）》
2020 年 5 月	国家发展和改革委员会	氢能写入 2020 年国家经济和社会发展计划
2020 年 9 月	工业和信息化部、财政部、科技部、国家发展和改革委员会、国家能源局	《关于开展燃料电池汽车示范应用的通知》
2020 年 10 月	国务院办公厅	《新能源汽车产业发展规划（2021—2035 年）》
2021 年 3 月	第十三届全国人民代表大会第四次会议	"十四五"规划和 2035 年远景目标纲要，氢能被列为未来产业之一
2021 年 4 月	国家能源局	《2021 年能源工作指导意见》
2021 年 5 月	科技部	"氢能技术"重点专项 2021 年度项目申报指南
2021 年 11 月	国务院国有资产监督管理委员会	《关于推进中央企业高质量发展做好碳达峰碳中和工作的指导意见》
2021 年 11 月	国务院	《关于深入打好污染防治攻坚战的意见》
2022 年 3 月	国家发展和改革委员会、国家能源局	《氢能产业发展中长期规划（2021—2035 年）》
2022 年 3 月	国家发展和改革委员会、国家能源局	《"十四五"现代能源体系规划》
2022 年 5 月	国家发展和改革委员会、国家能源局	《关于促进新时代新能源高质量发展的实施方案》
2022 年 5 月	财政部	《财政支持做好碳达峰碳中和工作的意见》

数据来源：赛迪先进制造研究中心整理，2023 年 6 月。

二、开展技术攻关，关键环节技术与国外差距逐步缩小

目前，中国已基本掌握了氢气制备、储存、运输、加注和使用各环节及氢燃料电池汽车研发生产技术，氢燃料电池汽车及相关配套产业与国外的差距正不断缩小。在燃料电池系统方面，自主可控进程显著加快，燃料电池系统产品的额定功率、启动温度、使用寿命等指标均已达到国际领先水平。目前仅有部分高性能质子交换膜、碳纤维纸等关键材料还需要依赖进口，国产化程度已达到了 70% 以上。中国燃料电池汽车关键核心部件国产化情况见表 31-2。在车载储氢系统方面，目前中国 35MPa 的 III 型瓶研发制造和产品应用已非常成熟，高压 IV 型瓶技术也已被攻克，70MPa 的 IV 型高压储氢瓶的产业化应用指日可待。在氢燃料电池整车方面，根据工业和信息化部发布的《新能源汽车推广应用推荐车型目录》数据（见图 31-1），2021 年全年氢燃料电池汽车推荐车型数量达到 262 款，约为 2019 年的 2.6 倍，证明中国在氢燃料电池汽车新产品，尤其是商用车产品的研发投入力度正逐步加大，氢燃料电池汽车整车商业化进程明显加快。

表 31-2　中国燃料电池汽车关键核心部件国产化情况

项　　目		技术攻关程度
关键系统及零部件	电堆系统	国内自主燃料电池电堆技术逐渐成熟，国产电堆性能大幅提高，额定功率、功率密度、最低冷启动温度、寿命等指标已达到国际先进水平
	膜电极	基本实现国产化，但高性能质子交换膜、碳纤维纸等关键材料仍依赖进口
	双极板	具备国产化能力，石墨双极板和金属双极板性能已与国外产品接近
	空压机	性能和寿命已达到国际水平，国产成本较进口有一定优势，国产空压机市场份额稳步提升
	氢气循环泵	国内企业产品开发仍以系统集成为主，氢罐阀门、压缩器、传感器等核心零部件仍需要进口
	车载储氢瓶	35MPa 高压储氢瓶技术成熟，70MPa 的 IV 型高压储氢瓶逐步进入商用，液氢瓶进入测试验证阶段

续表

项　目		技术攻关程度
关键材料	质子交换膜	国内已建成多条生产线，可实现量产并批量供货
	催化剂	国内已具备量产能力，逐步实现国产化替代
	碳纤维纸	关键技术攻关已取得重大进步，但尚未实现批量化生产

数据来源：赛迪先进制造研究中心整理，2023 年 6 月。

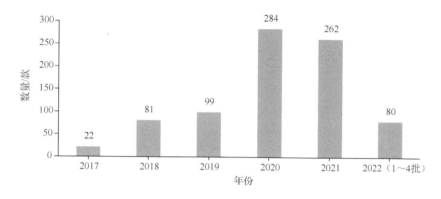

图 31-1　2017—2022 年《新能源汽车推广应用推荐车型目录》
燃料电池汽车数量

数据来源：赛迪先进制造研究中心整理，2023 年 6 月

三、鼓励应用试点，燃料电池汽车示范城市群开启产业发展新浪潮

中国燃料电池汽车示范城市群的陆续落地，加速了氢燃料电池汽车产业示范应用推广。京津冀城市群和河北城市群依托其氢源供应、技术资源和尖端人才优势，在氢气供给设备研发、加强站设计和整车制造等多环节进行布局。上海城市群联合河南城市群，充分利用基础设施配套、应用场景优势和关键技术积累，以燃料电池公交车为切入点，推动形成以客车为主，环卫、物流等燃料电池汽车全面发展的产业格局。广东城市群具备良好的制造业基础，重点聚焦氢燃料电池关键材料、核心零部件研发制造短板突破，推动重卡、物流车、工程车等燃料电池商用车领域的试点示范。根据《全国氢燃料电池汽车示范城市群车辆统计与分析报告》数据，截至 2022 年 4 月，五大示范城市群累计氢燃料电池汽车

接入 5853 辆，较 2021 年 8 月增长了 38.3%，增速明显高于全国整体增速。燃料电池汽车试点示范为中国氢燃料电池汽车技术更新迭代、应用场景拓展探索打下坚实基础。

四、优质企业入局，加速中国氢燃料电池汽车产业化进程

一是本土企业迅速崛起，加码布局氢燃料电池汽车全产业链。近年来，中国氢燃料电池汽车领域已涌现出捷氢、亿华通、未势能源、上海神力、上海重塑、国鸿氢能等一批具备技术积累和市场竞争力的氢能企业。此外，中国石化、中国石油、国家能源集团、国家电投、一汽、上汽、长城等一大批央企也相继发布氢能战略。据国务院国有资产监督管理委员会统计，已有超过三分之一的央企开始制定氢能全产业链及氢能装备的发展策略，进一步强化氢燃料电池汽车产业布局。

二是国外企业大量涌入，积极开拓国内氢燃料电池汽车市场。丰田汽车、博世、法国佛吉亚等国际汽车整车和零部件制造巨头逐步认识到中国氢燃料电池汽车市场的巨大潜力，通过与国内企业合作及投资建厂等方式进入中国市场。从战略布局角度来看，大量国际氢能与燃料电池企业参与中国氢燃料电池汽车产业的发展和市场分工，不断加深与中国本土企业的协同合作，将会激励中国企业加快氢燃料电池关键核心技术研发，催生出具有国际影响力的氢燃料电池汽车领航企业。

第二节　对策建议

中国氢燃料电池汽车产业发展显著，从"双碳"目标及能源改革方向来看，推动氢能在交通领域的应用探索，提高氢能在能源消费结构中的比重已成为政府关注的重点。下一步，基于产业发展基础，氢燃料电池汽车产业的加快发展，建议从拓展应用示范、提升产业链自主可控力、培育优质企业等方面发力，持续推动中国氢燃料电池汽车产业高质量发展。

一、深化全国燃料电池汽车示范应用城市群建设，推动多元化应用探索

一是积极推广示范应用城市群建设经验。总结北京、上海和广东燃料电池汽车示范应用城市群发展模式，围绕氢燃料电池汽车技术路线、产业发展模式、应用安全与解决方案等方面提炼出可借鉴的发展经验，在其他示范应用城市群中推广应用。

二是因地制宜推进氢燃料电池汽车多元化示范应用。鼓励示范应用城市群以各地资源禀赋和现有氢能相关产业为基础，因地制宜开展氢能在交通领域的应用示范探索，形成与产业发展和技术创新水平相适应的多元互补融合的产业发展示范区，实现产业健康和集聚发展。

二、以关键核心技术研发和产业链协同创新为切入点，提升产业竞争力

一是着力构建氢燃料电池汽车产业链供应链生态体系。聚焦先进制氢技术、高压及固态储运氢、膜电极、储氢材料、质子交换膜、燃料电池碳纸等氢燃料电池汽车共性技术和关键材料研发，避免核心技术空心化。有序提高中国氢燃料电池汽车质量标准，推动关键核心技术攻关和生产制造成本降低，尽快形成核心技术强、制造成本低的氢燃料电池汽车自主可控产业链。

二是加快推进国家氢能产业创新中心建设。支持氢燃料电池龙头企业和传统车企牵头组建氢燃料电池创新联合体等创新载体，在先进工艺、核心零部件及关键材料等方面加强攻关。积极探索氢燃料电池汽车创新联盟的建立，围绕氢燃料电池汽车产业链短板做好关键共性技术供给，加大创新的投入与知识的共享，构建深度融合的协同创新模式。

三、培育壮大氢燃料电池汽车优质企业，实现大中小企业融通发展

一是加快培育一批具有国际竞争力的氢燃料电池汽车产业领航企业。支持潍柴动力、福田、东风、宇通等传统汽车企业通过战略合作和

跨行业跨区域兼并重组的方式布局氢燃料电池汽车及相关产业。鼓励亿华通、美锦能源、大洋电机等燃料电池企业做大做强，积极在全球布局研发设计中心，利用好全球创新资源。

二是加大对氢燃料电池汽车中小企业培育扶持力度。引导中小企业向"专精特新"方向发展，鼓励氢燃料电池汽车领域中小企业自主创新，在核心零部件研发制造领域深耕细作，培育一批专精特新"小巨人"企业、"制造业单项冠军"企业及产业集群。鼓励大企业对上下游中小企业开放创新平台等资源，发挥大企业的引领支撑作用，提高中小企业专业化能力和水平，打造氢燃料电池汽车大中小企业融通发展的产业生态。

第三十二章

中小企业数字化转型

　　中小企业是推动创新、促进就业、改善民生的中坚力量，对于推动经济社会发展发挥重要的作用。国务院发布的《"十四五"数字经济发展规划》提出，"十四五"期间实施中小企业数字化赋能专项行动；工业和信息化部发布的《"十四五"促进中小企业发展规划》提出实施中小企业数字化促进工程。中国中小企业数量众多，截至 2021 年年底，中小微企业数量达到 4800 万家，中小企业数字化转型已成为"必答题"，是数字化转型的主战场。中国大部分中小企业尚处于探索阶段，而且行业间数字化水平存在着显著差异。因此，应结合当前中小企业数字化转型的现实需求，直面痛点，多措并举推动中小企业智能制造跑出"加速度"，促进中小企业高质量发展，增强产业链供应链韧性。

第一节　中小企业数字化转型现状

一、数字化转型的意识不断增强

　　当前，新一代信息技术与制造业技术加速融合。在这一背景下，越来越多的中小企业不断加深对数字技术的认知，已经认识到数字化转型是企业可持续发展的必经之路，认识到多元数字化部署的重要性，许多中小企业不断调整转型步伐，通过数字化转型提升竞争力，如积极运用在线办公、视频会议、在线销售等方式。相关研究显示，70%的中小企业有强烈的数字化转型意愿。

二、数字技术赋能水平不断提升

《智能制造成熟度指数报告（2022）》显示，接近 50% 的中小企业首先在采购、财务、工艺设计等与供应链相关的环节开展了数字化改造，基本能够实现与链主企业的关键数据对接。然而在装备、生产作业、集成内部能力建设方面，大中小企业智能化水平差距较大，仅有 20% 左右的企业在产品设计环节应用了三维建模仿真、在制造环节应用了生产管理系统、在质量控制环节应用了在线检测设备。可见，中小企业数字化水平正在逐步提升。但是，如果将数字化转型的阶段划分为探索、践行、深度应用 3 个阶段，从总体来看，中小企业的数字化转型处于初级阶段，多数企业仍在进行摸索，处于践行和深度应用阶段的企业占比较少。

第二节　面临的主要困难

一、对数字化转型方向把握不清晰，转型路径不明确

虽然已经有不少中小企业认识到数字化转型具有重大意义，数字化技术逐步深入融合，但仍有许多中小企业处于数字化转型的探索阶段。一方面，仍有部分企业对数字化转型认知不深入，对数字化技术和数字化转型的了解浮于表面，认为就是简单地将线下搬到线上。另一方面，企业未来发展路径不明确，找不准应用场景和数字技术融合的结合点，没有进行顶层设计，尚未形成明确的转型实施路径和措施。

二、部分中小企业持观望态度，存在"不想转"的情况

中小企业实施数字化转型的周期较长，往往需要数年时间，而且见效慢。许多企业经过多年的发展，经营模式已经固化，尤其对于传统领域的企业，当前的设备、管理水平可以满足企业的短期发展需求，企业寻求数字化转型的动力不足。而且，传统企业数字化转型成本高、周期长、失败率较高，企业在考虑数字化转型时存在顾虑。《2022 中国民营企业数字化转型调研报告》显示，大部分民营企业认为自身仍处于数字化转型的初步探索阶段。受访企业中有 38.16% 的主营业务尚未进行数字化转型。

三、许多中小企业技术基础薄弱，数字化转型难以顺利推进

中小企业数字化基础较差，往往缺乏基础数据、信息化部门和数字化应用经验，而且系统老旧，设备联网、数据采集等方面较为落后，与大型企业相比，存在较大差距。例如，许多中小企业生产自动化水平低，自动化是制造业生产端实现数字化的基础条件，种种因素导致企业尚未对生产线进行全面的自动化改造，生产流程仍属于半自动化甚至人工生产状态。

四、许多中小企业面临着缺资金、缺人才等窘境

许多中小企业天然较为弱小，转型的内生动力不足。在资金方面，中小企业融资难、融资贵等问题一直较为突出，到目前为止都未能得到有效解决。拖欠中小企业款项问题依然存在，加重了中小企业经营压力。数字化转型是一个循序渐进的漫长过程，需要大量资金投入，许多企业为了生存，会将资金重点用于当前的生产过程。在人才方面，中小企业受自身条件的限制，人才储备相对较少，对人才的吸引力不强，亟需懂技术、懂管理的人才。

五、适合的数字化转型工具和方案较少，尚不能满足中小企业的实际需求

企业数字化转型工具不仅包括传统的信息化软硬件，也包括最新的数字技术相关的软硬件，如大数据分析软件、传感器、云等。一方面，当前市面上大部分转型工具由大型企业开发，适用对象往往是具有一定规模的企业。对中小企业而言，这些工具不但成本高，而且不太契合企业实际需要，无法围绕中小企业的生产、流通、服务的场景提供个性化、针对性的解决方案。另一方面，绝大多数中小企业的转型工具只简单停留在单纯的软硬件应用上，"上云"这一轻便、低成本和高效率的工具的应用率不高。

第三节　对策建议

结合中国中小企业发展现状，针对当前中小企业在数字化转型过程中遇到的主要问题和困难，在夯实中小企业自身基础的同时，不断完善相关政策措施，推动中小企业实现数字化转型，不断提升竞争力。

一、改变传统思维模式，加强规划设计

首先，企业的领导层面应改变传统的思维模式，树立数字理念，加深对数字化转型内涵的理解，了解数字化对生产运营和商业模式的影响，逐步改变管理思维。其次，加强对企业转型方向的规划。企业根据自身发展基础和行业特色，加强顶层设计，做好规划，明确转型目标和方向，做好路线的选择。再次，立足企业自身基础，选择适宜的数字化转型模式。企业应注意转型的阶段性，可以考虑"点—线—面"循序渐进铺开，先从制造、业务或是管理某一环节找出突破口，可从单一的数字化转型开始，逐步积累经验，最终实现企业全面数字化转型。

二、夯实技术基础，推进制造技术与数字技术的深度融合

应不断完善新型基础设施的布局，进一步推进工业互联网、5G、人工智能等新型基础设施建设，为企业的技术应用提供坚实基础。拓展并丰富应用场景，充分发挥出对中小企业的赋能作用。引导中小企业上云用云，将设计、生产、运维等业务向云端迁移，从云端获取资源和服务，减少运营成本。鼓励中小企业加强对云计算、大数据、区块链、人工智能等新一代信息技术的应用，推动实施技术改造，推进传统制造装备联网、关键供需数控化等数字化改造，并增加对智能装备的应用。

三、构建数字化生态，开展"链式"转型

政府应引导构建数字化生态协同平台，可以考虑构建"政府—平台企业—行业龙头企业—服务机构—中小微企业"推进机制，通过搭建数字化转型融合生态来强化对中小企业的支持。通过推进跨越物理边界的

"虚拟"产业园和产业集群建设，集中资源优势，提升产业链资源优化配置和动态协调水平，发挥集群内产业链带动作用。总结并推广中小企业数字化转型的优秀案例和应用场景解决方案，强化示范带动作用。

四、培育数字化方案供应商，开发适宜的数字化转型工具

依据中小企业数字化转型现实需求，引导数字化服务商重点开发面向中小企业的数字化转型工具，开发低成本的一站式解决方案，开发批量化的产品、服务和工具。鼓励大型企业利用自身建立的技术平台，加强对中小企业的服务。积极培育数字化解决方案服务商，对服务商进行分级分类，加强评价机制的完善，强化与中小企业的对接。

五、落实惠企政策措施，加强数字人才培养

进一步落实面向中小企业的普惠性支持政策，加大减费降税惠企力度，推动助企纾困政策落地见效，助力服务业中小企业平稳发展，减轻企业资金方面的压力，减少企业的后顾之忧。加强数字人才培养，深化产学研协同发展机制，推动企业、高校、科研机构等加强对人才的共同培养。构建体系化的培养方案，依据产业和行业应用需求，设计合理的培养方案，优化课程体系，教学内容与行业应用相契合，提高实验平台利用效率，升级实训基地，使得培养的人才能够满足企业需求。

第三十三章

为中国科学仪器产业打造双基金支撑体系

在中国由制造大国向制造强国迈进的道路上,自主创新能力有待提高、关键产品对外存在一定依赖,一直是社会各界讨论的焦点。伴随着在大国竞争中出现的贸易战、科技战,科技创新能力在国家核心竞争力中的地位日益凸显,科学仪器在科学技术创新中的重要作用越来越受到关注。科学仪器是科学技术发展的重要基础条件,理论创新、技术创新、工艺创新都要依靠科学仪器进行测量和验证。由于产业体量小、产品针对性强等因素,中国长期以来未能将科学仪器作为重点产业发展,高端仪器基本全部依赖进口,国产仪器企业在中低端领域出现低水平同质化竞争,产业升级乏力。本章以美国科学仪器产业发展为对标对象,从企业和政府两个层面分析美国科学仪器产业发展的经验,并结合中国科学仪器产业发展现状提出了构建双基金支撑体系的倡议,以期为中国科学仪器产业的发展提供借鉴。

第一节　美国科学仪器龙头企业发展经验

在全球科学仪器领域美国是毫无争议的霸主,拥有如赛默飞世尔、丹纳赫、安捷伦、珀金埃尔莫等综合性行业龙头,还有诸多在细分领域拥有技术优势的中小企业。纵览美国各大仪器公司发展历程,发现其发展战略具有一定的相似性,即对内保持高强度研发投入,维护核心技术优势,对外收购细分领域领导者,强化行业壁垒、完善产品生态。

赛默飞世尔坚持自主创新和对外收购并重,专注于新兴市场,不断

夯实在全球科学仪器市场的领导者地位。赛默飞世尔的出现是两家龙头企业优势互补、合并整合的结果，一举成为全球科学仪器产业的航空母舰，其营业收入可达世界科学仪器行业总营业收入的四分之一。2007年，美国热电公司和飞世尔科技公司以换股的方式完成整合，使热电公司的设备制造能力同飞世尔公司的产品销售网络实现对接，成为世界上综合实力最强的科学仪器制造商和销售商。成立之后，公司继承了前身的成长基因，将并购整合作为发展的重要手段，在15年间完成了超20起并购，在分子诊断、电子显微镜、DNA检测等领域强化技术积累，不断丰富公司产品生态。赛默飞世尔将创新研发作为公司健康发展的根本动力，每年的研发投入可达10亿美元，稳居科学仪器企业研发投入排名之首，并建立了MyIdea创新平台，汇聚全体员工的创新想法，成为公司最具活力的产品创新策源地。公司将新兴市场作为主要发力目标，中国是业务扩展核心，仅2018年度赛默飞世尔和中国本土企事业单位就达成了11起战略合作协议，以扩展其产品和服务在中国市场的占有率。

　　丹纳赫精通并购重组、精益管理，发挥产业要素集聚优势，成长为科学仪器行业龙头。丹纳赫的前身是从一家投资公司，通过不断并购成长为全球著名的工业仪器及设备实业型公司。公司专注于高技术、高壁垒、高毛利的利基市场，在细分领域中进行连锁收购，分散投资风险，确立行业地位。成立30多年以来，丹纳赫累计进行了超过400次并购重组，在过去的7年中，丹纳赫超过50%的收入来自并购整合，使营业收入增速维持在10%上下。通过投资并购总结形成的精益管理系统（DBS）是公司得以通过不断并购实现内生性增长与外延性扩张融通发展的重要"武器"，在DBS的赋能下，标的公司仅通过管理方式的优化就能节省大量运营费用，从而提高利润率。生命科学产业集群为丹纳赫的快速发展提供了重要支撑，华盛顿州是丹纳赫总部的所在地，该州在生命科学领域拥有549家公司，汇聚了美国国家卫生研究院、美国食品和药物管理局等政府管理机构，霍华德休斯医学院研究实验室、马里兰大学研究中心等科研院所是美国最大的生物技术集群之一，其丰富的政治资源、科研资源、人力资源、社会资金及各公司之间的协同合作是推动丹纳赫高速发展不可忽视的因素。

第二节　美国相关举措

高强度的研发投入，客观上造就了美国科学仪器市场的繁荣。在政府层面，据美国国家科学委员会数据显示，美国的学术机构长期以来一直担负着美国一半左右的基础研究任务。卫生与公众服务部（HHS）、国防部（DOD）、美国国家科学基金会（NSF）、能源部（DOE）、美国国家航空航天局（NASA）和农业部（USDA）6 个政府级部门为 90%以上的学术研发项目提供支持，资金资助比例超过一半。政府对基础研究的有效支撑，促进了新原理、新方法的发现，推动了先进科学仪器的伴生发展。在企业层面，据欧盟委员会发布的《2021 年欧盟工业研发投资记分牌》显示，2020 年，美国上榜企业研发投入占比高达 37.8%，研发投入强度为 7.8%，遥遥领先于其他国家，使美国成为全球最大的科学仪器市场。

美国联邦政府机构为科学仪器的采购提供了全方位的资金支撑，带动美国科学仪器产业发展正向循环。现阶段科学研究对测量的精度和尺度要求越来越高，动辄几十上百万美元的科学仪器已然成为实验室的重资产。美国政府对科学仪器提供的广泛补贴有效刺激了科学仪器的需求。据美国国家科学委员会于 2021 年 9 月发布的《学术研究与发展报告》显示，包括美国国家科学基金会在内的 6 个部门对非营利性研发机构的科学仪器设备采购资金补贴长期平均高于 50%，在工业和制造工程领域，联邦政府提供的科学仪器设备资金占比可达 70%。完善的资助体系较为全面地覆盖了各个层级的科学仪器。美国国家科学基金会连同国立卫生研究院、美国国防部等单位协同构建了科研基础设施资助网络，如有针对一般性科学仪器采购和研发项目的主要科学仪器计划（MRI），以支撑国家发展战略为目的的中型研究基础设施计划（Mid-Scale RI），以及先进技术和仪器计划、共享仪器捐赠计划等专项计划，为科学仪器产业的发展提供了立体化的资金支撑。

第三节　中国科学仪器产业发展面临的问题

中国科技研发投入持续增加，科学仪器需求旺盛，但高端供给能力有待提高。据国家统计局公布的数据显示，2021 年，中国研发投入达 27864 亿元，延续了"十三五"以来两位数的增长态势；研发投入与国内生产总值之比达到 2.44%，研发投入强度再创新高，科技创新能力在 132 个经济体中上升至第十二位。作为科技研发的基础设施，中国科学仪器市场水涨船高。据赛迪研究院先进制造业研究中心统计，2020 年，中国高端仪器全年进口规模达 328.44 亿美元，同比增长 8.5%，但同时贸易逆差不断扩大，中国高端仪器行业国际贸易逆差从 2017 年的 43.42 亿美元扩大到 2020 年的 79.36 亿美元，增长幅度达 82.8%，高端科学仪器对外依存度不断增强。

自主品牌受国外品牌挤占，无法形成有效的用户积累和质量反馈，产品迭代速度慢，差距不断拉大。受中国庞大市场的吸引，国外科学仪器龙头企业在中国布局加速，依然以赛默飞世尔为例，赛默飞世尔在中国设有十余家分公司，并通过战略合作的方式不断扩展其影响力，仅 2021 年 1～7 月，赛默飞世尔中国就与中国本土机构达成了 7 项战略合作协议，涉及生物医药、分析测试、生命科学研发中心等各个领域。中国本土品牌受资本实力、技术积累和产品性能的影响，在高端市场尚无法形成有效竞争力，产业循环不畅，进一步导致了研发周期长、用户少、产品反馈信息不足、产品质量提升缓慢等问题，产业逐步陷入低水平发展陷阱，产业升级乏力。

第四节　对策建议

科学仪器产业具有前期投入大、产出周期长等特点，面对国内科学仪器企业规模小、基础薄弱、技术积累不足等劣势，只有通过资本引导技术和人才要素聚集，扩展本土品牌的用户群体，才能培育出具有核心竞争力的科学仪器龙头企业。为此，建议：

为中国科学仪器产业打造国家科学仪器产业投资基金、国家科学仪器采购资助基金双基金支撑体系，形成产融高效互动、产学研用相互促进的发展格局，推动中国科学仪器产业高质量发展。

参考"国家集成电路产业投资基金"设立"国家科学仪器产业投资基金"，构筑产融互动有力载体。产业投资基金采用公司制运营体系，以促进科学仪器产业高端化发展为目标，重点支持掌握有核心技术的领军企业，推动企业加速"内功"修炼。基金积极吸纳社会资本，通过股权融资、项目风投等手段，推动科学仪器企业兼并重组，整合市场，形成技术合力，加速构建科学仪器产品生态体系，增强企业产业发展韧性和自我造血能力。基金推动仪器企业与用户企业建立广泛互信的战略合作，构建产业链协同促进平台。基金注重精益管理，参考日本丰田、美国丹纳赫等企业管理架构，建立起灵活高效的管理机制，为标的企业管理赋能。

国家自然科学基金下设科学仪器采购资助基金，推动自主品牌产学研用有机发展。基金以扩大国产自主品牌科学仪器用户群体为目标，重点支持科研院所、企事业单位的科学仪器采购，加速促进仪器质量信息反馈和产品优化迭代。简化审批流程，增强对国产科学仪器采购的资金支持力度和广度，拉动提升国产科学仪器需求。建立重大科学仪器共享机制，鼓励优先使用国产科学仪器，通过使用频率的增加加速用户信息反馈和产品迭代。建立基金使用效果追踪评价机制，定期收集受资助仪器的使用情况，量化资助价值，最大化资金利用效率。

展　望　篇

第三十四章

发展形势展望

第一节　工业母机

在中国经济快速发展和制造业升级的大背景下,机床工具行业在当今工业制造中扮演着重要的角色,其发展水平直接影响着国家的工业实力和国际竞争力。随着科技的不断进步,机床行业也在不断地向智能化、数字化、绿色化等方向发展。

未来高端机床数控化率不断提高。随着中国技术水平的提高,数控机床应用逐渐普遍。与普通机床相比,数控机床的加工精度、效率、能力和维护等方面都具有突出优势。在中国制造业转型的指导下,对机床加工精细度要求不断提高,驱动数控机床广泛应用,数控机床的渗透率逐渐加大。

高档数控机床自主可控能力增强。目前高档机床应用于能源、航天航空、军工、船舶等关系国家安全的重点支柱产业,为中国经济建设和国防军工提供关键支撑。此外,新能源汽车、医疗设备等行业的飞速发展与产业升级,对高档机床的需求也进一步加大。近年来,国内中高档数控机床市场崛起了一批具备一定核心技术的民营企业。例如,科德数控、海天精工等企业推出自主创新高技术机床产品。未来机床行业将紧跟国产化替代的浪潮,进一步扩大高端市场份额。

核心零部件自主能力进一步提升。瓦森纳协定的推出对中国数控机床部分关键技术进行限制,来迫使降缓中国高端技术的发展,特别是在关键核心零部件方面，如数控系统、主轴、滚珠丝杆、线轨等。目前国产核心零部件与国际水平存在一定差距，特别是高档数控机床配套的数控系统基本为发那科、西门子等境外厂商所垄断。近年来，中国机床核心零部件自主创新能力不断增强。目前，国内一批机床企业正在不断突破掌握核心部件技术。如北京精雕在电子领域、科德数控在航空航天领域、海天精工在汽车领域都锤炼出了具备行业竞争力的产品和解决方案。国内机床产业链已出现包括海天精工、创世纪、浙海德曼等整机类上市公司及华中数控（数控系统）、埃斯顿（伺服系统）、昊志机电（主轴和转台）等核心零部件上市公司。随着国家政策的大力支持，中国机床核心部件自给能力将会进一步提升。

智能化、数字化、绿色化能力显著提高。 随着智能制造技术的不断发展，机床行业也将迎来重要的机遇。机床企业通过数字化、信息化和智能化技术提升生产效率和产品质量，满足客户个性化需求，在市场竞争中获得优势。机床智能化具有自适应加工、智能故障诊断、智能控制等功能，能够大幅提高加工效率和加工质量，降低生产成本。智能化机床还可以通过物联网技术实现远程监控、智能调度、数据分析等功能，提高机床的运营效率和管理水平。未来，随着人工智能技术的不断发展，智能化机床将会越来越普及。数字化技术可以通过虚拟仿真、3D 打印等技术手段实现产品设计和制造的数字化，使得机床行业可以更加高效地进行产品研发和制造。数字化技术还可以通过数字化供应链、数字化营销等方式提高机床行业的供应链和营销效率。绿色化机床具有低能耗、低噪音、低污染等特点，能够大幅降低生产成本和环境污染。未来，随着环保意识的不断提高，绿色化机床将会越来越受到重视。

实施核心技术攻关。 一是着力突破机电耦合优化、动态误差补偿、多轴联动等关键共性技术。积极探索"揭榜挂帅""赛马"等机制，以企业为主导，以科研院所和高校为主力，以政策链为枢纽，贯通产业链创新链上下游。二是推动工业母机产品高端化、智能化升级，开发高速高精、多轴联动的高端化产品，推动新一代人工智能技术融合渗透，研发自主感知、自主学习、自主决策、自主执行的新型智能母机产品。三是出台鼓励优先使用国产高端工业母机整机及零部件的政策，进一步扩大国产母机市场份额和应用场景。加大力度宣传国产母机产品的成功案例，营造良好的舆论环境，提高用户对国产母机的市场认同度。在国家重点项目中，开展工业母机进口替代评估和审核，优先使用国产母机产品。

培育一批骨干企业和优质产业集群。一是形成工业母机优质企业梯次培育体系。实现工业母机产业的整体跃升，既需要国企、央企带动产业链上下游和配套企业进行协同发展，又需要培育一批单项冠军企业、专精特新"小巨人"，夯实产业链上下游安全和韧性。二是打造一批机床工具先进制造业集群。发挥产业链领航企业带动作用和集群促进机构的公共服务能力，推动产业集聚由"物理相加"转向"化学相融"。依托集群建设机床产业供应链生态体系，从机电一体化的本质入手，整合软件、材料、电气、机械等产业资源和创新资源，推动供应链专业化分工、协同化发展。

提升高端产品供给能力。开发高速高精、多轴联动的高端化产品，推动新一代人工智能技术融合渗透，研发自主感知、自主学习、自主决策、自主执行的新型智能母机产品。研究出台鼓励优先使用国产高端工业母机整机及零部件的政策，在国家重点项目中，开展工业母机进口替代评估和审核，优先使用国产母机产品。建设一批工业母机技术和产品应用验证平台，加大力度宣传国产母机产品的成功案例，营造良好的舆论环境，提高用户对国产母机的市场认同度。

第二节　新能源汽车

新能源汽车市场格局改变，三、四线城市和农村下沉市场成为新亮点。近年来，中国新能源汽车消费高速增长，但三、四线城市及农村新能源汽车市场并未完全释放。自 2020 年起，工业和信息化部联合商务部、农业农村部、国家能源局四部委开展新能源汽车下乡活动，加快新能源汽车在农村地区的使用和普及，3 年来，带动新能源下乡车型累计销售 410 多万辆，有效释放了农村新能源汽车的消费潜力。此外，三四线中小城市居民对新能源汽车的接受程度逐步提高，下沉市场的需求正在释放。未来随着新能源汽车下乡活动的加速推动、乡村充电基础设施的不断完善、新能源汽车产品供应的逐渐丰富和销售服务网络的持续下沉，将进一步促进新能源汽车购买使用、释放农村消费潜力，三四线城市及农村市场有望成为中国新能源汽车市场增长的下一个爆发点。

氢燃料电池商用车示范与探索逐步走向深入。近几年来，中国高度重视氢能及燃料电池技术的发展和利用，2020 年，国务院办公厅发布的《新能源汽车产业发展规划（2021—2035 年）》和 2022 年国家发展和改革委员会、国家能源局发布的《氢能产业发展中长期规划（2021—2035 年）》相继提出，要开展燃料电池关键核心技术研究，加快推进质子交换膜燃料电池技术创新，支持新型燃料电池等技术发展，有序推进氢能在交通领域的示范应用，到 2025 年，燃料电池车辆保有量达到 5 万辆，并部署建设一批加氢站。在政策驱动下，中国氢燃料电池车，尤其是氢燃料电池商用车呈现出高速增加的态势，根据统计，2022 年，氢燃料车销量达 4782 辆，其中氢能重卡销量达 2465 辆，同比增长 216%，氢燃料车销量比达 52%。2022 年 7 月，北京市首批 40 辆沥青混凝土供料运输氢燃料重卡上路运营，为氢燃料电池重卡应用示范开拓了全新的应用场景。2022 年 8 月，上海发布《关于支持中国（上海）自由贸易试验区临港新片区氢能产业高质量发展的若干政策》，提出加大燃料电池汽车示范项目政策对重卡的支持力度，支持临港新片区加快推广应用燃料电池重卡。随着政策逐步完善、销量不断增长、示范工程持续深入，氢能物流重卡有望成为燃料电池汽车最快步入商业化阶段的重要场景之一。

搭载高级别自动驾驶系统的车辆有望加速落地。智能网联汽车的最终目标是实现无人驾驶。在企业层面，L2 级智能网联乘用车的渗透率已达 33.9%，小鹏、理想、特斯拉等车企推出部分搭载高速领航、城区领航等准 L3 自动驾驶功能的车型，车辆各项性能已接近于 L3 级。在法规层面，《道路交通安全法》最新修订建议稿中，提出了具有自动驾驶功能汽车的通行要求；深圳、上海等地均发布地方性法规，明确了自动驾驶汽车事故责任认定规则。在应用层面，随着全国多地示范测试区投入运营，L3 级及以上的高级别自动驾驶功能认证探索有序开展，Robotaxi、无人零售车、无人配送车等自动驾驶服务实现商业化运营。预计，在企业创新、法规完善和应用探索的驱动下，高级别自动驾驶车辆将驶出特定示范区域，驶入实际道路。

智能网联汽车人才体系有望加速完善。智能网联汽车涉及无人车辆技术、信息交互技术、基础支撑技术等多种技术领域。在关键技术攻关中亟需专业对口人才。中国人才研究会发布的《智能网联汽车大学生人才现状研究》结果显示，相关方向的研发人员占比仅为 8.1%，智能网联汽车人才总量严重匮乏。为指导各企业开展智能网联人才培育工作，2022 年，工业和信息化部人才交流中心联合多家企业、高校制定《智能网联汽车产业人才岗位能力要求》团体标准，解决产业链与人才链需求对接问题，为智能网联汽车人才体系建设提供标准依据。同时，教育部将智能电动汽车列入最新的学科目录，高校将成为智能网联技术人才的主要培养地。随着技术发展对人才需求的增加，预计 2023 年中国将完善智能网联汽车人才体系，形成一支规模宏大、富有创新精神、敢于承担风险的创新型人才队伍。

第三节　机器人

中国机器人产业市场规模持续增长，持续引领全球机器人产业增长。根据 IFR 预测，预计 2022 年全球机器人安装量将增长 10%，达到近 57 万台。依托持续增长的市场需求，持续强化的政策支持，持续完善的产业体系，中国机器人产业有望继续保持高水平增长，引领全球机器人市场保持强劲势头。

中国机器人市场还有很大的市场拓展空间，有望持续释放市场潜力。中国制造业增加值自 2010 年超越美国之后，连续多年稳居世界第一，雄厚的工业基础伴随中国制造业转型升级步伐持续加快，工业机器人需求激增，应用范围持续拓展，同时中国劳动力供给减少、人口老龄化加剧给社会发展及企业用工带来严峻挑战，对机器人的需求将持续加速释放。根据工业和信息化部发布的《制造业人才发展规划指南》显示，中国制造业 10 大重点领域 2020 年的人才缺口超过 1900 万人，2025 年将接近 3000 万人，缺口率高达 48%。服务机器人已在医疗保健、物流、娱乐等领域实现了商业化应用，服务业等行业对自动化和效率的需求预计将推动机器人解决方案的采用，但与经济社会发展及人民对美好生活的向往相比，中国机器人应用仍显不足。

"十三五"以来，中国对机器人产业研发及应用支持逐步增强。2016 年，工业和信息化部、国家发展和改革委员会、财政部联合印发《机器人产业发展规划（2016—2020 年）》。2021 年 12 月，工业和信息化部等 15 部门印发《"十四五"机器人产业发展规划》，加快推动机器人产业高质量发展。2023 年 1 月，工业和信息化部等 17 个部门联合发布《"机器人+"应用行动实施方案》，全面推进机器人在各行业各地方深化应用和开展特色实践。

产业体系进一步完善，龙头企业逐步向产业链上下游延伸，国际合作持续增强。中国机器人产业已基本形成了从零部件到整机再到集成应用的全产业链体系，核心技术和关键零部件创新有序推进，整机研发及批量制造能力不断增强，产业链应变能力和协同发展能力持续提升。中国公司积极寻求与国际机器人公司的合作，进一步推动机器人市场增长。例如，美的集团收购了德国库卡机器人公司，获得了库卡的工业机器人技术和全球市场份额，从而加强了中国在全球机器人市场的地位。

机器人作为技术融合创新的重要载体，技术多维升级进一步拓展机器人应用边界。随着人工智能、大数据、5G、云计算、智能传感等技术的快速发展与深度应用，机器人正在与多种技术深度融合，成为多技术跨界融合创新的"集大成者"，智能化水平逐步提升，人机协作深度拓展，机器人性能显著提升。

智能化水平逐步提升，逐步由感知智能向认知智能升级。机器人技术与人工智能技术深度融合，机器人拥有更强的感知、学习和决策能力，根据环境的变化和不同的任务进行自主决策。六维力传感器、激光雷达、三维视觉等技术在机器人大量应用，与机器视觉、自然语言处理等人工智能技术与机器人深度融合，机器人逐步具备视觉、听觉、触觉等感知能力,对周边环境的感知更加全面。在人工智能技术进步的推动下,机器人将具备了像人类一样的思考和学习能力,并且能够自主做出决策并采取行动。随着深度学习算力、互联网数据规模扩张及生成扩散模型、多模态预训练模型等技术的快速发展,机器人将逐步能够从外部环境中不断地获取、分析并理解信息,实现更加智能的决策和判断,并将这些信息应用于实际操作,从而完成需要更多"智能"的复杂任务。

人机协作的生产方式逐步拓展,实现与人类灵活合作。随着各行各业智能化转型不断深入,机器人可以更好地适应不同的工作场景和需求,实现更高水平的工作效能。例如,在工厂生产线上,协作机器人可以与工人一起完成物料搬运、组装和包装等任务,通过机器人执行繁重、重复、危险的任务,减轻人类的负担,人类工人则可以专注于更复杂的任务和创新性工作。在新冠疫情期间,机器人应用在导诊、巡逻监控和消杀等多个环节,大幅提升医疗机构的运行效率;配送机器人"一展身手",打通生活和医疗物资配送"最后一公里",减轻防疫工作者的风险和压力。

机器人核心技术加速进步,机器人能力显著提升,易用性显著增强。随着机器人技术的不断进步,机器人的性能也在不断提高,精密减速器、高性能伺服驱动系统、智能控制器、智能一体化关节等机器人关键技术和核心部件加快突破、创新成果不断涌现,整机性能大幅提升、功能愈加丰富,产品质量日益优化。机器人易用性显著提升,机器人能够通过预先配置的软件轻松设置和安装,让用户在没有编程经验的情况下管理工业机器人,机器人部署成本进一步降低。随着机器人标准化、模块化、系统化发展,工厂将能够根据生产制造的需求自行拓展或者组合系统的模块,提高生产线的柔性化程度,有能力完成各类小批量、定制化生产任务,机器人市场应用范围进一步拓展。

机器人新产品持续涌现,"机器人+"加速赋能千行百业。工业机器人应用场景深度与广度进一步拓展。协作机器人、复合机器人等工业机器人新产品在功能多样性、交互协作等方面持续提升,机器人使用门槛逐步降低,机器人逐步满足"随时随地"可用、易用,工业机器人使用柔性逐步提升,进而实现生产线等工业机器人应用场景柔性的提升。服务机器人、特种机器人新产品、新技术、新模式、新业态加速涌现，机器人产品在医疗手术、教育服务、安防巡检、灾后救援等场景应用持续深化。协作机器人、人形机器人等机器人创新产品加速突破，工业机器人和服务机器人的界限越来越模糊，人工智能和机器学习等技术使得机器人创新产品能够感知和响应它们所处的环境，更好地支持人们的工作和生活。例如，协作机器人不仅用于搬运、上下料等工业场景，还用于餐饮、零售等服务场景。特斯拉人形机器人"擎天柱"能够直立行走、使用工具，展现了其在装配等工业场景及园艺、家务等生活服务场景的应用潜力。

中国已初步形成从机器人本体、零部件到集成应用的机器人产业链，机器人化的生产工具和生活工具无处不在。作为生产工具，工业机器人已成为制造企业实现数字化转型、发展智能制造的核心装备。从家具、食品、建材、纺织、铸造等传统行业，到航空航天、汽车、船舶、半导体等高端制造业，工业机器人有效解决了精密加工难度大、恶劣环境等行业痛点。当前，中国正在深耕优势行业，以机器人应用带动技术突破、产品迭代升级、产业规模提升。作为生活工具，机器人正在广泛应用于医疗、教育、商业服务等领域，更好地服务于人，与实现高质量发展、创造高品质生活有机结合，满足人民对美好生活的向往及经济社会数字化发展的需要。

第四节　医疗装备

医疗装备的国产化替代趋势持续提升。中国政府高度重视国产医疗装备产业的发展。2021 年 3 月，工业和信息化部就《医疗装备产业发展规模（2021—2025 年）》公开征求意见；同年，工业和信息化部、国家卫生健康委员会等十部门联合印发的《"十四五"医疗装备产业发展规划》明确提出，到 2025 年，医疗装备产业基础高级化、产业链现代化水平明显提升，主流医疗装备基本实现有效供给，高端医疗装备产品性能和质量水平明显提升，初步形成对公共卫生和医疗健康需求的全面支撑能力；到 2035 年，医疗装备的研发、制造、应用提升至世界先进水平，中国进入医疗装备创新型国家前列，为保障人民全方位、全生命期健康服务提供有力支撑。该规划提出将围绕诊断检验装备、治疗装备、监护与生命支持装备等 7 个重点领域，开展部署 5 项重点任务、实施 5 个专项行动、采取 6 项保障措施，推进医疗装备产业发展目标的实现。政府政策的支持及行业巨大的发展空间，促使医疗装备市场不断涌现出具有竞争力的国产企业。随着技术的进步及可支付水平的提高，预期国内产品将取得更高的市场份额，加速实现国产化替代。

国产医疗设备向高端化、品牌化拓展。 2015 年以来，医疗装备政策导向国产化、高端化、品牌化、产业链生态化、全球化发展，政策明确提出国产化率实质要求，国产替代基础上持续支持高端创新，核心技术的国产攻克势在必行，国产替代+财政端支持政策持续推动国产企业发展。目前中国医疗装备企业在中、低端市场中具有天然优势，如较低生产成本带来的价格优势，享受政策支持的相对倾斜，对本地化渠道掌握的优势等。因此，国内企业主要占据了医疗器械行业的中、低端市场，但在部分细分行业逐渐涌现一些龙头企业，正在从中低端市场向高端市场突破。以迈瑞医疗为例，公司 2008 年金融危机时收购美国老牌厂商 Datascope 监护仪业务，一举成为全球第三大监护产品厂商；2013 年并购 Zonare 公司，正式踏入高端超声影像市场，并在后续市场拓展中将 Zonare 的域扫描成像技术应用在高端超声技术和高端市场领域。

数字化、智能化是医疗装备发展的必然趋势。 数字化已经成为医疗技术发展的趋势，数字化的医疗系统可以大大提高医疗效率，加快医疗信息的传递速度，提高诊断的准确性，5G 技术的逐渐普及、万物互联将大大提高医疗装备的广泛应用。与此同时，随着人工智能技术的蓬勃发展，其在医疗装备上的应用也逐渐成为全球研究热点，并已经成为传统医疗装备巨头的未来战略方向，如国际知名的 GPS（GE、飞利浦、西门子），国内的联影医疗、东软医疗等均成立了智能医疗部门，着力研发人工智能医疗装备产品。2018 年 4 月，国务院办公厅印发《关于促进"互联网+医疗健康"发展的意见》，提出推进"互联网+"人工智能应用服务，支持研发与医疗健康相关的人工智能技术、大型医疗设备、应急救援医疗装备等，人工智能与医疗装备走向"联姻"道路。医疗装备与新兴技术结合的应用场景及方向案例见表 34-1。

表 34-1　医疗装备与新兴技术结合的应用场景及方向案例

应 用 方 向	应 用 场 景
智能辅诊	开发出的人工智能技术导诊机器人可提供常见问题的就诊和导诊解答，可为患者提供 24 小时的导诊服务。在就诊和检查阶段，医生通过 AI 系统，自动生成患者的就诊报告，从而提升病例录入效率，提升服务质量
心电监测	随着便携设备的发展，人工智能技术应用在随身设备的持续、即时、跟踪监测中，进一步提高对心脏病的风险监控
血糖监测	人工智能技术可与医疗设备配合，长期跟踪用户的血糖数据，对其进行动态分析和症状监测。对患者用药或影响症状的行为进行记录并及时反馈
医学影像	人工智能技术涵盖从计算机辅助监测、计算机辅助诊断、计算机精准诊断、计算机精准治疗等诊疗全流程，可以有效提高医师诊疗效率与诊断精度，帮助医院和医师更好地处理 DR、CT、MRI、超声等全模块影像数据，同时让医学图像的分析技术下沉，缩短患者就诊等待时间，降低患者就医成本
医学视频	人工智能技术结合消化内窥镜（如胃镜、肠镜等）可自动识别胃肠道病变，对肿瘤、息肉、静脉曲张等完成动态分析诊断，精度高达 98%
手术机器人	通过人工智能化机械为医生赋能，以实现复杂的外科手术，如达·芬奇机器人等。目前已应用在普通外科、胸外科、泌尿外科、头颈外科及心脏手术上等
基层医疗	人工智能让优质医疗资源、先进医疗技术下移，满足基层医疗机构人员培训、智能辅诊、数字检测、数据采集、精确操作等工作需求，未来发展潜力巨大

数据来源：赛迪先进制造研究中心整理，2023 年 6 月。

建议国家出台促进医疗装备制造业发展的指导意见，相关部门出台更积极、更具有针对性的政策，从生产、研发、准入和应用等环节强化政策的协同性，给予力度更大的支持，如完善现有"先进医疗设备示范应用""优秀国产医疗设备遴选目录"等行之有效的举措，使政策更加深化和实化，突出企业的创新主体地位，推动形成以国产龙头企业为核心的产业链和产业集群。

以国家战略来加强医疗装备发展战略、规划、政策、标准等系统设计、制定和实施，顶层构建集原始创新、技术集成、示范应用为一体的全链条稳定长效投入模式，提高科技创新资源配置效率。同时，通过设立"医疗装备"重大专项，重点加大前瞻引领、颠覆性技术、核心原材料、核心零部件等领域的研发稳定支持，加强自主创新研发，突破一批进口垄断技术，提高医疗装备国产占有率，实现从"模仿"到"引领"的跨越式发展。

持续优化鼓励国产自主医疗装备发展的市场准入和推广使用等系列政策。促进自主国产医疗装备技术发明创造，知识产权评估、运用、转化与保护等全链条服务，激发临床医务人员参与医学装备创新的积极性，激励创业群体、生产企业、高校院所、投融资机构、知识产权服务机构等开展知识产权协同运用，成果转化，形成医工深度广泛的融合。加快创新医疗装备审评审批，以"特别审批"和"优先审批"两大方向为核心，优化技术审评、行政审批等注册上市步骤，对部分具备核心技术发明专利、技术领先、临床急需等产品打开绿色通道，激发产业创新发展活力，促进医疗装备产业供给侧结构性改革，提高产业发展水平和国际竞争力。

加强医疗器械科学监管与监管科学研究，加快科技成果转移转化，强化政策法规执行情况及实施效果的调查和评估。加强监管信息化建设，建立统一的基础数据公共数据池，构建全国一体化在线监管数据共享平台，实现监管全链条、产品全生命周期监管数据实时共享和有效利用。加强网络监测能力建设，提高基层监管人员对网售违法违规行为的处置能力，深挖违法违规线索，力争多办大案要案，提高监管的震慑作用。

第五节　工业控制装备

工业控制关键软硬件设备总体具有国产化率不高、国际竞争力不强等问题，亟须出台相关针对性政策，促进工业控制设备和软件自立自强。

工业控制经过几十年的发展，总体来说在技术水平上已经非常成熟，包括 CPU 在内的硬件基础水平已经不是制约工业控制发展的关键障碍。基于中国工业后发劣势，建议着重构建国产工业控制系统及装备产业生态体系，全面激活中国工业控制产业发展活力，加速形成产业内循环。

一是畅通应用循环，加快国产工业控制系统装备创新迭代速度。鼓励 PLC 等工业控制装备及系统制造商与整机企业、智能制造解决方案供应商共建利益共享、风险共担的产业共同体，推动国产中大型 PLC 应用场景拓展，支持企业采购本土品牌，鼓励国有企业优先采购。

二是把握智能制造发展机遇，以软件为抓手强化中国工业控制产业核心竞争力。组织科研院所、行业龙头、用户企业联合建立工业控制行业生态发展联盟，推动实现大数据、工业物联网、云计算、人工智能等新兴技术与工业控制装备的标准化融合，在技术上统筹中国工业控制产业发展力量。以开源、共享为基本原则，鼓励行业头部企业聚焦实时操作系统、运行时系统、编译测试系统，协同研发中国工业控制底层软件体系，塑造中国自主可控基础软件根基。

三是完善制定支持智能制造通用装备发展的政策体系，推动工业控制关键核心装备自立自强。进一步优化政策体系，制定聚焦 PLC、伺服系统等通用智能制造装备及系统的产业发展顶层指导意见，推动国产工业控制产业发展从研发创新到应用生态的一体化布局，在政策上实现资源统领。构建从首台（套）到产业化推广的财税支持政策，强化对本土自主可控工业控制系统及装备的政策扶持力度。

第六节　工程机械

智能化加速工程机械发展。随着人工智能、机器学习等技术的不断发展，工程机械的智能化程度将越来越高。智能化技术的应用与融合将使工程机械更加高效、安全和方便。例如，在工程建设中，智能化工程机械可以通过实时监测和数据分析，对施工过程进行优化和改进。目前，龙头企业都在积极探索智能化转型路径，打造智能工厂。例如，三一集团已拥有了 3 座国家级"智能制造示范工厂"，2022 年入选的三一重工北京桩机工厂，生产的旋挖钻机是工业和信息化部"制造业单项冠军产品"，全球市场占有率连续 10 年居第一位。智能化生产制造提高质量，降低成本，增加效率，智能化是工程机械未来发展的必然趋势。

数字化是工程机械未来发展的关键。随着信息技术的发展，工程机械的数字化程度将越来越高。数字化技术的应用将使工程机械更加精准、高效和安全。例如，数字化技术可以实现工程机械的远程监控和遥控，使操作更加安全和舒适。同时，数字化技术还可以实现工程机械的智能调度和优化，提高施工效率和质量。例如，三一集团从启动数字化转型以来，以"灯塔工厂"建设为核心，构建了智能产品、智能制造、智能运营等场景。成功诞生了中国工程机械行业首座海外"灯塔工厂"——印度尼西亚工厂，成为引领制造业的"灯塔"。

工程机械的电动化、绿色化将成为主流趋势。传统的工程机械燃油消耗量大，且排放污染严重。而电动化的工程机械将通过使用电池、燃料电池等清洁能源，实现零排放，减少对环境的污染。电动化将推动工程机械的智能化发展，在工程机械电动化过程中，智能化技术的应用将更加广泛。例如，通过实时监测电池状态，可以实现工程机械的自主控制和优化，提高工作效率和安全性。工程机械电动化的实现需要建立在使用环保能源的基础上，因此需要加强与电池、能源等领域的合作。绿色化已经成为工程机械发展的重要方向，在工程机械的设计和制造过程中，采用环保材料和节能技术已经成为趋势。例如，在工程机械的发动机设计上，采用节能技术和绿色材料可以降低油耗和排放。绿色化工程机械还可以通过节能和环保技术的应用，降低能源消耗和环境污染。

服务型制造将成为未来工程机械行业的重要方向。随着市场竞争的日益激烈和客户需求的不断变化，服务型制造将成为未来工程机械行业的重要方向。目前，全球各大工程机械企业已经开始从单纯销售产品向销售服务转变，提供全生命周期维护、维修、培训等一站式服务。未来，随着互联网、物联网等技术的不断发展，工程机械企业将更加注重服务型制造的推进和应用，实现线上、线下的深度融合，提供更加高效、便捷、个性化的服务。

新兴市场和发展中国家将成为未来工程机械行业的主力军。随着世界经济格局的不断变化和发展中国家经济的迅速崛起，新兴市场和发展中国家将成为未来工程机械行业的主力军。目前，以中国、印度、巴西等国家为代表的新兴市场和发展中国家已经成为全球工程机械行业的重要增长点。未来，随着这些国家基础设施建设和工业化进程的不断推进，对工程机械产品的需求将持续增长，给全球工程机械企业带来广阔的发展空间和机遇。

跨界融合将成为未来工程机械行业的新常态。随着市场竞争的日益激烈和客户需求的不断变化，跨界融合将成为未来工程机械行业的新常态。目前，全球各大工程机械企业已经开始与其他领域的企业进行合作，通过资源整合和优势互补，推动工程机械行业与其他行业的融合发展。未来，随着互联网、人工智能、新能源等技术的不断发展和应用，跨界融合将成为工程机械企业提升竞争力的重要途径，推动行业创新发展。

扩大国内需求，提振工程机械行业发展信心。一是巩固扩大国内市场需求。加大财政金融政策支持重大项目建设，形成更多实物工作量。支持企业加大新型工程机械供给，积极参与雄安新区、国家"十四五"102项重大工程项目等国家重大战略和重大工程建设。二是稳定市场预期，扩大工程机械国内开工与消费，推动加快设备更新改造再贷款和贴息、制造业中长期贷款等政策工具见效，提振工程机械企业的信心。三是用好产业链，畅通部际协作机制，用好用足各类助企纾困政策，及时处置堵点、断点、卡点等问题，保障重点企业稳定生产、重点产业链供应链稳定畅通。

推进供给侧结构性改革，持续壮大工程机械行业高质量发展新动能。一是着力提升产业基础能力。利用产业基础再造和制造业高质量发展专项，突破高压重载柱塞泵、马达、阀、500千克发动机、超大型轮胎、变速器和驱动桥等关键核心技术和零部件，补齐产业发展短板。二是推动行业智能化转型。继续开展工程机械行业智能制造示范工厂建设，支持企业建设多场景、多层级智能工厂。引导企业应用人工智能等新一代信息技术，研发智能工程机械，推动装备数字化。三是积极响应国家"双碳"发展战略。践行绿色低碳发展理念，推动行业绿色化转型，研究开展新能源工程机械鼓励政策，开展新能源工程机械推广应用，部门分工推进工程机械电动化和绿色制造，探索老旧工程机械退出机制，完成好国四阶段排放标准切换后续工作。

加强国际合作，继续拓展工程机械出口新空间。一是推进国际产能合作。深化与"一带一路"沿线国家贸易合作，以RCEP贸易协定（《区域全面经济伙伴关系协定》）为纽带，加强国际交流合作，带动中国工程机械企业融入 RCEP 大市场。鼓励有能力的企业设立海外研发中心、产品设计中心，提升国际影响力。二是提升竞争力和国际地位。继续提高海外业务能力和海外投资的质量和效益，推动建设一流的国际化工程机械企业，扩大国产高水平工程机械海外工程应用。三是强化中国品牌培育。支持企业积极参与国际标准制修订，强化品牌国际推广，完善全球品牌服务体系，增强用户对中国工程机械品牌的认同感。

第七节　电力装备

　　智能化发展取得新进展，数字化、智能化水平明显提升。近年来，中国电力装备制造企业信息化、数字化和智能化水平明显提高，产品设计和研发、生产控制、产品检测、物流配送等流程数字化水平显著提升。2023 年 4 月，国家能源局印发《关于加快推进能源数字化智能化发展的若干意见》，目标是推动数字技术真正融入能源产、运、储、销、用各环节，构筑能源系统各环节数字化智能化创新应用体系，围绕智能电厂、智能电网、综合能源服务等多元化典型应用场景，全方位、全角度、全链条培育数字技术与能源产业融合发展的新优势。未来，能源系统各环节数字化、智能化创新应用体系将初步构筑，数据要素潜能充分激活，一批制约能源数字化、智能化发展的共性关键技术取得突破。

　　绿色发展成效显著，绿色发展水平持续提升。中国电力装备产业绿色低碳技术创新能力不断增强，绿色发展成效显著。中国 2021 年国内煤电度电煤耗大约为 305 克，优于美国和德国，仅次于日本，超临界和超超临界机组占比超过 50%。2022 年，中国非化石能源发电装机占总装机容量的比重接近 50%，其中新增非化石能源发电装机容量 1.6 亿千瓦，新投产的总发电装机规模及非化石能源发电装机规模均创历史新高。在全球电力系统正加速绿色低碳转型的背景下，中国电力装备供给结构将显著改善，保障电网输配效率明显提升，高端化、智能化、绿色化发展及示范应用不断加快，国际竞争力进一步增强

　　服务保障体系不断健全，支撑能力不断增强。电力装备制造业具有技术研发周期长、投资金额大、应用环境复杂等特点，对产业配套体系和服务保障体系提出了更高要求。近年来，电力装备制造业在技术研发、

试验检测、标准制定等方面取得了一系列成果，企业创新能力不断增强，研发设计、试验检测等关键环节的综合保障能力大幅提升。特别是在特高压输变电技术、高温气冷堆核电站技术、柔性直流输电技术等方面取得了一批国际领先的原创性成果。未来，中国电力装备技术标准体系建设逐步完善，绿色低碳产品标准、认证与标识体系逐步建立，产业支撑能力逐步增强。

第八节　智能制造

未来，智能制造的发展将呈现以下发展趋势。

制造模式不断优化升级。未来，技术将加速融合，迈向知识驱动，智能化控制系统将更加灵活、智能，生产过程不断优化，可以根据实际需求进行调整和优化，而且更加注重定制化和个性化，以满足消费者多样化需求。在智能制造系统中，将有制造资源、信息资源和社会资源不断深度融合，催生出新的制造模式，如主动制造、云制造等，制造系统不断走向智能化。

企业组织形态发生较大改变。随着传统生产模式的转变，传统产业链模式悄然发生变化，产业之间的边界日渐模糊，形成社会化生产网络。相应地，制造企业的生产组织和管理方式也正在发生重大变革，以客户为中心和数据驱动更为普遍，企业组织架构正在向扁平化、平台化方向转变。

未来一段时期是智能制造发展的关键时期，应抓抢这一历史机遇，推动智能制造向更深处探索，实现制造业高质量发展。因此，建议从以下几个方面完善相关措施。

一是筑牢技术底基，增强智能制造发展核心动力。技术创新为智能制造提供动力，驱动智能制造快速发展。因此，要打好技术"攻坚战"，不断实现科技突破。一方面，加强共性、核心技术攻关。强化对于人工智能、认知科学、仿生制造等的基础研究，聚焦企业全生产周期，可通过"揭榜挂帅"方式集中资源，攻克一批共性和关键技术，突破一批先进工艺技术。深化人工智能、大数据等新一代信息技术的应用，实现融合发展。另一方面，应不断完善创新载体建设，整合创新资源。完善制造业创新中心布局，加强工程研究中心等创新载体建设。

二是重视中小企业智能化转型，发挥大企业的带动作用。中小企业是智能制造的主战场，可以逐步由单点到全面铺开，探索循序渐进的转型路径。针对中小企业数字化转型的典型场景和通用需求，积极为中小企业提供便利化的产品和解决方案，开发低成本、适宜的工具箱。强化大型企业的引领作用，以产业链为纽带带动上下游中小企业数字化转型。加强示范作用，总结一批聚焦细分行业的有利复制推广的中小企业数字化转型典型模式和案例，打造一批易推广的数字化转型"小灯塔"企业。加强对这些案例的宣传推广，切实起到示范作用。完善"政府—平台企业—行业龙头企业—服务机构—中小微企业"多级联动的推进机制，加强中小企业数字化转型的服务保障。

三是强化数字人才培育，构筑智能制造发展内生动力。当前，中国智能制造人才存在结构缺口，无法满足未来智能制造发展需求。因此，应加大对数字人才的培育力度。建议构建体系化的培养方案，依据行业应用需求，拓展相关专业设置，强化教学内容与行业应用契合度。建立高校、科研机构与企业培育数字技术人才的培养机制和共享机制，通过深化产教融合、校企合作，培养跨学科领域的复合型人才。加强技能型人才培养，加强对现有智能制造相关产业从业人员的技能培训，提升专业化素养，提升其对智能制造生产体系岗位要求的适应程度。

后　记

习近平总书记曾多次指出，装备制造业是国之重器，是实体经济的重要组成部分。党中央、国务院以习近平新时代社会主义思想为指引，围绕补短板、谋创新、促转型稳步推进装备制造业发展。在工业和信息化部、国家发展改革委员会、科技部等部门的共同努力下，中国装备制造业取得了历史性成就，发生了历史性变革。

党的十八大以来，中国着力实施创新驱动发展战略，重点领域创新迈上台阶，产业规模持续扩张，结构持续优化，"大国重器"亮点纷呈。2012—2021 年，装备工业增加值年均增长 8.2%，始终保持中高速；特别是 2021 年以来克服新冠疫情影响率先回升，拉动制造业较快恢复。至 2021 年年底，装备工业规模以上企业达 10.51 万家，比 2012 年增长近 45.30%；资产总额、营业收入、利润总额分别达到 28.83 万亿元、26.47 万亿元和 1.57 万亿元，比 2012 年增长 92.97%、47.76%、28.84%。2021 年，装备工业中战略性新兴产业相关行业实现营业收入 20 万亿元，同比增长 18.58%。造船三大指标保持领先，国际市场份额连续 12 年居世界第一。汽车保有量从 2012 年的 1.2 亿辆增长到 2021 年的 3.1 亿辆，新能源汽车产销量连续 7 年稳居世界第一。C919 试飞、"蛟龙"潜海、双龙探极、百万千瓦水轮发电机组白鹤滩水电站顺利投产；"华龙一号"三代核电机组全面建成投入运营并实现"走出去"；国产首制大型邮轮实现主发电机动车。

展望 2023 年，装备制造业内需市场逐步改善、发展环境优化，行业发展有望呈现平稳走势，新能源汽车、电气机械等细分领域将延续高景气度优势。但同时，行业也将面临外需转弱影响出口、供给端不稳定因素增多、企业承压持续等潜在问题和风险。

赛迪智库

面向政府·服务决策

奋力建设国家高端智库

诚信　　担当　　唯实　　创先

思想型智库　国家级平台　全科型团队
创新型机制　国际化品牌

《赛迪专报》《赛迪要报》《赛迪深度研究》《美国产业动态》

《赛迪前瞻》《赛迪译丛》《舆情快报》《国际智库热点追踪》

《产业政策与法规研究》《安全产业研究》《工业经济研究》《财经研究》

《信息化与软件产业研究》《电子信息研究》《网络安全研究》

《材料工业研究》《消费品工业研究》《工业和信息化研究》《科技与标准研究》

《节能与环保研究》《中小企业研究》《工信知识产权研究》

《先进制造业研究》《未来产业研究》《集成电路研究》

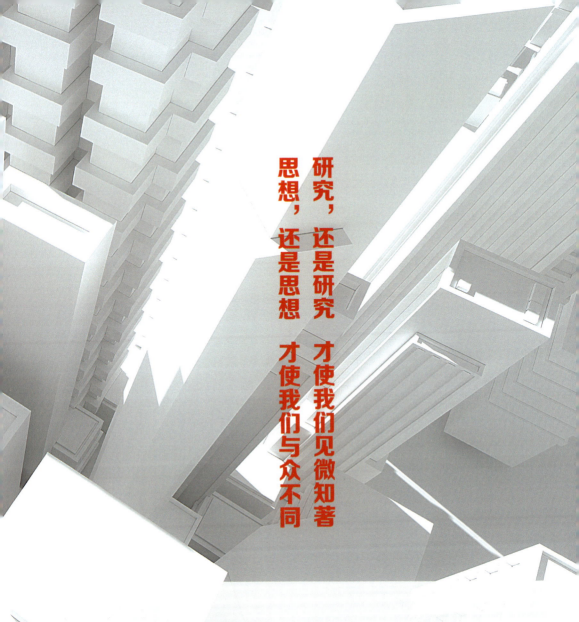

研究，还是研究　才使我们见微知著
思想，还是思想　才使我们与众不同

政策法规研究所　规划研究所　产业政策研究所（先进制造业研究中心）

科技与标准研究所　知识产权研究所　工业经济研究所　中小企业研究所

节能与环保研究所　安全产业研究所　材料工业研究所　消费品工业研究所　军民融合研究所

电子信息研究所　集成电路研究所　信息化与软件产业研究所　网络安全研究所

无线电管理研究所（未来产业研究中心）世界工业研究所（国际合作研究中心）

通讯地址：北京市海淀区万寿路27号院8号楼1201　邮政编码：100846
联系人：王　乐　　　　联系电话：010-68200552　13701083941
传　真：010-68209616
电子邮件：wangle@ccidgroup.com